新・MINERVA社会福祉士養成テキストブック

7

岩崎晋也・白澤政和・和気純子 監修

社会福祉調査の基礎

潮谷有二・杉澤秀博・武田 丈 編著

ミネルヴァ書房

はじめに

　社会福祉分野の研究だけでなく実践の分野においても，社会調査法を習得することが，これまで以上に重要となっている。

　社会調査は社会福祉の研究や実践に関する課題や問題を探求し，解決の方向性を見出すための，有効な道具とみなされている。

　しかし，社会調査の標準的な方法が踏襲されず，勝手な方法でデータの収集が行われ，その解析結果が公表されたならば，それらは社会福祉の研究や実践の推進に貢献するどころか，後退の原因になりかねない。社会福祉分野に限らず，社会調査を行う者は，調査の方法上の批判に耐えうる，条件が整えば追試が可能である，方法を明示できる，といった条件をクリアーするように努める必要がある。

　本書は，このような条件をクリアーできる社会福祉の専門家の養成をめざしている。そして，読者として，社会福祉分野で現実に研究や実践を行っている人，もしくはめざそうとしている人たちではあるが，社会調査については初心者である人を想定している。そのため，社会調査の基本とその社会福祉分野での応用を学習しやすいように，本書は次のような構成となっている。まず，総論として，社会福祉と社会調査がいかに密接に関係しているか，その歴史的な経過を含め紹介している。ついで，社会調査の実際の方法について，社会調査の流れに即して説明している。すなわち，調査に際してまず出発点となる「問い」，次に，それに答えるためにどのような種類の調査があるかを紹介している。その後，対象者の選定から測定，データの収集，整理・分析の説明を行っている。ここでは量的な調査と質的な調査が対比され，両者の違いが理解しやすいようになっている。以上に加えて，社会福祉における社会調査の応用として，ニーズ調査，プログラム評価，実践評価を取り上げ，それぞれの必要性，方法論について記述している。最後に，社会調査の新しい手法を紹介している。

　本書が社会福祉を担う人たちの社会調査への理解の一助になれば幸甚である。

2021年12月

編著者

目　次

はじめに

■ **序　章** ■　社会福祉調査の意義と目的

① 社会福祉における社会福祉調査の意義　2

　社会調査の歴史… 2　社会調査と社会福祉の歴史的関係… 3　日本の社会調査の歴史… 5　社会調査の意義… 5　社会調査と社会福祉調査の定義と求められる知識… 7

② 社会福祉士・精神保健福祉士と社会福祉調査　9

③ 社会福祉調査における科学的認識と実践　10

　社会調査における認識と実践… 10　科学について… 11

④ 社会福祉調査における倫理と個人情報保護　12

　社会調査とプライバシー… 12　社会福祉士・精神保健福祉士等の倫理綱領と社会福祉調査… 12

⑤ 統計法の概要　16

■ **第1章** ■　社会福祉調査のデザイン

① 問いの設定と調査の流れ　24

　調査のための問いを引き出すには… 24　調査のための問いを絞るには──文献のレビューとまとめ… 25　調査の実施の流れ… 27　調査の実施における今後の課題… 27

② 調査における考え方・論理　27

　理論と調査との関係… 27　演繹法と帰納法… 28　因果関係… 29

③ 調査の種類　29

　種類分けの方法… 29　目的による種類分け… 29　介入の有無による種類分け… 31　調査時点に着目した種類分け… 31　データ収集の主体による種類分け… 32

④ 社会調査のプロセス　33

■ **第2章** ■　調査対象者の選定

① 調査目的にふさわしい分析単位の選択　38

　様々な次元の分析単位… 38　分析単位にかかわる問題… 38　調査対象の特定… 39

② 量的調査における標本抽出の考え方　39

　全数調査と標本調査… 39　標本調査の意義… 40　標本の規模… 41

③ 量的調査における標本抽出の種類と方法　42

無作為抽出の方法… 42　単純無作為抽出法… 43　系統抽出法… 44　層化無作為抽出法… 44　多段

階無作為抽出法… 45　有意抽出法… 47　抽出台帳… 48　実際の抽出作業… 50

④ 質的調査における標本抽出の方法　50

質的調査とは何か… 50　標本抽出の方法… 51

■第3章■　測　定

① 基本的な考え方　54

測定とは何か… 54　測定したい特性は何かを明確にする… 54　概念を言葉で記述する方法… 55

概念と変数との関係… 56　概念と概念の関連，変数と変数の関連… 57　作業仮説の記述の仕方… 57

② 尺度として備えておくべき条件：妥当性と信頼性　58

尺度の妥当性… 58　尺度の信頼性… 59

③ 質問紙の作成方法と留意点　61

質問紙の有効性… 61　測定を歪める要因… 61　調査の目的に適合した質問項目の設定… 62　既存

の質問項目の活用… 62　質問項目を作成する際の留意点：⑴質問文の言い回し… 63　質問項目を

作成する際の留意点：⑵回答様式の使い分け（選択肢法）… 65　質問項目を作成する際の留意点：

⑶データ収集の方法を意識する… 66　項目の配列… 66　質問紙の構成要素と体裁… 67　プリテス

ト… 68

■第4章■　データ収集の方法

① データ収集の方法　72

② 質問紙法　73

方法の種類… 73　個別面接調査法… 73　留置調査法… 75　郵送調査法… 76　電話調査法… 77　集

合調査法… 77　託送調査法… 79　インターネット調査法… 79　方法の選択基準… 80

③ 質問紙調査の実施　81

実査に向けての具体的な計画と実施… 81　実査の遂行… 82　回収率を高めるための工夫… 83

④ 質的調査法で使用するデータ収集の方法　85

依拠する理論によって異なるデータの特性… 85　データ収集の方法以前に必要なこと… 85　個別

面接による聞き取り… 87　集団面接法… 89　観察法… 91

⑤ 調査の倫理　94

基本的な考え方… 94　倫理とのジレンマ… 95　倫理の問題の広がり… 96

■ 第5章 ■ 量的データの整理と分析

① データ分析のための基礎的作業 100

量的データの特徴… 100 作業の手順… 100 エディティング… 101 コーディング… 101 複雑な
コーディング… 102 コーディングマニュアルやコーディングシートの作成… 104 コンピュータ
への入力… 105 データのクリーニング… 106

② 調査データの特徴を知る 107

尺度の種類を意識する… 107 尺度の種類… 107

③ 集計・分析の方向性 110

集計・分析の目的を明確にする… 110 データの加工… 111 データの記述か，データからの推測か
… 111

④ 度数分布表 112

度数分布表の作成… 112 さまざまな度数… 114 度数分布表で確認すべき点… 115 図に示す
… 115

⑤ 基本統計量 116

数値で表現する… 116 平均値の種類… 116 散布度… 118 歪度と尖度… 119

⑥ 2変数間の関連 120

クロス集計表… 120 散布図… 122 質的変数の関連性を示す統計量… 123 2つの量的変数の関連
性を示す統計量… 125

⑦ 3つ以上の変数間の関連：多変量解析 128

2つ以上の説明変数を用いて目的変数の分散を説明する… 128 多くの変数の要約… 130

⑧ データから推測する 130

推測統計学の考え方… 130 統計的推定… 131 統計的検定… 133

■ 第6章 ■ 質的データの整理と分析

① 質的調査の特徴 138

質的データの使用… 138 意味（meaning）の重視… 139 研究者と調査対象となる人びととの関
係性や相互作用への関心… 139

② 質的調査方法論の主なアプローチ 140

事例研究… 140 グラウンデッド・セオリー・アプローチ… 141 ナラティヴアプローチ… 142 ラ
イフヒストリー法及びライフストーリー法… 144 エスノグラフィー… 145 アクションリサーチ
… 146

③ 質的データの整理 147

面接（インタビュー）内容の記録のしかた… 147 データの整理… 148

④ データ分析法　149

　帰納的なアプローチと演繹的なアプローチ… 149　M-GTA … 151

■ 第7章 ■　ニーズ調査

① ニーズ調査の必要性　158

　福祉ニーズとサービスの必要性… 158　福祉ニーズ調査とは… 158

② ニーズ調査の主体と対象　159

　ニーズ調査の問いと主体… 159　ニーズ調査の対象と分析レベル… 160　ニーズ調査の主な方法
　… 160

③ 質的調査によるニーズ把握　161

　質的調査によるニーズ調査の目的… 161　質的調査によるニーズ調査の対象と方法… 161

④ 量的調査によるニーズ把握　164

　量的調査によるニーズ調査の目的… 164　量的調査によるニーズ調査の対象と方法… 165　量的調
　査によるニーズ調査の実際… 166　利用者の施設サービス満足度調査の事例… 167

■ 第8章 ■　プログラム評価

① プログラム評価の必要性　172

② プログラム評価の種類　173

　ニーズ評価… 173　過程（プロセス）評価… 173　結果（アウトカム）評価… 173　影響（インパク
　ト）評価… 174　費用対効果評価… 174

③ 質的手法によるプログラム評価　175

　質的手法による評価とは… 175　質的手法におけるデータ収集法… 175

④ 量的手法によるプログラム評価　177

　因果関係… 177　実験計画法と因果関係の確立… 178　実験計画法の内的妥当性と外的妥当性… 180
　内的妥当性を脅かす要因… 181　外的妥当性を脅かす要因… 183　内的妥当性と外的妥当性の関係
　… 185　実験計画法の種類… 186　実験計画法… 186　疑似実験計画法… 188　プリ実験計画法… 189

■ 第9章 ■　実践評価

① 実践評価の必要性　194

② 質的方法による実践評価　195

③ シングル・システム・デザインに基づく評価　197

　シングル・システム・デザインの特徴… 197　問題の明確化… 197　ベースライン期と援助・支援
　期… 198　シングル・システム・デザインの形… 200　効果の有意性… 202　評価方法… 204　記述
　的統計による評価方法… 208　生活状況の改善… 211

■終　章■　社会福祉調査の展望

1 ソーシャルワークの分野における新しい調査手法　216

ミックス法… 216　ICT を活用した調査法… 217　CBPR … 218　多様性
に配慮した調査… 220

2 ソーシャルワークの現場で調査を普及させるために　221

ソーシャルワーカーの役割… 221　社会福祉機関の役割… 222　研究者の
役割… 222　ソーシャルワークの教育機関… 223

さくいん… 225

■序　章■
社会福祉調査の意義と目的

社会福祉における社会福祉調査の意義

　社会福祉における社会福祉調査の意義や目的について理解するためには，社会福祉調査の源流となる社会調査の歴史や社会調査とは何かということに関する理解が不可欠である。そこで，ここでは，社会調査の歴史を踏まえつつ，社会福祉調査と社会福祉の歴史的関係について論じることにしたい。

□ 社会調査の歴史

　さて，一般的に社会調査というと，大量の調査対象者に対して「アンケート用紙」などと通称されている質問文と回答のための選択肢とによって構成された調査票を用いて，新聞社その他のマスコミ等によって行われる世論調査，国や地方公共団体によって実施される行政調査など，社会事象を数量的にとらえた統計調査をイメージすることが少なくないかもしれない。

　確かに大量の情報を収集し，社会事象を統計量として表し分析することによって，社会についての一定の認識を得るために行われる統計調査は古くから行われてきた社会調査のひとつである。

　たとえば，小林茂は，社会調査の歴史を説明するにあたって，紀元前3050年頃エジプトにおいて行われた，ピラミッド建設のための数量調査や，紀元前2300年頃にはすでに行われていた，中国の人口調査，紀元前1500年頃に行われたイスラエル人の人口調査等々の，存在を指摘している。そして，「人口調査」を中心とする「数量調査」と統計学の源流の一つである国状学の流れを社会調査の歴史的系譜のひとつとしてとらえ，それらを「政治・行政上の目的をもった調査」として位置づけている。今日では，このような「政治・行政上の目的をもった調査」を一般的にセンサス（census）と呼んでいる。センサスは，社会調査の歴史的系譜の中では最も古い歴史を有するものである。たとえば，日本における大規模なセンサスとして，1920（大正9）年から実施され，現在では統計法（平成19年法律第53号）に基づき5年ごとに日本国内に居住している全ての者を対象に実施している国勢調査をあげることができる。

　そこで，小林茂，安田三郎・原純輔，福武直を参考に社会調査の歴史的系譜について，その調査目的との関係から概観してみると，その

系譜は先に述べたセンサスを第一の系譜とし，その他に「社会的な問題を解決する目的をもっておこなわれる」社会踏査（social survey），「営利やサービスや広報などを目的として行われる」世論調査（public-opinion pull）や市場調査（marketing research），「科学的な理論構成を目的として行われる」科学的／学術調査（scientific research）の四つの系譜があることがわかる。また，安田・原は，社会調査の四つの系譜についての検討した結果をもとに「社会調査の四つの系譜は，いちおう目的が異なるため，相異なった流れを構成しているが，上述のように方法のうえでの相互的影響はかなり大きく，今日それぞれが方法上で独自のものをもっているとはいえない。それゆえにこそ，われわれはこれらをすべて総括し，「社会調査」の名を冠することが，可能であり，かつ必要なのである。(6)」と述べている。

　同様に福武も，これら社会調査の四つの系譜とその内容にふれ，それぞれの調査における調査目的が異なっている点を指摘するとともに，実践的目的をもった調査と科学的目的をもった調査とを比較検討し，実践的目的をもった調査も科学的な方法を用いるようになってきていることをふまえ，「social research は，明確に社会調査全体をおおう上位概念と考えられ，科学的調査と実践的調査との両者をふくむものとされてもよいものになっている(7)」と指摘している。

　なお，上述した社会調査の四つの系譜に加えて，現代では実に多くの社会調査が実施されており，特にソーシャルワーク実践においては，当事者とともに課題解決を図るために実施されるアクションリサーチ（action research）といった手法も重視されるようになっている。

□ 社会調査と社会福祉の歴史的関係

　次に，社会福祉との関係で社会調査について概観するならば，歴史的な意味において，その目的との関係から，社会福祉における社会調査の系譜は社会踏査の流れにあるものとして認識することが可能である。

　特に，歴史的には上記の社会踏査として位置づけられているブース（Booth, C.）が1866年に実施したロンドン調査や，ラウントリー（Rowntree, B. S.）が1899年に実施したヨーク調査は，当時の英国における貧困とその原因の発見ということのみにとどまらず，後の社会学における社会調査方法論への寄与や社会政策における政策課題としての貧困ということに関する認識に多大な影響を与えたことは周知のとおりである。たとえば，ブースはロンドン調査によって，貧困を社会階層との関係からとらえるとともに，貧困の原因として「雇用上の問

表序-1　ブースの社会踏査の結果の一部

A. 時たま仕事に就く者，浮浪者，準犯罪者からなる最低の階級		0.9%			
B. 臨時的勤労収入のある者	「極貧」	7.5%		「貧困」	30.7%
C. 断続的勤労収入のある者					
D. 収入額は少ないが定まった勤労収入のある者	「貧民」	22.3%			
E. 規則的標準勤労所得者	「快適な労働者階級」	51.5%			
F. 高賃金労働者				「快適」	69.3%
G. 下層中産階級	「中産階級」	17.8%			
H. 上層中産階級					
合　計		100.0%			

出所：Easthope, G. (1974) *A history of social research methods*, Longman. (＝1982, 川合隆男・霜野寿亮監訳『社会調査方法史』慶應通信, 62.)

表序-2　「極貧」原因の分析（階級 A，B）

	実数	％	実数	％	
1. 浮浪者	—	—	60	4	
2. 臨時労働者	697	43			
3. 不規則的就労，低賃金	141	9	878	55	雇用上の問題
4. 少額所得	40	3			
5. 飲酒（夫ないしは夫と妻の両方）	152	9	231	14	習慣上の問題
6. 飲酒の常習ないしは妻の浪費	79	5			
7. 病気ないし身体疾患	170	10			
8. 大家族構成	124	8	441	27	境遇上の問題
9. 病気ないし大家族構成で不規則的就労を伴う	147	9			
合　計	—	—	1,610	100	

出所：表序-1と同じ, 63.

表序-3　「貧困」原因の分析（階級 C，D）

	実数	％	実数	％	
1. 浮浪者	—	—	—	—	
2. 臨時労働者	503	20			
3. 不規則的就労，低賃金	1,052	43	1,668	68	雇用上の問題
4. 少額所得	113	5			
5. 飲酒（夫ないしは夫と妻の両方）	167	7	322	13	習慣上の問題
8. 飲酒の常習ないしは妻の浪費	155	6			
7. 病気ないし身体疾患	123	5			
8. 大家族構成	223	9	476	19	境遇上の問題
9. 病気ないし大家族構成で不規則的就労を伴う	130	5			
合　計	—	—	2,466	100	

出所：表序-1と同じ, 63.

図序-1　ラウントリーの社会踏査の結果の一部（ライフサイクルからみた貧困）

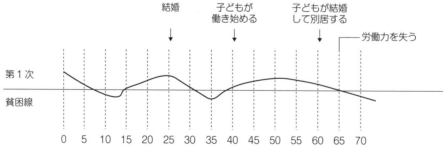

出所：Rowntree, B. S. (1908) *Poverty: A Study of Town Life*, The Macmillan. (＝1959, 長沼弘毅訳『貧乏研究』ダイヤモンド社, 152, を筆者一部加筆)

題」「習慣上の問題」「境遇上の問題」があることを明らかにし（**表序 -
1，表序 - 2，表序 - 3**），ラウントリーは，ヨーク調査の結果から貧困
とライフサイクルとの関係を明らかにした（**図序 - 1**）。

　その他にも，社会福祉と社会調査の歴史的関係として，たとえば，
ブースの調査に参加したベアトリス・ウエッブ（Webb, B.）が夫であ
るシドニー・ウエッブ（Webb, S. J.）との共著『産業民主制論
（*Industrial Democracy*, 1897)』の中で，ナショナル・ミニマム（National
minimum）論を提示したことや，タウンゼント（Townsend, P.）とエー
ベルスミス（Abelsmith, B.）による「貧困の再発見」，タウンゼントが
提唱した貧困の認識概念としての「相対的剝奪（relative deprivation）」
といったことを挙げることができる。

❑ 日本の社会調査の歴史

　また，日本においても1898年に刊行され社会調査の先駆とされてい
る横山源之助が著した『日本の下層社会』や1903年に刊行された『職
工事情』，1918年から1920年にかけて実施された『月島調査』，1920年
に実施された国勢調査をはじめとして，第二次世界大戦前から多くの
先駆的な社会調査がある。なお，社会調査が社会的にも重視され，飛
躍的に発展するのは戦後になってからであるという見解が一般的であ
る。

　さらに，戦後の社会調査については，枚挙にいとまがないが，たと
えば日本の平等度（もしくは不平等度）を社会階層と社会移動によっ
てとらえることを目的として1955年に開始され，それ以降10年ごとに
実施されている「社会階層と社会移動全国調査（The national survey of
Social Stratification and Social Mobility，通称SSM調査)」による科学的
な方法を用いた学術的な社会調査がある。また社会福祉の分野と極め
て関連が深い社会調査として1950年代の初頭から社会階層によって貧
困を捉えた江口英一の社会調査や，同じく1950年代から生計費やエン
ゲル係数に着目して貧困をとらえた篭山京による社会調査をはじめ，
社会を客体として社会生活との関連においてなされたその他多くの社
会調査の歴史的意義は大きいものであったといえよう。

❑ 社会調査の意義

　上述したように，今日の社会調査に連なる歴史的系譜については，
四つに大別することができるとともに，それらを総称して社会調査と
して認識することが可能である。また，これに加えて，社会調査にお
ける方法の多様性からみても社会調査は必ずしも統計調査に限られる

ものでなく，社会調査には，一定の地域社会や小集団，個人に対する観察，面接を用いた調査と，それらの記録とその分析という方法を用いて社会事象を明らかにし知見を得るために行われるものまで含んでいるというのが一般的な理解である。そして，社会調査は，調査対象者の数や分析されるデータが数値なのか文字なのかというようなデータの形式を問わず，社会事象を「認識」し，それを「知識」として得るために必要となる社会科学の方法として位置づけられている。端的にいうならば社会調査は社会事象を「認識」するための方法としての性質を有しているのである。

　次に社会調査の現代的意義について考えてみたい。

　たとえば，盛山和夫は「今日，社会調査は単に社会学という学問にとってのデータ収集という意味を持つだけでなく，政策決定や国民生活の様々な局面において広く活用されている重要な社会現象の一つとさえなってきている。（社会調査は）自由で民主的な社会の維持と発展にとって，不可欠な要素であると言ってもよい[14]」と指摘している。

　さらに，盛山は「何か知りたいとおもうことがあり，それが社会調査を行ってみる以外には知りようがなく，しかも社会調査によってある程度知りうることができそうだという合理的な予測がつく時，われわれは社会調査を行うことになる。場合によっては，知りたいと思うことについて，すでに社会調査が行われていて，ある程度の結果が公表されていることもある。その時には，公表されている結果からどういうことが読みとれるのかを知っていなければならない。それも，自ら社会調査を行うことに近似した知的な作業となる[15]」と述べている。このことは，社会調査の意義は社会調査を行わなければ知ることができないということに求めることができるとともに，既存のデータを活用するにあたっても，それを読み取るには，社会調査を実施することとほぼ等しい知識が要求されていると理解することができる。

　また，今日では社会福祉分野に関するものも含めて多くの社会調査が実施され，その結果については新聞や雑誌，テレビ等のマスメディアを通して多くの者が知ることができる。しかし，社会福祉に従事する者のうちどれくらいが，それらのデータを正確に理解し，活用することができているのであろうか。既存データの活用には，社会調査を実施することとほぼ等しい知識が要求されているのであれば，残念ながら今はまだ多くの者が既存データを活用できていない状況にあるのかもしれない。仮にそうだとするならば，社会福祉分野において中核的な役割を担うことが期待されている社会福祉士・精神保健福祉士等が膨大な情報の中から自らの実践に必要なものを峻別し，それを日々

のソーシャルワーク実践において活かすことができるようになるためにも，社会調査についての理解が求められているということを指摘しておきたい。

□ 社会調査と社会福祉調査の定義と求められる知識

　次に，社会調査に係るいくつかの定義についてみてみたい。社会調査の定義やその意義については多くの文献において述べられている。たとえば，原・海野は社会調査について，「社会調査（social research, social survey）とは，一定の社会または社会集団における社会事象に関するデータを，主として現地調査によって直接蒐集し，処理し，記述（および分析）する過程であると定義することができる。そして，これにその全過程が客観的方法によって貫かれているという条件が，ぜひともつけ加えられなければならない[16]」と述べている。また，岩永は「社会調査とはさしあたり一定の社会集団に生じる諸事象を定量的または定性的に認識するプロセスであると定義することができる[17]」と述べている。これらの定義からも明らかなように，社会調査とは，客観的な方法によって，社会事象に関するデータを現地調査によって収集，処理，記述及び分析する過程を通して社会事象を定量的または定性的に認識するために行われるものであるということができ，そのプロセス自体も含めて社会調査として理解する必要がある。

　そこで，これらを援用しつつ社会福祉調査の定義を試みるならば，「社会福祉調査とは，社会的ニード[18]の充足を図るために，客観的な方法を用いて社会福祉に関するデータを収集，処理，記述及び分析する過程を通して社会福祉に関する様々な社会事象を定量的または定性的に認識（既存の知識の検証と新しい知識の創出を含む）する一連の過程である」といえよう。

　ところで，先にみたように社会調査では，主として現地調査（field work）によって直接的に調査対象者に対して質問を行い，その回答をデータとして収集し，社会事象を認識するということにその特徴を見出すことができ，現地調査の重要性が強調されることが少なくない。しかし，社会調査が社会調査たるために現地に出向いて調査を行うことが必須の条件かというとそうではない。たとえば調査票を調査対象者に対して郵送し回答を返送してもらうといった郵送調査が広く行われていることからもわかるように，必ずしも現地に行って調査を実施してデータを収集しなくても，現地の調査対象者からデータを収集することは技術的には可能である。このことをふまえて社会調査を実施する者が理解しておくべきことは，現地に出向いて調査を行ったか否

かということではなく，現地に出向いて直接調査対象者に面接をして
得られたデータと郵送調査によって得られたデータとでは，その精度
に差異があるということである。つまり社会調査の実施にあたって，
採用した方法によってデータの性質が異なるということを，調査実施
者が予め理解したうえで調査を計画し実施したか否かということが，
データに基づいて社会事象を認識するうえで極めて重要になるという
ことである。

　このように社会調査では用いる方法によってデータの性質が異なっ
てくるということは広く知られていることである。このほかにも社会
調査を実施するにあたって求められる知識は少なくない。たとえば
「社会調査が日常の『見る』『聞く』『書く』といった行為と異なって独
自の意義を持ち得るための要件である『手続きの合理的な可視化』と
『情報の非対称性の低減』」に関する理解，社会調査における問題設定
に係る「何がどのようになっているか」という問いに対して発見した
り，確認したりする行為として定式化される記述的問題／記述的調査
と「なぜそうなっているのか」という問いに対して説明する行為とし
て定式化される説明的問題／説明的調査との関係，調査対象集団であ
る母集団に含まれるすべての要素を調査する全数調査と母集団から抽
出された一部の要素のみを調査する標本調査との関係，調査対象集団
と調査時点によって分けられる横断調査と縦断調査の利点と限界，自
記式調査と他記式調査の利点と限界，質問紙作成の際の留意点等々を
あげることができる。

　そして，これらのことを理解したうえで客観的な方法を用いて社会
福祉調査を実施することが，社会福祉に関する社会事象を認識すると
いう意味において肝要であり，自らが行った社会福祉調査の結果を過
大に評価することを抑制し，得られたデータに依拠した理性的な認識
へとつながるのである。

　このような観点からも，社会福祉調査に対する基礎的理解は，社会
事象としてとらえることができる人と環境との相互作用によって生じ
ている事象を面接による質問や観察等によって明らかにし，そこで得
られた社会的事実に対して社会的価値や専門的に設定された基準をふ
まえてアセスメントを行い，それを社会的ニードとして把握し，社会
的ニードを充足するために介入を行うことが求められる社会福祉士や
精神保健福祉士等のソーシャルワーカーにとって，社会事象である社
会的事実を認識するにあたって有効に機能するものであると考えられ
る。

社会福祉士・精神保健福祉士と社会福祉調査

　社会福祉士・精神保健福祉士等が行うソーシャルワークは，その多くが社会福祉制度や政策と密接不可分な関係にあり，理論的な論議は別に譲るとしても，三浦文夫のいわゆるニード論を援用するならば[20]，制度・政策，実践という枠組みを問わず，ソーシャルワークにおいては，社会的ニードを把握しそれを充足するということを最も単純な基本モデルとして位置づけることができる。これらのことから，社会福祉士・精神保健福祉士等が行うソーシャルワークにおいて，福祉サービスを必要とする者の社会的ニードを把握しそれを充足するためには，いかなる方法を用いればよいのかということが課題となる。

　一般的にソーシャルワークにおいては，ニーズ把握をするために面接や観察を通して社会的事実を明らかにし，アセスメントによって把握した社会的ニードに対して，ソーシャルワークの知識と技術を用いて何らかの具体的な支援を行っていく。そして，支援を行っている過程についてはモニタリングを行い，その経過を観察し評価する。さらに，ソーシャルワークの終結の段階においては，支援が適切であったのかということを評価するために，支援の効果性や効率性についてエバリュエーションと呼ばれる効果測定を行う。このようにソーシャルワークの過程においては，ソーシャルワークを実施し展開するために必要となる情報を収集し，評価を行うという行為が介在しており，いかにして正確で客観的な情報を収集し，評価するのかということが問われることになる。

　この問いに対するひとつの答えとして，社会福祉士・精神保健福祉士等が社会的事実を「認識」するための方法としての社会福祉調査に関する知識を有し，ソーシャルワークの過程においてそれを活用することが求められているということを挙げておきたい。また，社会調査の意義や方法についての理解がなければ，ソーシャルワークに必要となる知識と技術の知的発展のために必要不可欠な根拠（エビデンス）となる多くの社会的事実を見過してしまい，その結果として，科学的な検証とそれらの蓄積によって構築されるソーシャルワークに係る知識と技術の知的発展を停滞させ，さらには近年強調されるようになった根拠に基づくソーシャルワークの展開そのものの妨げとなりかねないということも指摘しておきたい。

社会福祉調査における科学的認識と実践

◻ 社会調査における認識と実践

いうまでもなく，社会科学の方法としての社会調査の目的は，社会事象の科学的認識にある。しかし，社会調査のすべてが科学的認識のみを目的に実施されているかというとそうではなく，「社会の現状を変えなければならない」とか「福祉サービスを必要としている人がどのくらい存在しているのかを明らかにし，必要なサービスを確保しなければならない」といった実践的な目的をもって行われる社会調査も少なくない。むしろ，社会福祉の分野において実施されている社会福祉調査の多くが，実践的目的をもった調査としての性格を有しているといえよう。その理由として，社会福祉が社会的ニードを充足したり，そのための環境を開発・整備したりするといった機能を有しているためであるといえる。

ところで，「どんな調査でもその第一の目的は何かを知ろうとすることにあるのだから，すべての調査はまず「認識」に向けられている」。このことをふまえるならば，科学的認識を目的とする社会調査であれ，実践的目的をもった調査であれ，そこに共通するものは，「認識」ということになる。このため，社会調査では，その目的の如何を問わず，社会事象を「認識」するために必要となる客観的な方法が用いられるのである。ただし，科学的認識を目的とする社会調査の場合，調査の結果から科学的認識が得られればその目的を一応達成したことになるが，実践的目的をもった調査の場合，社会事象を社会的事実として「認識」することができなければ，その目的となる実践を行うことすらできないということに留意しておく必要がある。

少し長くなるが，社会調査の目的に関連する極めて重要な指摘として，福武直によるものを紹介しておく。「直接的な実践的目的の有無によって社会調査を区別することは，あまり重要でない。(中略) 実践的目的をもった調査も，それが真に実践に役立つためには科学的な調査とならなければならないし，科学的な調査（科学的認識を目的とする社会調査）も究極的には実践に資するものでなければならず，その間に差異があるべきはずはない (中略)，ただし，このようにいえるのは，調査者が正しい科学的精神を自覚していることを前提としてのことであって，この自覚を欠くものにとっては，このような区別を十分反省

することが望ましい。けれども，他面，科学性の尊重ということに形式的にとらわれると，後に述べるような調査至上主義に陥る危険が生じる。というのは，調査における問題意識を見失うことになりやすいからである。[22]」

☐ 科学について

　社会福祉調査も含めて社会調査を理解するには，「科学」とは何かということについての理解も必要となるが，本書は「科学」そのものを論じることを目的とはしていないため，そのことについては割愛するが，「科学」の本質的理解に寄与する指摘として，中谷宇吉郎によるものを引用し紹介しておきたい。中谷は，必ずしもすべての問題が，科学で解決できるとは限らないといった科学の限界についても指摘しつつ，次のように述べている。「一番重大な点をあげれば，科学は再現の可能な問題，英語でリプロデューシブルといわれている問題がその対象となっている。（略）なぜ再現可能の問題しか，科学は取り扱い得ないかといえば，科学というものは，あることをいう場合に，それがほんとうか，ほんとうでないかということをいう学問である。それが美しいとか，善いとか悪いとかいうことは，決していわないし，またいうこともできないのである。（略）人間が自然界を見る時には，いつでも人間の感覚を通じて見るわけであるが，この感覚を通じて自然界を見ることによって，ある知識を得る。その得た知識と，ほかの人がその人の感覚を通じて得た知識との間に，互いに矛盾がない場合には，われわれはそれをほんとうであるという。そうでない場合には，それはまちがっているというわけである。[23]」

社会福祉調査における倫理と個人情報保護

❑ 社会調査とプライバシー

　社会福祉調査では，社会福祉に係る社会事象を「認識」するために必要となるデータは，調査対象となる人を通して収集することになる。つまり，社会福祉調査では，調査対象として規定された個々人からのデータの収集を必然化するのである。そして，この個々人からデータを収集するという行為は，何らかの形でその個々人のプライバシーへの関与を生起させる。このため，個々人のプライバシーへの関与なしには社会福祉調査という行為は成立し得ないという性質を有している。

　したがって，社会福祉調査を実施する者は，社会福祉調査という行為に必然化する調査対象者のプライバシーへの関与を常に意識化する必要がある。それとともに，調査対象者の人権を保護するという観点からも必要以上のプライバシーへの関与は厳に慎むべきであり，そのための措置を講じる必要がある。そこで，社会調査に関する木下栄二[24]の指摘および社会調査を実施する者に求められる倫理的な行動規範として参考になる一般社団法人日本社会調査協会倫理規程を紹介しておきたい（**資料序−1**）。

　木下は，調査とプライバシーという問題において意識的に注意すべき点として，以下の通り述べている[26]。

　「第一に，時として「調査する側」に，「調査される側」を対等な人間として見ないで，目的を隠して調査したり，強引に回答を引き出そうとするなどの態度が見られるが，これは絶対に許されない。調査の目的を明示し，なぜその質問が必要なのかを説明する。そして社会調査のあらゆる局面で他者のプライバシーを最大限に尊重する態度が，調査するすべての人間に要請される。第二に，調査される側にとっても，自らのプライバシーを尊重するとともに，当該の社会調査の必要性を理解しようとする態度が必要である。いたずらに調査を拒否するだけでは，現代社会の諸問題の隠蔽に力を貸していることになりかねない。社会調査とは被調査者との対等なコミュニケーションであるという認識こそが，すべての人に必要なのである。」

❑ 社会福祉士・精神保健福祉士等の倫理綱領と社会福祉調査

　次に，ソーシャルワーカーが遵守すべき専門職倫理との関係から社

資料序 - 1　一般社団法人日本社会調査協会倫理規程

制定　2009年 5 月16日
改定　2021年 5 月23日

前文

　一般社団法人社会調査協会は，定款第 4 条に基づき，会員が社会調査の全過程において遵守すべき倫理規程を定める。

　会員は，質の高い社会調査の普及と発展のために，本規程を十分に認識して遵守し，調査対象者および社会の信頼に応えなければならない。また社会調査について教育・指導する際には，本規程にもとづいて，社会調査における倫理的な問題について十分配慮し，調査員や学習者に注意を促さなければならない。

　社会調査の実施にあたっては，調査者の社会的責任と倫理，対象者の人権の尊重やプライバシーの保護，被りうる不利益への十二分な配慮などの基本的原則を忘れては，対象者の信頼および社会的理解を得ることはできない。調査対象者の協力があってはじめて社会調査が成立することを自覚し，調査対象者の立場を尊重しなければならない。会員は，研究の目的や手法，その必要性，起こりうる社会的影響について自覚的でなければならない。

　本規程は，社会調査協会会員に対し，社会調査の企画から実施，成果の発表に至る全過程において，社会調査の教育において，倫理的な問題への自覚を強く促すものである。

第1条

　社会調査は，常に科学的な手続きにのっとり，客観的に実施されなければならない。会員は，絶えず調査技術や作業の水準の向上に努めなければならない。

第2条

　社会調査は，実施する国々の国内法規及び国際的諸法規を遵守して実施されなければならない。会員は，故意，不注意にかかわらず社会調査に対する社会の信頼を損なうようないかなる行為もしてはならない。

第3条

　調査対象者の協力は，法令が定める場合を除き，自由意志によるものでなければならない。会員は，調査対象者に協力を求める際，この点について誤解を招くようなことがあってはならない。

第4条

　会員は，調査対象者から求められた場合，調査データの提供先と使用目的を知らせなければならない。会員は，当初の調査目的の趣旨に合致した 2 次分析や社会調査のアーカイブ・データとして利用される場合および教育研究機関で教育的な目的で利用される場合を除いて，調査データが当該社会調査以外の目的には使用されないことを保証しなければならない。

第5条

　会員は，調査対象者のプライバシーの保護を最大限尊重し，調査対象者との信頼関係の構築・維持に努めなければならない。社会調査に協力したことによって調査対象者が苦痛や不利益を被ることがないよう，適切な予防策を講じなければならない。

第6条

　会員は，調査対象者をその性別・年齢・出自・人種・エスニシティ・障害の有無などによって差別的に取り扱ってはならない。調査票や報告書などに差別的な表現が含まれないよう注意しなければならない。会員は，調査の過程において，調査対象者および調査員を不快にするような発言や行動がなされないよう十分配慮しなければならない。

第7条

　調査対象者が年少者である場合には，会員は特にその人権について配慮しなければならない。調査対象者が満15歳以下である場合には，まず保護者もしくは学校長などの責任ある成人の承諾を得なければならない。

第8条

　会員は，記録機材を用いる場合には，原則として調査対象者に調査の前または後に，調査の目的および記録機材を使用することを知らせなければならない。調査対象者から要請があった場合には，当該部分の記録を破棄または削除しなければならない。

第9条

　会員は，調査記録を安全に管理しなければならない。とくに調査票原票・標本リスト・記録媒体は厳重に管理しなければならない。

第10条

　本規程の改廃は，一般社団法人社会調査協会社員総会の議を経ることを要する。

付則

(1)　削除
(2)　本規程は2009年 5 月16日より施行する。
(3)　削除
(4)　本規程は2021年 5 月23日より施行する。

会福祉調査における倫理について述べることにする。

　周知の通り，ソーシャルワーカーは人権と社会正義の原理に基づく専門職倫理を行動規範とし，人間の行動と社会システムに関する知識を利用して，人々がその環境と相互に影響し合う接点に介入するための知識と技術を有しておく必要がある。

　たとえば，公益社団法人日本社会福祉士会が2020（令和２）年に採択した「社会福祉士の倫理綱領」（**資料序‐２**）は，「前文」，６つの事項からなる「原理」——具体的には「Ⅰ（人間の尊厳）」，「Ⅱ（人権）」，「Ⅲ（社会正義）」，「Ⅳ（集団的責任）」，「Ⅴ（多様性の尊重）」，「Ⅵ（全人的存在）」——，４つの事項からなる「倫理基準」——具体的には「Ⅰ　クライエントに対する倫理責任（12項目による構成）」，「Ⅱ　組織・職場に対する倫理責任（６項目による構成）」，「Ⅲ　社会に対する倫理責任（３項目による構成）」，「Ⅳ　専門職としての倫理責任（８項目による構成）」——によって構成されており，特に，社会福祉調査という観点からは，**資料序‐２**に抜粋した倫理基準について理解したうえで社会福祉調査にかかわる必要がある。

　また，公益社団法人日本精神保健福祉士協会が2013（平成21）年に採択し，2018（平成30）年に改訂した「精神保健福祉士の倫理綱領」（**資料序‐３**）は，「前文」，「目的」，４つの事項からなる「倫理原則」——具体的には「１．クライエントに対する責務（５項目によって構成）」，「２．専門職としての責務（５項目によって構成）」，「３．機関に対する責務（１項目）」，「４．社会に対する責務（１項目）」——，４つの事項からなる「倫理基準」——具体的には「１．クライエントに対する責務（５項目によって構成）」，「２．専門職としての責務（５項目によって構成）」，「３．機関に対する責務（１項目）」，「４．社会に対する責務（１項目）」——によって構成されており，特に，社会福祉調査という観点からは，**資料序‐３**に抜粋した倫理基準について理解したうえで社会福祉調査に関わる必要がある。

　さらに，先に見た一般社団法人社会調査協会倫理規程をはじめ，社会福祉士の倫理綱領，精神保健福祉士の倫理綱領等々をふまえ，社会福祉調査のプロセス全体を通じて調査対象者のプライバシーが保護されていることを，調査対象者が理解し，了承するために必要となる手段を講じること，またそれを視野に入れて社会福祉調査全体の計画を行い実施することが必要である。

　なお，社会福祉調査を実施する者には，その状況に応じて法的規制として「個人情報の保護に関する法律」の適用を受けることがあるということに加え，当該法規に基づく関係通知によるガイドラインにつ

資料序 - 2　社会福祉士の倫理綱領（一部抜粋）

倫理基準
Ⅰ　クライエントに対する倫理責任
（前略）
　　8.（プライバシーの尊重と秘密の保持）社会福祉士は，クライエントのプライバシーを尊重し秘密を保持する。
　　9.（記録の開示）社会福祉士は，クライエントから記録の開示の要求があった場合，非開示とすべき正当な事由がない限り，クライエントに記録を開示する。
（中略）
　　12.（情報処理技術の適切な使用）社会福祉士は，情報処理技術の利用がクライエントの権利を侵害する危険性があることを認識し，その適切な使用に努める。
（中略）
Ⅳ　専門職としての倫理責任
（前略）
　　7.（調査・研究）社会福祉士は，すべての調査・研究過程で，クライエントを含む研究対象の権利を尊重し，研究対象との関係に十分に注意を払い，倫理性を確保する。
（後略）

資料序 - 3　精神保健福祉士の倫理綱領（一部抜粋）

倫理原則
1．クライエントに対する責務
（中略）
（3）プライバシーと秘密保持
　精神保健福祉士は，クライエントのプライバシーを尊重し，その秘密を保持する。
（後略）

倫理基準
1．クライエントに対する責務
（中略）
（3）プライバシーと秘密保持
　精神保健福祉士は，クライエントのプライバシーの権利を擁護し，業務上知り得た個人情報について秘密を保持する。なお，業務を辞めたあとでも，秘密を保持する義務は継続する。
a　第三者から情報の開示の要求がある場合，クライエントの同意を得た上で開示する。クライエントに不利益を及ぼす可能性がある時には，クライエントの秘密保持を優先する。
b　秘密を保持することにより，クライエントまたは第三者の生命，財産に緊急の被害が予測される場合は，クライエントとの協議を含め慎重に対処する。
c　複数の機関による支援やケースカンファレンス等を行う場合には，本人の了承を得て行い，個人情報の提供は必要最小限にとどめる。また，その秘密保持に関しては，細心の注意を払う。クライエントに関係する人々の個人情報に関しても同様の配慮を行う。
d　クライエントを他機関に紹介する時には，個人情報や記録の提供についてクライエントとの協議を経て決める。
e　研究等の目的で事例検討を行うときには，本人の了承を得るとともに，個人を特定できないように留意する。
f　クライエントから要求がある時は，クライエントの個人情報を開示する。ただし，記録の中にある第三者の秘密を保護しなければならない。
g　電子機器等によりクライエントの情報を伝達する場合，その情報の秘密性を保証できるよう最善の方策を用い，慎重に行う。
（後略）
2．専門職としての責務
（中略）
（2）専門職自律の責務
a　精神保健福祉士は，適切な調査研究，論議，責任ある相互批判，専門職組織活動への参加を通じて，専門職としての自律性を高める。
（後略）

いても理解しておく必要がある。また最近では，社会福祉士や精神保健福祉士の養成校となっている大学等においても人を対象とする調査研究を適切に実施するための倫理審査を行う倫理審査委員会や倫理審査会等の組織が設置されており，その適用対象と範囲は，たとえば教員のみに適用される場合もあれば，学部生から大学院生も含めて適用される場合もあるなど，各養成校によって異なっているが，その具体的手続きや内容をはじめ，倫理審査の実際や直近の動向についても養成校の教員を通して理解を深めておくことも必要である。

⑤ 統計法の概要

　すでに社会調査の歴史のところで述べたように，社会調査の最も古い系譜は，「政治・行政上の目的をもった調査」として位置づけられているセンサス（census）である。そして，センサスの典型的な調査である国勢調査をはじめ，様々な公的統計を作成することを目的に公的機関が行う社会調査は「統計法（平成19年法律第53号）」という法律に基づいて実施されている。

　統計法は，指定統計，国民の申告義務，公表などを規定した法律として1947（昭和22）年に法律第18号として公布，施行され，わが国の統計調査の基本法として位置づけられてきた。しかし，統計法は，その制定から60年余りが経過した2007（平成19）年５月に「①公的統計の体系的かつ効率的な整備及びその有用性の確保を図るため，専門的かつ中立公正な審議を行なう統計委員会を設置し，②公的統計の整備に関する基本的な計画を作成すること，③統計調査の対象者の秘密を保護しつつ，統計データの利用促進に関する措置を講じること等を内容とする統計法の全部改正等が行なわれ（平成19年法律第53号），2008（平成20）年10月には統計法施行令の全部改正が行なわれた」。さらに，①行政機関等の責務等の規定設置，②事業所母集団データベースに記録されている情報の提供対象の拡大，③調査票情報の提供対象の拡大と二次的利用の成果等の公表，④統計委員会の機能強化，⑤独立行政法人統計センターの業務の追加等を改正内容とする「統計法及び独立行政法人統計センター法の一部を改正する法律案」が2018（平成30）年３月６日に国会へ提出され，2018（平成30）年５月25日の可決・成立を経て施行されている。

　なお，改正された統計法（平成19年法律第53号）の基本構造とそのポ

イントについては**資料序−4**と**資料序−5**を，2019（令和元）年5月24日現在の基幹統計の一覧については**資料序−6**を参照されたい。

資料序−4　統計法の基本構造

```
第1章　総則（第1条〜第4条）
第2章　公的統計の作成
　第1節　基幹統計（第5条〜第8条）
　第2節　統計調査
　　第1款　基幹統計調査（第9条〜第18条）
　　第2款　一般統計調査（第19条〜第23条）
　　第3款　指定地方公共団体又は指定独立行政法人等が行う統計調査（第24条・第25条）
　第3節　雑則（第26条〜第31条）
第3章　調査票情報等の利用及び提供（第32条〜第38条）
第4章　調査票情報等の保護（第39条〜第43条）
第5章　統計委員会（第44条〜第51条）
第6章　雑則（第52条〜第56条）
第7章　罰則（第57条〜第62条）
附則
```

資料序−5　統計法のポイント

■社会の情報基盤としての統計

統計法の目的は，公的統計（※）の作成及び提供に関し基本となる事項を定めることにより，公的統計の体系的かつ効率的な整備及びその有用性の確保を図り，国民経済の健全な発展及び国民生活の向上に寄与することとなっています（第1条）。

公的統計は行政利用だけではなく，社会全体で利用される情報基盤として位置付けられています。

公的統計には，体系的に整備すること，適切かつ合理的な方法により作成すること，中立性・信頼性を確保すること，容易に入手できるように提供すること，被調査者の秘密を保護することなどの基本理念があり，行政機関等はこの基本理念にのっとって公的統計を作成する責務があります（第3条，第3条の2）。

※国の行政機関・地方公共団体などが作成する統計を言います。統計調査により作成される統計（調査統計）のほか，業務データを集計することにより作成される統計（いわゆる「業務統計」）や他の統計を加工することにより作成される統計（加工統計）についても公的統計に該当します。

■基本計画

国は，予算・人員に限りがある中で公的統計を体系的・効率的に整備するため，統計法で「公的統計の整備に関する基本的な計画」（おおむね5年にわたる具体的な取組の工程表）を作成することが定められています（第4条）。この「公的統計の整備に関する基本的な計画」は，統計委員会の調査審議やパブリックコメントなどを経て，閣議により決定することとなっています。

■基幹統計

国勢統計，国民経済計算その他国の行政機関が作成する統計のうち総務大臣が指定する特に重要な統計を「基幹統計」として位置付け，この基幹統計を中心として公的統計の体系的整備を図ることとしています。

■国が行う統計調査

国の行政機関が行う統計調査については，調査間の重複を排除して被調査者の負担を軽減し，公的統計を体系的に整備する観点から，総務大臣が統計調査の審査・調整を行います（第9条〜第11条，第19条〜第21条）。

統計調査は，統計の作成を目的として，個人又は法人その他の団体に対し事実の報告を求めるものです。国の行政機関が行う統計調査は，「基幹統計」を作成するために行われる「基幹統計調査」と，それ以外の「一般統計調査」とに分けられます。なお，統計調査には，意見・意識など，事実に該当しない項目を調査する世論調査などは含まれません。

■基幹統計調査

国勢調査などの基幹統計調査は，公的統計の中核となる基幹統計を作成するための特に重要な統計調査であり，正確な統計を作成する必要性が特に高いことなどを踏まえ，例えば以下のような，一般統計調査にはない特別な規定が定められています。

　・報告義務

　基幹統計調査に対する正確な報告を法的に確保するため，基幹統計調査の報告（回答）を求められた者が，報告を拒んだり虚偽の報告をしたりすることを禁止しており（第13条），これらに違反した者に対して，50万円以下の罰金が定められています（第61条）。

　・かたり調査の禁止

　被調査者の情報を保護するとともに，公的統計制度に対する信用を確保するため，基幹統計調査について，その調査と紛らわしい表示や説明をして情報を得る行為（いわゆる「かたり調査」）を禁止しており（第17条），これに違反した者に対して，未遂も含めて2年以下の懲役又は100万円以下の罰金が定められています（第57条）。

- **地方公共団体による事務の実施**

　基幹統計調査は，全数調査や大規模な標本調査として行われることが少なくなく，国の職員だけで，限られた期間内に調査を円滑に終えることは困難です。そこで，調査を円滑かつ効率的に実施するため，調査事務の一部を法定受託事務として，地方公共団体が行うこととすることができるとされています（第16条）。地方公共団体が行う事務の具体的な内容は，個々の基幹統計調査ごとに，政令（国勢調査令，人口動態調査令及び統計法施行令）で定められています。

　なお，調査に要する経費は，国が全額支出します（地方財政法第10条の４）。

■統計基準の設定

　公的統計の統一性又は総合性を確保するための技術的な基準として，総務大臣が日本標準産業分類などの「統計基準」を設定しています（第28条）。

■統計データの利用促進

　統計調査によって集められた情報（調査票情報と言います。）は，本来その目的である統計作成以外の目的のために利用・提供してはならないものですが（第40条），統計の研究や教育など公益に資するために使用される場合に限り，二次的に利用することが可能です。二次的な利用方法として，その利用目的等に応じて，調査票情報の提供（第33条，第33条の２），オーダーメイド集計（第34条），匿名データの提供（第36条）があります。

■統計調査の被調査者の秘密の保護

　調査票情報等の取扱いに従事する職員等や当該事務の受託者等には，その情報に関する適正管理義務や業務に関して知り得た被調査者の秘密を漏らしてはならないという守秘義務があり（第39条，第41条〜第43条），これに違反した者に対して，罰則が定められています（第57条，第59条，第61条）。

■統計委員会の設置

　統計法に基づいて，13名以内の学識経験者によって構成する統計委員会が設置されています。

　統計委員会は，統計に関する基本的事項，基本計画の案，基幹統計調査の変更など統計法に定める事項に関する調査審議を行うこと，基本計画の実施状況に関し総務大臣等に勧告すること，関係大臣に必要な意見を述べることなど，公的統計において重要な役割を果たしています。また，統計委員会委員等を補佐するため，国の行政機関の職員を幹事に任命しています。

■法の施行状況の公表

　統計法の適正な運用を確保するため，総務大臣は，毎年度，統計法の施行の状況を取りまとめ，その概要を公表するとともに統計委員会に報告することとされています（第55条）。

出所：総務省ホームページ（https://www.soumu.go.jp/toukei_toukatsu/index/seido/1-1n.htm）（2020.5.6）.

資料序-6　基幹統計一覧（2019（令和元）年5月24日現在）

■内閣府《計1》

- 国民経済計算　（注1）
  - （注1）国民経済計算，産業連関表，生命表，社会保障費用統計，鉱工業指数及び人口推計は，他の統計を加工することによって作成される「加工統計」であり，その他の統計は統計調査によって作成される。

■総務省《計14》

- 国勢統計
- 住宅・土地統計
- 労働力統計
- 小売物価統計
- 家計統計
- 個人企業経済統計
- 科学技術研究統計
- 地方公務員給与実態統計
- 就業構造基本統計
- 全国家計構造統計
- 社会生活基本統計
- 経済構造統計　（注2）
- 産業連関表　（注1）（注3）
- 人口推計　（注1）（注4）
  - （注1）国民経済計算，産業連関表，生命表，社会保障費用統計，鉱工業指数及び人口推計は，他の統計を加工することによって作成される「加工統計」であり，その他の統計は統計調査によって作成される。
  - （注2）経済構造統計は，総務省の外，経済産業省も作成者となっている。
  - （注3）産業連関表は，総務省の外，内閣府，金融庁，財務省，文部科学省，厚生労働省，農林水産省，経済産業省，国土交通省及び環境省も作成者となっている。
  - （注4）人口推計は，平成28年10月18日に基幹統計として指定された。なお，この指定は平成29年度に公表するものから効力を生じることとしている。

■財務省《計1》

- 法人企業統計

■国税庁《計 1》
- 民間給与実態統計

■文部科学省《計 4》
- 学校基本統計
- 学校保健統計
- 学校教員統計
- 社会教育統計

■厚生労働省《計 9》
- 人口動態統計
- 毎月勤労統計
- 薬事工業生産動態統計
- 医療施設統計
- 患者統計
- 賃金構造基本統計
- 国民生活基礎統計
- 生命表　　（注 1）
- 社会保障費用統計　　（注 1）
   （注 1）国民経済計算，産業連関表，生命表，社会保障費用統計，鉱工業指数及び人口推計は，他の統計を加工することによって作成される「加工統計」であり，その他の統計は統計調査によって作成される。

■農林水産《計 7》
- 農林業構造統計
- 牛乳乳製品統計
- 作物統計
- 海面漁業生産統計
- 漁業構造統計
- 木材統計
- 農業経営統計

■経済産業省《7》
- 経済産業省生産動態統計
- ガス事業生産動態統計
- 石油製品需給動態統計
- 商業動態統計
- 経済産業省特定業種石油等消費統計
- 経済産業省企業活動基本統計
- 鉱工業指数　　（注 1）
   （注 1）国民経済計算，産業連関表，生命表，社会保障費用統計，鉱工業指数及び人口推計は，他の統計を加工することによって作成される「加工統計」であり，その他の統計は統計調査によって作成される。

■国土交通省《9》
- 港湾統計
- 造船造機統計
- 建築着工統計
- 鉄道車両等生産動態統計
- 建設工事統計
- 船員労働統計
- 自動車輸送統計
- 内航船舶輸送統計
- 法人土地・建物基本統計

《合計　53》

出所：総務省ホームページ（https://www.soumu.go.jp/toukei_toukatsu/index/seido/1-3k.htm）（2020. 5. 6）.

○注 ────────

(1) 「アンケート」という用語に関して，木下は下記の文献において「アンケート（enquete） フランス語に起源をもつアンケートという言葉は，日本では様々な意味で用いられている。（中略）
また，調査票そのものを指してアンケートと呼ぶ人もいるが，調査票は英語もフランス語も"questionnaire"であるので，それは間違いである。調査票を指してアンケートという言葉を使う場合は，せめてアンケート用紙，アンケート票と呼ぶべきである」と述べており，慣例的に用いられているアンケートという用語の使用に留意する必要があることを示唆している。木下栄二（2005）「社会調査へようこそ」大谷信介・木下栄二・後藤範章・小松洋・永野武編著『社会調査へのアプローチ──理論と方法〔第2版〕』ミネルヴァ書房，3．

(2) 小林茂（1981）『社会調査論』文眞堂，66-86．

(3) 同前書．

(4) 安田三郎・原純輔（1982）『社会調査ハンドブック〔第3版〕』有斐閣双書，3-4．

(5) 福武直（1984）『社会調査〔補訂版〕』岩波全書，20-29．

(6) (4)と同じ，4．

(7) (5)と同じ，18．

(8) 小山路男（1995）「ウエッブ夫婦──社会改良とナショナル・ミニマム」社会保障研究所編『社会保障の新潮流』有斐閣，11-25．

(9) 小沼正（1980）『貧困──その測定と生活保護〔第2版〕』東京大学出版会，353-354．

(10) 杉野昭博（1995）「ピーター・タウンゼント──人類学と福祉学からの点検」社会保障研究所編『社会保障の新潮流』有斐閣，179-195．

(11) 江口英一（1980）『現代の貧困（上・中・下）』未來社．

(12) 篭山京（1976）『戦後日本における貧困層の創出過程』東京大学出版会．

(13) 社会調査の歴史については，次の文献等が詳しいので参照されたい。江口英一編（1990）『日本社会調査の水脈──そのパイオニアたちを求めて』法律文化社；石川淳志・橋本和孝・浜谷正晴編（1994）『社会調査──歴史と視点』ミネルヴァ書房；川合隆男編（1989）『近代日本社会調査史（Ⅰ）』慶應通信；川合隆男編『近代日本社会調査史（Ⅱ）』慶應通信，1991；川合隆男編『近代日本社会調査史（Ⅲ）』慶應通信，1994；Easthope, G. (1974) *A History of social research methods*, Longman.（＝1982，川合隆男・霜野寿亮監訳『社会調査方法史』慶應通信）

(14) 盛山和夫・近藤博之・岩永雅也（1992）『社会調査法』放送大学教育振興会，3．かっこ内は筆者加筆。

(15) 同前書，14．

(16) 原純輔・海野道郎（1984）『社会調査演習』東京大学出版会，3．

(17) 岩永雅也・大塚雄作・高橋一男（1996）『社会調査の基礎』放送大学教育振興会，12．

(18) 社会福祉の対象認識については論者によってさまざまな捉え方があるが，ここでは，下記の文献を参考に三浦文夫（1995）の社会的ニードという用語を用いた。三浦文夫（1995）『増補改訂 社会福祉政策研究』全国社会福祉協議会．

(19) 後藤隆（2013）「社会調査の意義と目的」天田城介・後藤隆・潮谷有二『社会調査の基礎〔第3版〕』中央法規出版，32-37．

(20) 三浦文夫（1995）『増補改訂 社会福祉政策研究』全国社会福祉協議会．

⑵　盛山和夫・近藤博之・岩永雅也（1992）『社会調査法』放送大学教育振興会，15.

⑵　福武直（1969）『社会学の方法と課題』東京大学出版会，37. かっこ内は筆者加筆。

⑵　中谷宇吉郎（1958）『科学の方法』岩波新書，2-3.

⑵　木下栄二（2005）「社会調査へようこそ」大谷信介・木下栄二・後藤範章・小松洋・永野武編著『社会調査へのアプローチ〔第2版〕──理論と方法』ミネルヴァ書房，13.

⑵　「一般社団法人社会調査協会　倫理規程」（https://jasr.or.jp/chairman/ethics/）.

⑵　⑵と同じ，13.

⑵　「社会福祉士の倫理綱領」（https://www.jacsw.or.jp/01_csw/05_rinrikoryo/files/rinri_koryo.pdf）.

⑵　「精神保健福祉士の倫理綱領」（http://www.japsw.or.jp/syokai/rinri/japsw.htm）.

⑵　厚生労働分野における個人情報の適切な取扱いのためのさまざまなガイドライン等については厚生労働省のホームページを参照されたい（https://www.mhlw.go.jp/stf/seisakunitsuite/bunya/0000027272.html）.

⑶　厚生労働統計協会編（2020）『厚生統計テキストブック〔第7版〕』厚生労働統計協会，22.

⑶　大澤敦（2018）「統計改革と統計法等の改正──統計の精度向上・データ利活用等の推進」『立法と調査』No. 403, 3-17（https://www.sangiin.go.jp/japanese/annai/chousa/rippou_chousa/backnumber/2018pdf/20180801003.pdf）（2020. 5. 6）.

■第1章■
社会福祉調査のデザイン

① 問いの設定と調査の流れ

　現在，福祉の分野においても，大学や研究所の研究者のみならず，学生による卒業研究や，実際に社会福祉士などの福祉に携わる専門職者によって，調査の実施が盛んになってきている。主な調査としては，サービス利用者や地域住民などの意識調査，実態調査，事例調査などが挙げられるが，近年では，福祉の実践に関する評価やプログラム評価のための調査も，業務上における不可欠な要素として増えつつある。福祉サービスの見直しを含めて，個人のみならず，組織や自治体，国レベルまでのいわゆるミクロからマクロまでを対象とした調査が行われている。

　そういった調査の積み重ねが全体的に増えている福祉分野ではあるが，その反面，福祉サービスの利用者や福祉施設職員など調査の対象者となりうる側から，「調査」について否定的な声も聞かれるようになってきた。それはなぜか。調査を実施する側のスキルの未熟さも原因のひとつではないかと考えられる。調査対象者に対して，調査を実施する意義についての説明が不十分であったり，質問内容等が稚拙であったりと配慮のなさによって信頼が築けない場合も考えられる。いかに調査対象者に協力してもらうのかは，調査実施においては，大きな課題であろう。

　調査の実施については，その必要性を十分に見きわめなければならない。そのうえで，調査を行う必要性があると判断したのならば，まずは調査を実施することによって，何を明らかにするのか，何を検証するのかをしっかりと設定していかねばならない。また，その方法として，どのような調査方法が適切であるのか，選択することが求められる。したがって，本節では，どのように調査を組み立てるのかについて設定の材料を示すこととする。

☐ 調査のための問いを引き出すには

　調査を実施するうえで，最初の段階である「調査のための問い」の設定が，もっとも重要となる。問いの設定の最初の段階では，調査を実施する側が「何を知りたいのか」ということをはっきりさせる必要がある。日頃から，何かしらに関心をもっているか，問題意識をもつ姿勢をもちえているかが大きくかかわってくる。きっかけとなること

表1-1　調査のための問いを導き出すための最初の段階における作業

課題内容
「知りたい」「興味がある」「疑問に思う」ことは何か。 疑問文形式で自由にいくつでも書き出す。
（例）・高齢者が買い物に出かける際，街中で不便だと感じることは何か？ 　　　・障害をもつ子どもを育てている親の不安には，どのようなものがあるか？ 　　　・児童虐待の件数の増加は，家族の養育機能が薄れているからなのか？ 　　　・高齢者による万引きが増えているということをニュースで目にしたが，その背景にあるものは何か？ 　　　・ボランティアをすることで，生きがいを得られるのかどうか？ 　　　・離島における独自の福祉サービスにはどのようなものがあるのか？　　　など
書き出した中で，特に意義があり，興味の持てるものについて選ぶ。

出所：筆者作成.

は，個人的な体験に基づくものであったり，普段の業務の中であったり，雑誌やテレビなどを通して興味をもったりと日常に潜んでいる。そういったことが，電車に揺られているとき，お風呂につかっているとき，友人と会話をしている最中などにふと気づくと疑問として頭に浮かび，気になっていることもある。こういった積み重ねが，調査にあたっての問いにつながる。

　具体的に福祉分野での調査，特にプログラムや実践の評価においては，福祉サービス実施にあたって気になる点や改善が必要だと思われる点などについて，地域性も考慮に入れながら，調査で明らかにしたいことを思い浮かべていくことが必要になる。さらに，人口の推移や世帯の変化，高齢化率など今後の地域のあり方などと絡めて，調査のための問いの設定をしていくことが専門職として欠かせない視点となる。

　しかしながら，残念なことに「知りたいことが特に浮かばない」という人も中にはいることであろう。そういった人は**ブレーンストーミング**[➡]などを通して，自分にブレーキをかけず，自由にアイディアを出していくような工夫も必要になる。まずは疑問に思っていることを言語化する作業が求められる。そのうえで適切な問いを設定していくことが望まれる。それぞれがもつ「些細な問い」から調査の基盤がうまれるのである。なお，「問い」については，疑問文形式で記すことが望ましい（**表1-1**）。

☐ 調査のための問いを絞るには──文献のレビューとまとめ

　「調査のための問い」の設定は，一筋縄ではいかないのが調査の難いところでもあり，非常に面白いところでもある。調査のための問い，すなわち「何を知りたいのか」ということがはっきりみえてきたら，

➡ブレーンストーミング

アメリカで開発された集団での発想法。集団において，メンバー間の相互作用を通して，各自の積極的な創造性を引き出すことを主な目的とする。また，自由な雰囲気のもと，他を批判せず，アイディアの質より量を重視することが大きな特徴である。頭脳を刺激しあうツールとして，活用されている。

表1-2　調査のための「問い」としての項目チェック表

チェック内容
①自分にとって興味の続きそうな「問い」であるか。
②テーマ自体に意義があるか。
③調査対象者は確保できるか。
④調査にあたって，経済的負担の問題はクリアできるのか。
⑤調査にあたって，時間的に実施が可能な内容であるか。
⑥調査にあたって，倫理的に実施が可能な内容であるか。
⑦調査にあたって，方法論的に実施が可能な内容であるか。
⑧調査にあたって，所属先などから支援や協力をえられるような環境にあるか。
⑨調査にオリジナリティはあるか。

出所：武田丈（2004）「リサーチクエスチョン」武田丈『ソーシャルワーカーのためのリサーチ・
　　　ワークブック——ニーズ調査から実践評価までのステップ・バイ・ステップガイド』ミネ
　　　ルヴァ書房，13，をもとに，筆者が加筆して作成.

　次の段階では，情報収集の能力が問われる。すでに他の誰かが実証済みであったり，調査をするには現実的には時間や経済的に難しかったりと調査の実施について疑問符が生じた場合は，調査の実施は難しいと判断せざるをえない場合もある（**表1-2**）。

　まずは，図書館やインターネット等で，最初の段階で考えた「問い」に関する文献，論文，資料などを入念に調べる必要がある。図書館等では，検索のツールも多岐に使用できることから，「問い」に関する重要な構成要素となるキーワードなどを入力し，効率よく資料を探すことが可能である。特に最新の研究の動向や，公的機関の出す統計資料をうまく使用することが求められる。文献や資料をいかに収集しまとめるのかが，調査の実施にあたって，最終的な完成度を左右することになる。自分でパソコンなどのツールを用いて，著者やタイトル，キーワード，要旨，解決されていない課題などを記録することで，問題点などの整理ができることになる。先行研究をまとめることで，自分の調査で何を明らかにするのか，具体的な方向性がみえてくることにつながる。

　そういった手順をふまえてはじめて，調査の「問い」として，より焦点が絞られたもので，かつオリジナリティの備わったものになりうる。

　また，万が一，「問い」の設定が最初に思い描いていたものから，文献を調べるなどによって，違うテーマへ意義を見出した場合や興味がシフトした場合は，思いきって変更するのも可能である。調査をする側にとって，調査の意義を感じるものだけでなく，興味の続く「問い」でなければ，調査の一連の流れを進めることが難しくなる。よって，調査のための問いを絞る段階での変更はむしろおもいきってやることもあってしかるべきであろう。

　調査の「問い」の絞り込みができた段階で，再度，調査の実施の必要性を見きわめ，さらに調査の実施が望ましい場合，調査において何を明らかにするのか，またその調査の手法はどうするのかを中心として調査の計画を練っていく必要がある。

❏ 調査の実施の流れ

　個々人がもつ「知りたい」という出発点から，意義や状況などを鑑み，調査の問いを設定することについて前述してきた。この調査の問いの内容によって，どのような調査の手法をとるのかが決まってくる。そして，次の段階である「調査をいかに実施するか」は，調査を実施する側に調査に関する知識と技術，すなわちスキルがどれだけ備わっているかにかかっている。調査を行うプロセスにおいては常に「選択」がつきまとう。調査において，どういった対象者を選び，何についてデータを集めるのか（変数），その変数間にはどんな関係が存在すると予測されるか（仮説の設定）を手続きとしてふまえる必要がある。そういったことをもとに，どのような調査を用いるのか，結果をどのように分析するのかといった枠組みの組み立てをしていかねばならない。

❏ 調査の実施における今後の課題

　これからの福祉の専門職は，福祉サービスの利用状況や利用者のニーズ把握のための調査，また，福祉の専門職者をとりまく環境に関する調査など，多くの場面でこれまで以上に調査のスキルを身につけていく必要がある。調査のスキルをいかに身につけて，適切に調査を実施し，その結果をもとにいかに社会にフィードバックしていくのかという点が求められている。

 調査における考え方・論理

❏ 理論と調査との関係

　理論とは，社会生活のある側面を説明するための相互に関連した言明体系とされている。[2]この理論を構成する基礎的要素が概念であり，概念は「事象の相対的に普遍性を持った特徴に注目し，それらを特定の用語で指示する[3]」と定義されている。以上の説明では抽象的でわかりにくいため，実際の例で説明してみたい。社会的地位による健康格

差を説明する理論にパーリン（Pearlin, L. I.）によって提唱されたストレス・プロセス理論がある[4]。この理論は，社会的地位によってストレス源と心理・社会的資源の分布に差が生じており，結果として健康度に差が生じるというものである。この理論を構成する基礎的な要素である概念は，社会的地位，ストレス源，心理的・社会的資源，健康度であり，理論としてこれらの概念の関係性が説明されている。

調査とは，実際の社会現象に関する情報を現実世界から収集し，それを解析することで，対象とする社会現象についての記述と説明をするものとされている[5]。その目的は現象を理解・説明することにあり，理論と共通する。では理論と調査の関係はどのようなものか。その関係はその方向性が逆の2つに区分できる。一つが理論から調査へと向かう演繹法であり[6]，他の一つが調査から理論へと向かう帰納法である。

☐ 演繹法と帰納法

演繹法では，理論が主導的な役割を果たしており，理論の妥当性を検証するための手段として調査が位置づけられる。検証のためのステップは次の通りである。まず，理論から仮説を構築する作業がある。仮説は理論が妥当であるならば現実世界で観察されるはずの概念間の関係で示される。先の例で示すならば，社会的地位がストレス源と心理社会的資源の分布に影響するという仮説が立てられる。

次いで，この仮説が妥当か否かを調査に基づいて検証する。実は，仮説は理論仮説と作業仮説の2つのレベルに分けられる。理論仮説では，使用されている概念は必ずしも調査で測定可能なものとはかぎらない。これに対して測定可能な概念間の関係で記述するのが作業仮説である。先の例は理論仮説のレベルであり，社会的地位を収入，心理・社会的資源をソーシャル・サポートという測定可能なもので示した場合に作業仮説となる。演繹法を用いて検証する理論の妥当性は，量的調査に基づき評価されることが多い。なぜならば，**量的調査**では，概念間の関係については概念を測定する道具である尺度間の関連として数量的に表現できることから，その関連の強さを統計的な基準に基づき評価することが可能であるからである。このように演繹法は量的調査と親和性が高い。

帰納法では，調査データが主導的な役割を果たしており，データを分析することによって現象をできるだけ説明する概念やその関係性を表す暫定的な理論を生成させていく。解析のためのデータには対象者の観察，対象者からの聞き取りなどで収集された定性的なものが多く，それを質的分析法を用いて分析する。このように帰納法は**質的調査**と

→ 量的調査

量的調査では，対象者個々の特性よりも，対象者が集まった集団の特性に関心がある。そのため，対象者から直接数量的なデータを収集し，それを統計的な分析手法を利用して解析する。解析に際しては，集団の一つひとつの特性を記述するだけでなく，特性間の関連についても統計的な手法を用いて解析する。

→ 質的調査

質的調査について共通する定義はない。しかし，質的調査に関して，社会福祉の研究者にとって重要と思われる特徴を岡と Shaw が3つに要約している[7]。第一に，人々が自分の行為や社会現象に与えている意味を理解しようとする。第二に，研究対象が自然に暮らすフィールドに入り，顔を合わせてインタビューを行うことが多い。第三には，分析的帰納法の論理を使用する。すなわち，ひとつの事例を考察し，それを説明する仮説を立て，そのあとでまた別の事例を考察し，すでにたてた仮説でその事例を説明できるかどうか点検し，必要があれば仮説を修正するという作業を繰り返す。

親和性が高い。ただし，帰納法と演繹法は対立する関係になく，相互に補完的な関係にある。すなわち，帰納法に基づき調査データを利用し，暫定的な理論を生成させる。その後，暫定的な理論に基づき演繹法で構築された仮説の妥当性を調査データを用いて検証する。検証の結果，理論の妥当性が十分に検証できなかった場合には，その現象をよりよく説明する暫定的な理論を生成させるため，帰納法を活用する。

☐ 因果関係

　先に示したように仮説は概念間の関係で示される。その関係は，因果関係にあることを意味しており，一方の概念で把握される現象がなぜ起こるのか，それをもう一方の概念で把握される現象で説明できることである。この起こす方の現象を原因と呼び，それによってひき起こされる現象のことを結果と呼ぶ。

　因果関係にあることを検証するには，次の3条件を満たさす調査計画を立てる。第1の条件は，原因が結果よりも時間的に先行していること，第2の条件は，原因の測定値が変化した場合に結果の測定値も変化すること，第3の条件は，観察された関連が第三の要因の結果として説明できないこと。内的妥当性とは，この3条件をきちんと満たしているか否かの程度を意味する。内的妥当性が脅かされるのは，原因以外の何かによって結果が影響を受ける場合である。原因以外のもので結果に影響する可能性があるものとしては，歴史的な出来事，時間的な経過，調査による学習効果，アウトカム指標の違い，統計的な回帰，選択的バイアス，因果関係の方向性の曖昧さなどがある。

③ 調査の種類

☐ 種類分けの方法

　調査はさまざまな角度から種類分けできる。本節では，目的，介入の有無（具体的には「観察」か，「実験」か），調査時点（具体的には「**横断調査**」か，「**縦断調査**」か），データ収集の主体（具体的には「一次分析」か，「二次分析」か）という4つの軸に基づき調査の種類を分類する。

☐ 目的による種類分け

　目的による分類には，①探索のため，②記述のため，③説明のため，

➡ 横断調査
ある一時点における情報を調査対象から収集する調査のことをいう。この収集されたデータを用いて，問題発生の原因解明が行われている。原因と結果の因果関係を成立させる条件の一つには，原因が結果よりも時間的先行することがある。横断的調査では原因となる指標の測定時期と問題状況の測定時期が同時期であるため，原因を特定することは困難である。

➡ 縦断調査
一時点のみではなく，複数の時点で調査対象から繰り返しデータを収集する調査のことである。得られたデータは，時間的な経過に沿って現象がどのように変化するか確認することが可能である。縦断調査は，一般的にトレンド調査，コーホート調査，パネル調査の3つにタイプ分けされている。

④評価のため，の4区分ある。

① 探索のための調査

調査を進める意義がある問題か否か，どのような調査項目が適当か，どのような仮説が考えられるかなどを検討するために行う調査である。たとえば，透析を受けている高齢者が要介護状態になった場合の介護負担をどのようにとらえたらよいかについては，研究蓄積がほとんどなく，どのような調査項目がよいか明確でない。このような場合には，大規模な調査の前に介護者や担当のケアマネジャーから**自由面接法**により聞き取りを行い，調査項目の作成に生かすといった探索のための調査を行う。

② 記述のための調査

対象とした現象の特徴を記述するために行う調査であり，実態を正確に把握することに関心がある。記述を目的とした量的調査を行う場合，どのような現象を記述するか，事前に必要な調査項目を準備する必要がある。たとえば，独居高齢者の間での医療・福祉ニーズの広がりを明らかにしようとする場合，事前にどのような問題が深刻であるかを調べる。その事前の作業をふまえ，その問題を測定できる，たとえば経済状態，社会関係，健康状態などの調査項目で構成された調査票を用意し，それを用いて調査する。これが記述のための調査である。

③ 説明を目的とする調査

記述のための調査と異なり，その現象がなぜ生じているか，その説明のために理論的・経験的に導き出された仮説が妥当か否かを検証するために行う調査のことをいう。[13]たとえば，同居者がいる高齢者と比較して独居高齢者の間でうつの割合が高いことの要因として，うつのリスク要因である健康状態が悪い，社会関係が乏しい，経済的に厳しいという人の割合が多いことが関係しているという仮説を立てた場合，その妥当性を確認するために行う調査が説明のための調査である。

④ 評価のための調査

これは，社会政策，プログラム，あるいはソーシャルワークの介入などがどのような効果があるかを評価するために行う調査である。社会福祉分野において証拠に基づく実践の重要性が認知されつつある。そのための方法として評価のための調査は重要な役割を担っている。[14]最近では，介護予防・生活支援サービス事業が政策化されているが，この事業が介護予防に効果があるのか明らかにしようという調査が，評価のための調査である。

❏ 介入の有無による種類分け

　調査者による調査対象への介入やはたらきかけを最小限にし，データを収集する調査がある。このような調査を観察という。観察の中でも，質問紙を用い，それに対する回答を得るという，調査者が回答のための制約条件を大きく課している調査と，対象の自然のままの状態をできるだけデータとして収集するような調査者による制約条件が少ない調査がある。前者の調査の多くは量的調査に用いられており，後者の調査の多くは質的調査に用いられている。

　他方，調査者による調査対象への介入や働きかけが強い調査は実験といい，結果を起こすであろうと想定される介入（原因）を人為的に統制することでその効果を検証することを目的としている。実験では，因果関係が成立する先に示した3条件，すなわち原因が結果よりも時間的に先行していること，この両者が経験的に関連し，一方が変化した場合に他方も変化すること，観察された関係が第三の要因の結果として説明できないことを人為的に満たすよう計画を立てる。

❏ 調査時点に着目した種類分け

　調査対象から1時点でのみデータを収集する①横断調査と，複数の時点で情報を収集する②縦断調査がある。

①　横断調査

　横断調査では，1時点でのみ調査対象から収集されたデータに基づき社会現象を記述する。現象が生じる要因を特定することをめざす説明のための調査の場合，横断調査を用いるのは適当でない。なぜならば，現象発生の方がその要因の測定時期よりも時間的に後に来なければならないものの，横断調査ではこの時間的な前後関係が明確でないことから，原因となる要因の特定が困難である。たとえば，経済的な困窮度が健康破綻の要因であるという仮説を検証しようとした場合，横断調査によって経済的困窮度が高い人で健康状態が悪いことが明らかにされたとしても，経済的困窮が原因であると特定できない。なぜならば，健康度が低いために就労できない，あるいは医療費支出が多くなり，結果として経済的困窮度が高くなった可能性を否定できない。

②　縦断調査

　縦断調査は，さらに**トレンド調査**➡，**コーホート調査**➡，**パネル調査**➡に種類分けできる。

　トレンド調査は，着目した現象が現れている集団を調査対象として定義し，一定期間ごとに繰り返し調べる調査である。そのことで着目した集団の特性の時間的な変化を把握できる。たとえば，高齢者の社

➡**トレンド調査**

トレンド調査では，調査時期を異にして複数回調査するが，すべての調査で調査対象の定義が同一である。

➡**コーホート調査**

コーホート調査では，トレンド調査と同じく調査時期を異にして複数回調査するが，その対象はある時点で共通する経験，たとえば生年が同じであるなど同一の集団（コーホート）となる。調査対象は同一のコーホートに属していればよく，同じ対象を追跡調査する必要はない。

➡**パネル調査**

パネル調査では，同一の集団を追跡調査するという点ではコーホート調査と共通しているが，同じ個人を対象として追跡調査を行うという点で異なる。パネル調査によって，原因と結果という2つの事象間で起こる因果関係について時間的な前後関係をふまえた分析が可能となる。

会参加割合の時間的な変化を調べようとすると，次のようなトレンド調査を企画する。調査対象集団を全国の65歳以上の人と定義し，2020年，2030年，2040年の３時点でこの集団から無作為に抽出した1,000人ずつを対象に社会参加の割合を測定し，３時点における社会参加の割合を観察する。この調査では調査ごとに調査対象は異なってもよい。

　コーホート調査は，ある時点で共通の経験をもつ集団（コーホート）を調査対象に定め，複数の時点でデータ収集を行う調査のことである。この調査データを用いることで，対象としたコーホートの加齢に伴う特性の変化を観察できる。たとえば，高齢者の介護ニーズが加齢とともにどのように変化するかを明らかにしたい場合，次のようなコーホート調査を企画する。2020年時点で全国65〜69歳の人をコーホート（1955〜1959年の生年コーホート）として定め，2020年，2030年，2040年にそのコーホートから無作為に抽出した1,000人ずつを対象に調査を行う。そのコーホートの年齢は2020年には65〜69歳，2030年には75〜79歳，2040年には85〜89歳となる。それぞれの時点での日常生活動作に障害のある人の割合を測定することで，このコーホートの20年間における障害の割合の加齢変化を明らかにすることができる。調査対象は同一のコーホート集団に属していることが必要であるが，同じである必要はない。

　パネル調査の目的は，同じ調査対象（パネル調査ではパネルという）を時期を変えて複数回調査することで，現象の発生原因を解明することにある。パネル調査によって，横断調査で課題となった原因と結果の測定時期，すなわち原因が結果に時間的に先行しているという条件を満たすことができる。経済的貧困が日常生活動作の障害の発生原因であるか否かを明らかにするためには次のようなパネル調査を企画する。先に示したコーホート調査の対象者（2020年時点で全国65〜69歳の人）を例にとると，調査対象者の1,000人に対して10年後，20年後に追跡調査を繰り返し行う。このデータを用いて，2020年時点での日常生活動作に障害がない人の間で，経済的困窮度が高い人と低い人で，10年後あるいは20年度の日常生活動作の障害の発生割合の違いを分析する。以上のように，パネル調査を用いることで，日常生活動作の障害が経済的困窮度に影響するという逆の因果の可能性を排除できる。

❏ データ収集の主体による種類分け

　自分で集めたデータを分析する場合を一次分析，他者が集めたデータを分析する場合を二次分析という。二次分析で用いることができるデータには，①行政機関によって収集された社会福祉に関連する調査

データと，②大学，研究機関や企業が収集した調査データがある。

①　行政機関によって収集された調査データ

　利用可能なデータを列挙すれば，「社会福祉施設等調査」「福祉行政報告例」「被保護者調査」「国民生活基礎調査」などがある。これらの調査では，同じ調査項目を継続して用いている場合が多く，さらに年次の報告書として刊行されていることから，たとえば介護者の特性の時系列的な変化など記述を目的とした調査として利用できる。さらに「国民生活基礎調査」などは利用申請し許諾を得ることができるならば，個票の分析が可能であり，説明を目的とした調査のデータとしても利用可能である。

②　大学や研究機関，企業が収集した調査データ

　これらの調査データの利用により，以下4つのメリットが考えられる。(1)既存データを用いて仮説検証がなされていた場合，同一データを用いて以前とは異なる新しい仮説を用いて検証が可能であること，(2)新しい視点からの再分析を通じて，新しいテーマでの分析が可能でなること，(3)新しい調査を実施せずに既存のデータを利用して新しい研究を行うことが可能となるため，研究費の効率的な活用に貢献すること，(4)既存の論文の結果について再現性を担保する研究環境を提供すること[15]。社会福祉に関しては，Social Science Japan（SSJ）データアーカイブが二次分析に使うことのできるデータを提供している。収集されたデータの有効利用という点から，日本でも二次分析が活発に行われることが望まれる。

4　社会調査のプロセス

　社会調査のプロセスは，①問い・テーマの設定，②調査デザインの決定，③調査対象者の選定，④データの収集，⑤データの分析，⑥考察という段階で構成される。このプロセスはおおよそ量的調査と質的調査で共通するが，量的調査では，このプロセスが直線的に進み，質的調査では，③調査対象者の選定，④データの収集，⑤データの分析，の段階が循環的に進む場合もある。以下では，そのことを意識してプロセスを紹介する。

①　問い・テーマの設定

　調査でどのような疑問に回答を得ようとするのか，着目した現象に関する「問い・テーマの設定」を行う。「問い・テーマの設定」には，

文献レビューが欠かせない。文献レビューを通じてのみ，過去の調査で明らかにされたことの全体像と，いまだ未解明の部分を知ることができる。文献レビューが不十分である場合には，すでに判明していることを問いとして設定することになりかねない。このような調査の無駄を避けるためにも，文献レビューは十分に行う必要がある。

② 調査デザインの決定

この段階で，問い・テーマが現象を数値で記述したり，仮説の検証にある場合には量的調査を計画する。現象を理解するための概念が明確でなく，問い・テーマが概念生成にある場合には，概念生成のための定性的なデータを収集できる質的調査を計画する。重要な点は，問い・テーマに対して適合的な調査法を選択することであり，量的調査，質的調査という調査法が問いよりも先に決定されることはない。

③ 調査対象者の選定

量的調査と質的調査では求められる選定の基準が異なる。量的調査の場合には，現象を量的に把握することを目的としていることから，その現象が現れている集団（母集団）を特定し，調査対象として設定する。必要な場合には母集団から標本を選び出す作業をする。それに対して質的調査では，明らかにしたい現象が典型的あるいは極端に表れている対象を選ぶ。量的・質的調査を問わず調査対象者の選定にあたって重要なことは，予備調査や先行研究のレビューでできる限り調査対象に対する理解を深めておくことである。

④ データの収集

データの収集の方法は大きく2つに分類できる。一つが「構成的技法」であり，この方法では調査者によってあらかじめ観察や面接などの内容や手順が決められており，できるだけそれに即して調査を行う。「構成的技法」の代表的なものに質問紙法がある。この技法は質問紙を用いて対象から量的データを収集できることから，量的調査に適合的な方法である。

他の一つが「非構成的技法」であり，この技法は対象とかかわる中で把握される対象の事情や意識に応じて収集する情報の内容を柔軟に決めていく。「非構成的技法」は，データ収集の手段によって，聞き取りや集団での面接などによる方法と観察による方法に区分される。この技法は，対象の事情に応じた定性的データが収集されるため質的調査に適した方法である。

量的調査では，データの収集について「測定」という用語を用いる。それは，観察や質問などの内容が事前に決定されることと関係している。量的調査で用いられる観察や質問内容は仮説に位置付けられた概

念を操作的に定義し，測定可能とした用具である。すなわち，観察や調査内容は概念を測定するために用意されたものであることから，測定という用語を用いる。それに対して，質的調査では「測定」という言葉は用いない。質的調査では，着目した現象がどのような概念で説明されるかが事前にわかっていない場合が多い。つまり，先に現象に関係するデータの収集があり，そのデータを事後的に解釈した結果として，その意味内容が理解可能となる。このように質的調査では概念が事前に用意されていないことから，「測定」という用語を用いない。量的調査の「測定」に対応する言葉は「解釈」である。

⑤　分　析

　量的調査ではデータが数量として収集されることから，統計解析法を用いて分析を行う。質的調査では聞き取りであれば逐語録などを作成し，その逐語録に基づき対象者の発言の意味を解釈し，それを表現できる概念を生成させていく。その方法には，修正版グラウンデッド・セオリー・アプローチ，KJ 法，質的帰納的方法などがある。

　量的調査では「調査対象者の選定」から「分析」までは一方向のみである。質的調査の場合には，修正版グラウンデッド・セオリー・アプローチにみられるように，「調査対象者の選定」「データの収集」「データの分析」の結果，暫定的に生成された概念やその関連性の妥当性が確保されない場合には，「調査対象者の選定」「データの収集」「データの分析」をもう一サイクル行う。

⑥　考　察

　最後の「考察」の段階では，分析の結果をふまえて，現象がどのような特徴をもつのか，現象間の関係は仮説の通りであったのか否か，今後に残された課題は何かについて言及する。

◯注 ————

(1)　武田丈（2004）「リサーチクエスチョン」武田丈『ソーシャルワーカーのためのリサーチ・ワークブック——ニーズ調査から実践評価までのステップ・バイ・ステップガイド』ミネルヴァ書房，6-7.

(2)　Rubin, A., Babbie, E. R.（2013）*Research methods for social work Eighth Edition* Brooks/Cole, 59.

(3)　中道實（1997）『社会調査方法論』恒星社厚生閣，36.

(4)　Pearlin, L. I.（1989）The sociological study of stress. *Journal of Health and Social Behavior*, 30, 241-256.

(5)　直井優（1993）「社会調査」森岡清美・塩原勉・本間康平編『新社会学辞典』有斐閣，631-632，を参考に定義した。

(6)　演繹にはある一定の前提的命題から論理的・数理的な手続きによって別の命題を導出する方法という意味もあるが（盛山和夫（2014）「社会調査の目的と学術研究」社会調査協会編『社会調査事典』丸善出版，46-53.），こ

こでは理論から仮説を導出し，それを調査によって検証することを指している（Rubin, A., Babbie, E. R.（2013）*Research methods for social work (8th ed.)*, Brooks/Cole, 67）。

⑺　岡智史・Shaw, I.（2000）「算的調査研究法」（http://pweb.sophia.ac.jp/oka/papers/2000/qrswj/qrswj4.pdf）

⑻　量的データを探索的に分析することで理論化を図る場合もある（盛山和夫（2014）「社会調査の目的と学術研究の方法」社会調査協会編『社会調査事典』丸善出版，46-53）。

⑼　(1)と同じ，6.

⑽　同前書，272-273.

⑾　同前書，275-277.

⑿　実施主体・目的，収集・分析方法，主題領域，分析方針，歴史的条件など様々な観点からの分類がある（佐藤健二（2014）「社会調査の種類」社会調査協会編『社会調査事典』丸善出版，30-33）。

⒀　仮説検証型の調査ともいう。

⒁　大島巌（2012）「制度・施策評価（プログラム評価）の課題と展望」『社会福祉学』53(3)，92-95.

⒂　佐藤博樹（2012）「実証研究におけるデータアーカイブの役割と課題──SSJ データアーカイブの活動実績を踏まえて」『フォーラム現代社会学』11，103-112.

■第2章■

調査対象者の選定

調査目的にふさわしい分析単位の選択

➡ **調査単位**

調査などでデータを実際に収集する対象のことをいう。分析単位と異なることもある。たとえば，世帯が分析単位であり，貧困世帯であるか否かを調べようとする場合，調査の対象は世帯の収入額を把握している世帯主が調査単位となる。ボランティア組織が分析単位であり，ボランティア組織の継続年数に着目した調査の場合，調査単位はボランティア組織の代表などその組織の歴史をよく知っている人となる。

❑ 様々な次元の分析単位

調査の場合，分析単位とは何か，それが**調査単位**➡と異なる場合があることを理解する必要がある。分析単位は，焦点をあてた社会福祉の現象が発現している実体のことであり，分析の基本となる。分析単位としては，①個人，②家族・世帯，③組織・集団，④コミュニティなどが考えられる。

社会福祉調査では，①の個人を分析単位とした調査が多く，家族介護者の介護負担を明らかにする調査であれば，分析単位は家族介護者個人となる。②の家族・世帯を分析単位とした例には，貧困世帯の比率やその要因あるいは老親とその子どもの同別居やその要因を明らかにするための調査が該当する。③組織・集団を分析単位とした例については，ボランティア組織の継続年数や会員数などボランティア組織の特性に着目した調査では，ボランティア組織が分析単位となる。福祉施設の特性として介護職員の離職率に着目した調査では，個々の施設が分析単位となる。④については，コミュニティの特性として社会経済指標に着目した調査では分析単位はコミュニティとなる。

❑ 分析単位にかかわる問題

量的調査の場合，分析単位を明確に定義したとしても，その特性に関するデータを収集・分析する際に注意・検討しなければならない問題がある。

① 分析単位と調査単位が異なる場合の問題

社会集団を分析単位とした場合，その一部のメンバーの特性で代用してよいかという問題が起こる。たとえば，中高年女性の階層的地位は，その女性が属する世帯の世帯主の学歴や職業，所得を無視して測定可能かという問題がある。さらに，社会集団の特性をその集団を構成する一部のメンバーや外部のメンバーを対象とした調査から得られたデータで測定してよいかという問題がある。たとえば，家族環境を評価する尺度を使用する際，家族員の誰を対象とするかによって評価結果に違いがあるか否かを見ておく必要がある。

② 分析単位を意識しない場合の問題

分析単位を意識しないで結果を解釈した場合，別レベルの分析単位

による結果として解釈を誤ってしまう危険性がある。その危険性とは生態学的誤謬である。この誤謬は大きな分析単位（たとえば地域）から得られた現象間の関連性に関する結果を，より小さい分析単位（たとえば個人）から得られた結果として解釈してしまう誤りである。

　たとえば，自治体を分析単位とした調査で，失業率が高い自治体で人口対比の犯罪件数が多いという結果がえられた場合，この結果から失業者は犯罪者となる傾向が強いと解釈してしまうという誤りである。この例では分析単位が「自治体」であるにもかかわらず，「失業者」という分析単位で解釈している。失業者が多い自治体では予算的な制約から治安対策に予算を回すことができないなど，他の要因によって犯罪件数が多くなっている可能性がある。

☐ 調査対象の特定

　分析単位を決定した後，その単位の特性に関するデータを収集するために調査対象を特定する。[(1)] 特定にあたっては，①属性，②空間や範囲，③属性や空間・範囲を適用する時点，を明確にし，さらにその根拠も明示しなければならない。[(2)]

　たとえば，介護老人福祉施設の職員の職務ストレスを明らかにしようとする場合，①属性として，高齢者介護施設と常勤の介護専門職の2要素，②範囲として東京都に位置する施設，③属性や範囲を適用する時点として2020年3月末時点という期日を特定する。そして，これらの属性，空間・範囲，時点を特定した理由をそれぞれ説明する。

2 量的調査における標本抽出の考え方

☐ 全数調査と標本調査

　母集団には目標母集団と調査母集団がある。[(3)] 目標母集団とは，調査によってその特徴を明らかにしたい集団であり，たとえば，大都市に居住する高齢者の社会参加について調査したい場合には，目標母集団は「大都市に居住する高齢者」となる。しかし，現実には大都市に居住するすべての高齢者を調査することはできないので，「大都市」をどこかに限定する必要がある。大都市の中から東京都を選択した場合，「東京都に居住する高齢者」が調査母集団となる。

　母集団（「調査母集団」のことである，以下同）の設定後に悩むのが，その集団に属するすべての要素を調査対象とするか，それとも一部の

→ 母集団

ある集団の特質を調査によって明らかにしようというとき，その集団を構成する要素全体を母集団という。たとえば，日本における高齢者の介護ニーズを知りたいとする。この場合，高齢者を65歳以上の人と定義すれば，日本に居住する65歳以上の人全員が母集団となる。

■非標本誤差

標本誤差以外の調査に
ともなう誤差のことで
あり，未回収，調査員
によるバイアス，質問
文の不備などの理由に
よって生じる。

■全数調査

全数調査は，ある集団
の特質を調査するとき，
その集団に属する個々
の要素全数を残らず調
べる調査のことである。
全部調査，悉皆調査と
もいう。

■標本調査

ある集団の特質を調べ
るため，集団に属する
要素の一部分を抽出し
た標本を対象に調査す
る。この標本を対象と
した調査を標本調査と
いう。標本を抽出する
方法として望ましいの
は無作為抽出である。

■標本誤差

母集団から標本として
一部を無作為に抽出し
調べることで生じる誤
差である。たとえば，
介護ニーズを持つ人の
割合を例に示してみよ
う。母集団（1万人で
構成）ではその割合が
10%であった場合でも，
母集団から500人を選
び調査するとその割合
が10%となるとは限ら
ない。ときには9%と
なる場合もあれば，
11%となる場合もある。
このことを標本誤差と
いう。ただし，標本の
値がどのように分布す
るかについては一定の
規則がある。

■面接調査

調査員が対象者に対し
て対面で様々な問いか
けをしながら，話を聞
いていく方法である。
複雑で質問数が多い調
査票を使用した場合，
郵送法など自記式では
対象者が自ら質問を読
み，回答を考え，記入

表2-1　全数調査と標本調査の特徴

	全数調査	標本調査
標本誤差■	な い	あ る
非標本誤差	大きい	小さい
調査員の訓練	困 難	容 易
費 用	莫 大	比較的安価
知見の活用	遅 延	機動的
労 力	大きい	比較的小さい

出所：豊田秀樹（1998）『調査法講義』朝倉書店，
24, を一部改変.

みを選んで調査対象とするかである。データを収集したい集団に含ま
れる要素全部を調査することを**全数調査**■（または悉皆調査），母集団か
ら一部の要素のみを取り出して調査することを**標本調査**■という。Aと
いう自治体の住民の福祉意識を調べる場合，20歳以上の住民が5,000
人いたとすれば，この5,000人が母集団となる。5,000人すべてを調査
するのであれば全数調査，5,000人の中から500人を取り出して調査す
るのであれば標本調査となる。

□ 標本調査の意義

　標本調査では全数を調査しないことから，標本抽出（サンプリング）
にともなう**標本誤差**■が不可避に生じる。標本誤差とは，母集団から標
本として一部を無作為に抽出し調べることで生じる誤差のことである。
全数調査では，この標本誤差がないことから，標本調査よりもデータ
の質が高いと考えるかもしれない。では，母集団が大きい場合に行う
標本調査は，全数調査の代用ということで消極的に選択しているとい
えるのであろうか。豊田秀樹は，全数調査と標本調査における違いを
いくつかの視点からまとめている（**表2-1**）[4]。原純輔・海野道郎の指
摘も参考にしながら[5]，全数調査の標本数が非常に多い場合において，
標本調査を採用する積極的な理由を，主に**面接調査**■を念頭に以下に説
明する[6]。

　①　全数調査と比較し調査規模が小さいことから，少人数の調査員
で調査を行うことができる。そのため，調査員に対して十分な訓練の
機会を用意でき，質が高くかつ上質な調査員を調査に動員できる。

　②　質問紙の回収数も少ないことから，調査全体の管理が容易にな
り，調査員による**バイアス**■や不正，データの点検や入力にともなうミ
スなどを全体として低く抑えることができる。

　③　投入する人手も少なくすむことから，調査の費用を安く抑える
ことができる。

　④　調査規模が小さいことから，調査の準備やデータの収集・集計

にかける時間を短縮できる。緊急に分析結果が求められる場合にも対応できる。

　⑤　全数調査では，調査の実施中に調査に関する情報が対象者の間に広まり，それによって回答が影響を受ける場合もある。標本調査では仮にこのような影響があったとしても，それを小さな範囲にとどめることができる。

☐ 標本の規模

　標本調査における標本数は，調査に投入できる時間・費用・労力によって決められる部分が大きい。しかし，このような制約があるとはいえ，標本数があまりに小さいと一定の**信頼度**で母集団を推計したとしても母集団の値が存在しているという幅（信頼区間）が広くなり，推計精度が低くなる。つまり，母集団の特性についてあいまいな情報しか得ることができなくなる。そのため，必要とされる推計精度を確保するためにどのくらいの標本数が必要か事前に算出しておき，標本数を決定する際の参考にする。標本数を決定するための式は以下の通りである。

　①　母集団の平均を推定する場合は，$n = \dfrac{N}{\left(\dfrac{\varepsilon}{\kappa(\alpha)}\right)^2 \dfrac{(N-1)}{\sigma^2} + 1}$

　②　母集団の比率を推定する場合は，$n = \dfrac{N}{\left(\dfrac{\varepsilon}{\kappa(\alpha)}\right)^2 \dfrac{(N-1)}{\pi(1-\pi)} + 1}$

　α は推定を誤る確率，$\kappa(\alpha)$ は**正規分布**の性質から与えられる値，N は母集団の大きさ，σ^2 は母分散，ε は精度（区間推定における±の幅），π は母集団の比率（%），n は必要標本数である。母集団の分散や母集団の比率などの母集団に関する特性値は未知であるので，過去の類似の調査や予備調査などで得られた標本の分散や標本の比率で代替する。なお，母集団の比率の推定に必要な標本数については，信頼度や精度が与えられた場合，母集団の比率を50%としたときに最大となる。そのため，母集団の比率がわからないときには母集団の比率を50%としておくと，どのような比率であっても一定の信頼度を確保できる標本数を算出することができる。

　母集団の平均の推定の具体例は次の通りである。要介護高齢者10,000人を抱える自治体で，要介護高齢者が1か月に自己負担する介護費用を推定するための調査を企画する。50人の要介護高齢者について予備調査を行ったところ，自己負担する介護費用の平均が1万円，

することになるため，回収率が低くなり，個々の質問への回答も無回答となる場合も少なくない。面接法では，対象者は調査員の質問に対して回答するだけでよいため，きちんとした回答が得られやすい。しかし，対象者一人ひとりに面接する必要があるため，調査費用が高くなり，効率も悪い。

⇨ バイアス

調査結果に含まれる一定の傾向をもった偏りのことであり，その要因には対象者の心理的な問題や調査員の特性が関係する。たとえば，対象者の心理的な問題については，質問への回答として社会的に望ましいことが明らかな場合，対象者は自分の本来の意見ではなく，社会的に望ましいような回答をしてしまいがちになる。調査員によるバイアスは，調査員自身の質問への関心度，質問のスピード，対人関係スキルなどが対象者の回答に影響することで生じる。

⇨ 信頼度

標本から母集団の値を推定しようとするとき，一般的に区間推定を行う。区間推定は，母集団の値が含まれるように推定された区間であり，区間の両側を信頼限界という。信頼度とは，この区間に母集団の値が含まれる確からしさのことである。結論を誤る確率をαとすると，信頼度$100\times(1-\alpha)$%の信頼区間とは，母数がこの区間の中に含まれる確からしさが信頼度$100\times(1-\alpha)$%であるという意味である。

正規分布では，集団を構成する要素のばらつきが，平均値を中心に左右対称な釣鐘状になる。自然界や人間社会の事象の中には，標本数を十分に多くとれば，正規分布に近づくものが少なくない。正規分布においては，平均値からの乖離幅によって，その出現確率を算定することができる。正規分布の標準偏差をσとして，平均値をはさんで要素が上下1σの範囲に入る確率は68.3％，上下2σの範囲なら95.5％，上下3σの範囲なら99.7％の確率で入ることになる。

標準偏差が3,000円であった。この結果をふまえて，母集団の平均を推定する式に次のような数値を代入し，標本数を決定する。

① 信頼度は，通常の社会調査で用いられる95％とする。信頼度というのは，母平均が○〜○に入ると仮定したとするならば，その仮定を正しいとする確率が95％であることを意味している。

② $\kappa(\alpha)$ は信頼度が95％という値から，正規分布表に基づき1.96と求められる。

③ 母集団の大きさ N は10,000人。

④ ε である精度は，プリテストの平均が1万円で，普通その値に対して0.01から0.10の幅で設定される。今回は0.01と設定する（$\varepsilon = 100$）。

以上の値を代入し，計算すると2,569人の標本が必要であると算出される。母集団が100,000人であった場合，どのくらいの標本が必要かというと，母集団の数が10倍に増加したとはいえ，標本数は10倍必要ではなく，3,342人でよい。それよりも上記の例では区間の幅の影響の方が大きい。0.01とした平均値の幅の設定を0.02とすると657人となる。つまり，信頼区間の幅を2倍にすると標本数は5分の1でよいことになり，標本数に与える影響が大きい。

① 母集団の大きさが10,000人の場合の標本数

$$n = \frac{10{,}000}{\left(\dfrac{100}{1.96}\right)^2 \dfrac{(10{,}000 - 1)}{3{,}000^2} + 1} = 2{,}569$$

② 母集団の大きさが100,000人の場合の標本数

$$n = \frac{100{,}000}{\left(\dfrac{100}{1.96}\right)^2 \dfrac{(100{,}000 - 1)}{3{,}000^2}} = 3{,}342$$

❸ 量的調査における標本抽出の種類と方法

☐ 無作為抽出の方法

母集団から一部を取り出して調査対象とする標本調査においては，抽出された標本は母集団の特性や傾向を正確に反映したものでなければならない。そのためには，標本の選び方が決定的に重要となる。選ぶ方法は，母集団に含まれるすべての要素について，標本として選ばれる確率を等しくするものでなければならない。つまり，調査者が恣意的に標本を選ぶことは完全に排除されなければならない。

　たとえば，母集団が1,000人の高齢者で構成されているとして，高齢者からみて選ばれる確率が等しい方法とは，年齢や性，居住地などの特性に関係なく1,000分の 1 の確率で選ばれる方法である。この方法が**無作為抽出法**であり，無作為抽出法で選ばれた標本を「無作為標本」あるいは「確率標本」，母集団の特性や傾向をきちんと反映していることを「標本に代表性がある」と表現する。

　詳細は本書の第 5 章で記述するが，無作為抽出によって初めて標本と母集団との関係が統計的手法によって説明可能となり，標本の特性（平均，比率など）から母集団の特性を推測したり，統計的検定を行うことができる。他方，無作為抽出によって標本が抽出されなかった場合，標本から母集団を推測する際に大きな制約を伴う。無作為抽出法の具体的な方法には，①単純無作為抽出法，②系統抽出法，③層化無作為抽出法，④多段階無作為抽出法などがある。以下，それぞれの方法を説明していく。

▢ 単純無作為抽出法

　手順は以下の通りである。(1)母集団を定めたうえで，母集団に含まれる要素がもれなくリストされている名簿を調達する。(2)母集団の要素ごとに 1 番から順番に通し番号をつける。(3)選び出す側の主観を排除するため， 1 標本ごとにカードや乱数表，サイコロなどを用いて番号を選び，標本数になるまで繰り返す。以上のように無作為とは，一定の確率法則に従うということであり，でたらめに標本を抽出することを意味しているわけではない。

　この方法には大きな制約がある。[(8)]

　①　標本数を多くした場合，標本数だけ繰り返し抽出作業を行う必要があり，大変な手間がかかる。1,000標本の抽出には，この作業を1,000回繰り返し行う必要がある。ただし，電子化された名簿の場合，乱数の発生をコンピュータに行わせることで，単純無作為抽出を簡単に行うことはできる。

　②　調査対象の分布が地理的に広範囲に広がってしまう。母集団の範囲が狭い地域に限定されている場合はあまり問題はないが，全国に広がっている場合，単純無作為抽出法で1,000の標本を選ぶとすると，調査対象が全国1,000市区町村に分布する可能性がある。訪問面接法のような調査方法を採用した場合，データ収集に莫大な費用と人員が必要となる。

　③　母集団の完全な名簿を用意する必要がある。母集団を全国の高齢者とした場合，すべての自治体から高齢者の住民票を取り寄せ，そ

▶ 無作為抽出法

無作為抽出法は，母集団から標本を抽出する際，どの標本もまったく等しい確率で選ばれることを保証する方法で，調査する側の主観や作為などが反映されない。そのため抽出に際してはくじ引きや乱数サイ，乱数表などが利用される。この抽出法によって，母集団の一部である標本を調べるだけで母集団の値を推定できることがわかっている。無作為抽出法で選ばれた標本のことを「無作為標本」あるいは「確率標本」という。

れをもとに個々の高齢者に1番から順番に通し番号を振った名簿をつくる必要がある。しかし、このような名簿をつくることは非現実的である。

☐ 系統抽出法

　等間隔抽出法とも呼ばれる。1番から順番に番号を振った母集団の名簿を調達しなければならない点は単純無作為抽出法と同じであるが、標本抽出のところで省力化がはかられている。具体的には、最初の1標本のみ乱数表やサイコロなどを用いて無作為に選ぶものの、その後の抽出は機械的に等間隔で行うため、単純無作為抽出法が抱える抽出の煩雑さを解消できる。

　たとえば、母集団として1,000人の介護スタッフを想定した場合、そこから100人を系統抽出法で選ぶには次のような手順で行う。

　(1)個々の介護スタッフに1番から1,000番までの通し番号を振る。(2)抽出間隔を算出する。この場合には1,000人のうち100人を選ぶ必要があるため10人に1人という抽出間隔となる。(3)最初の1標本についてのみ、標本の番号が1から10までの中から乱数表やサイコロなどを用いて無作為に抽出番号を決める。もし5という数字が出たならば5番目の人が最初の抽出標本となる。(4)その後は等間隔で標本を抽出する。この例では機械的に15番目（5＋10）、25番目（15＋10）、35番目（25＋10）というように10人間隔で選んでいく。

　以上のように、この方法では抽出作業の煩雑さは解消されるが、母集団の名簿調達にともなう問題や母集団が地理的に広く分布していた場合の調査効率の悪さなどの問題は引き続き残されたままである。

☐ 層化無作為抽出法

　単純無作為抽出法においては、標本として選ばれるか否かは確率によるため、母集団における構成比率が低い属性を持つ要素については標本として選ばれないことが起こりえる。これを避ける方法として、層化無作為抽出法がある。この方法では、調査目的にとって重要な層の構成比率をあらかじめ調べておき、層別に母集団を部分母集団に分割する。層化に使用する基準は事前に情報を入手する必要があるので、一般的に入手しやすい情報、たとえば、居住地域や年齢、性などの社会人口学的な属性が採用される。この部分母集団の名簿から一定の割合で無作為に標本を抽出する。各層への標本数の割当法には比例割当と最適割当がある[9]。

　標本抽出の具体的方法として、各層への標本数の割当を比例割合と

表2-2　ある自治体の高齢者の層別構成

性	年齢階級			計
	65〜74歳	75〜84歳	85歳以上	
男性	2,500	1,500	600	4,600
女性	2,500	2,000	900	5,400
計	5,000	3,500	1,500	10,000

表2-3　層別の標本割当数（比例割合の場合）

層	層別人口	構成比	割当数
男性65〜74歳	2,500	25.0	250
男性75〜84歳	1,500	15.0	150
男性85歳以上	600	6.0	60
女性65〜74歳	2,500	25.0	250
女性75〜84歳	2,000	20.0	200
女性85歳以上	900	9.0	90
計	10,000	100.0	1,000

した場合の例を紹介する。高齢者の社会参加の実態に関する調査を行うため，A自治体の65歳以上の高齢者10,000人から1,000人の標本を抽出する計画を立てるとする。[10]

①　まず，調査の目的に合わせて層化する基準を決め母集団を区分する。この例でいうと，社会参加に関連すると思われる「性」と「年齢階級」を層化基準とするのが適当と思われるため，この基準に基づき高齢者を6層に区分する（表2-2）。

②　次いで，各層における母集団の構成比を求め，それに合わせて比例割当に基づき標本の大きさ（1,000人）を各層に割り当てる（表2-3）。

③　最後に，各性別・年齢階級別の抽出台帳を調達し，それぞれの台帳から各層に割り当てられた人数を単純無作為抽出法あるいは系統抽出法で抽出する。

☐ 多段階無作為抽出法

20歳以上の全国民というように大規模かつ広範囲にわたる母集団から標本抽出する場合，単純無作為抽出法を用いることは，名簿の調達，標本の抽出，データの収集などで大きな困難を伴うことは既述の通りである。多段階無作為抽出法は，このような困難を解消し，大規模かつ広範囲にわたる母集団から標本抽出する有効な手立てである。

多段階無作為抽出法のうちもっとも段階が少ない2段階無作為抽出法についてその方法を具体的に紹介する。

①　まず，1次抽出単位を抽出する。抽出に際しては，母集団を1

表2-4　等確率抽出法と確率比例抽出法の例

町名	人口	等確率抽出法			確率比例抽出法		
		町の抽出は等確率	選ばれた各町への割当数は人口で重みづけ	割当数	町の抽出は人口で重みづけ	選ばれた各町への割当数は同じ	割当数
A	100	2／5			$(100/2,000)×2$		
B	600	2／5	$600／(600+400)=6／10$	120	$(600/2,000)×2$	1	100
C	700	2／5			$(700/2,000)×2$		
D	400	2／5	$400／(600+400)=4／10$	80	$(400/2,000)×2$	1	100
E	200	2／5			$(200/2,000)×2$		
計	2,000			200			200

出所：安河内恵子（1998）「いよいよサンプリング」森岡清志編『ガイドブック社会調査』日本評論社，125-144，を参考に筆者作成.

次の抽出単位（市区町村など）に区分したうえで，以下に述べる等確率抽出法または確率比例抽出法で1次抽出単位を抽出する。

　②　次いで，抽出された1次抽出単位から，等確率抽出法または確率比例抽出法それぞれに対応する方法で要素を抽出する。この抽出法は，1次抽出単位に限定した要素の台帳だけあればよいので，要素の名簿の収集が容易になり，また，調査地域が1次抽出で選ばれた抽出単位に限定されるため，個別面接法であるならば調査員も効率よく動くことができる。

　等確率抽出法と確率比例抽出法の具体的な方法は次の通りである。5町で構成される人口2,000人の自治体の住民から200人の標本を抽出する例を紹介する。表2-4には，町ごとの人口構成が示されている。等確率抽出法の場合，1次抽出単位の抽出は町ごとに抽出確率（いずれも5分の1の確率）を同じくし，2次の抽出で人口に応じた重みづけをする。

　たとえば，1次抽出の結果，B町（600人）とD町（400人）が選ばれたとすると，1次抽出では抽出確率がすべての町について5分の2と同じであるため，2次の抽出では町の人口規模で重みづけし，それが住民を抽出する際の抽出確率に反映されるようにする。B町の人口は600人，D町の人口は400人であるので，200人を選び出す際には，人口規模に比例するようにB町から120人，D町から80人を無作為に選ぶ。その結果，B町とD町それぞれの町の住民が選ばれる確率（1次抽出確率×2次抽出確率）は$(2／5)×(120／600)$と$(2／5)×(80／400)$と，いずれも0.08となる。この方法だと，母集団の抽出台帳が完全でなく，要素の数がわからなくても，1次抽出単位の一覧がわかれば1次抽出が可能であり，さらに抽出された1次抽出単位についてのみ，含まれる要素数を把握し，抽出台帳を調達すれば2次抽出を行うことができる。

確率比例抽出法では，1次抽出単位の抽出は1次の抽出単位の人口に応じて重みづけして行うため，2次の抽出は1次で選ばれたすべての単位で同じ標本数を抽出することになる。1次抽出でB町とD町が選ばれたとすると，1次の抽出は人口に応じて重みづけして行われているため，2次の抽出ではそれぞれの町の抽出数は100人ずつと同じ数を割り当てる。B町とD町それぞれの住民が選ばれる確率（1次抽出確率×2次抽出確率）は（600／2,000）×2×（100／600）と，（400／2,000）×2×（100／400）で，いずれも抽出確率が1／10で等しい。

以上は，住民調査の例であるが，都道府県の介護老人福祉施設の入居者について，施設の協力が得られる場合には，2段階無作為抽出によって確率標本を得ることが可能となる。この場合，1次の抽出単位は施設となる。調査したい都道府県を取り上げ，WAM NET（ワムネット➡）を利用して介護老人福祉施設の名簿を調達する。[11] 等確率抽出法では，まずこの施設名簿から入居者数に関係なく1次抽出単位である施設を単純無作為か系統抽出法で選ぶ。次いで2次の抽出では，1次で抽出された施設に対して，各施設の入居者数によって重みづけして割り当てた標本数を無作為に抽出するように依頼する。確率比例抽出法では，1次の抽出単位である施設の抽出に際しては，抽出確率を入居者数によって重みづけして選ぶ。抽出された施設に対しては，すべて等しい数の標本数を無作為に抽出するように依頼する。

☐ 有意抽出法

調査者の恣意性を排除する無作為抽出法と異なり，調査者が恣意的に標本を選ぶのが**有意抽出法**である。この方法では調査者が母集団の傾向や特性を反映していると考える対象を選ぶ。もちろん，母集団についてこれまでわかっているさまざまな情報をもとに対象を選ぶので，標本は母集団の特徴をそれなりに反映しているかもしれない。しかし，選ばれた標本が母集団をほんとうに反映しているか否かを判断できない点が最大の問題である。

有意抽出は，母集団の傾向を正確に反映している保障がないため，無作為抽出と比較すると劣るものの，次のような場合には選択肢のひとつとして考慮してもよい。それは，(1)費用・労力・時間など現実的な制約から確率標本を対象とした調査できない場合，(2)調査結果の一般化を必ずしも望まず，標本の代表性を必要としない場合，(3)母集団の名簿が入手できず，確率標本の抽出法を適用できない場合，(4)母集団の典型的な特徴や代表的な特徴を質的に知りたい場合，などである。[12] 以下では，その方法として，①便宜的抽出法，②雪だるま（スノーボ

➡ **WAM NET**

インターネットを通じて利用できる福祉・保健・医療サービスに関するデータベースである。主な提供情報には，介護事業者情報，障害福祉サービス情報，病院・診療所情報，福祉サービス第三者評価情報などがある。ただし，介護事業者情報，病院・診療所情報については，WAM NET のホームページから各都道府県の当該ホームページにリンクするようになっている。

➡ **有意抽出法**

調査する側の恣意性を排除する無作為抽出法と異なり，有意抽出法は調査する側が恣意的に標本を選ぶ方法である。この方法では，調査する側が母集団の傾向や特性を代表していると考える対象を選ぶ。そのため，母集団の特徴をそれなりに反映している可能性もある。しかし，選ばれた標本が母集団を本当に代表しているかは判断できない。

ール）法，③割当抽出法の３種類について記す。

①　便宜的抽出法

　調査者の身近にたまたまいる標本を選ぶ方法である。この方法の例には，テレビ局による街頭インタビューがある。街頭インタビューでは，大きな事件が起きるとそれについてのコメントを人々に求めたりするが，インタビューの対象者は街頭でたまたま通り合わせた通行人である。この方法は抽出のための費用や労力，時間をあまり必要としない簡便な方法であるが，たまたま身近にいた人を対象としていることから，多くの人を対象にインタビューしても，そのデータから母集団全体の値を正しく推定することはできない。

②　雪だるま（スノーボール）法

　まず，友人・知人などを介して少数の標本を探し出し，その人から調査をはじめる。次に，調査に協力してくれた人たちから次の標本を紹介してもらい，その人たちに調査をする。これを一定の標本数がそろうまで繰り返す。このように少数の標本からはじまり，次々と標本を雪だるまのように増やしていく方法を雪だるま法という。この方法は，人々のネットワークや社会における人間関係のあり方を研究する場合，あるいは在日外国人やLGBTなど母集団が表に現れていないような対象を調査するような場合に有効な方法である。

③　割当抽出法

　この抽出法は次のような手順で行う。(1)母集団を条件ごとに部分集団に分割したうえで，事前調査でそれぞれの構成比率に関する情報を集める。(2)事前調査で調べられた構成比率になるように部分母集団ごとに標本数を決め，標本を抽出する。この手順をみると層化無作為抽出法に似ているが，決定的な違いは，標本を抽出する集団が街頭，ショッピングセンター，地域の集会所などさまざまであることである。

　たとえば，事前調査で母集団の男女の構成比率が男性45％，女性55％であったとすれば，割当抽出法では母集団の性の構成比率になるように，街頭などで男性450人，女性550人に対してインタビューを実施しデータを収集する。この方法で抽出された標本は，母集団における部分集団の構成比率という点では似ているものの，標本がどのような母集団から抽出されたかが明確でないことから，母集団の特性を正確に反映したものとはいえない。

☐ 抽出台帳

　標本を抽出する際には，必ず抽出台帳を準備する必要がある。望ましい抽出台帳とは何かについて，豊田は現実的な点も考慮し次のよう

にまとめている。[13]地域住民を対象とした調査を想定した場合，(1)想定した母集団を構成する要素を可能な限り網羅していること。(2)地域ごとに人口が調べられること。このような情報は，人口に応じて抽出確率を変える標本抽出の方法を採用した場合に必要となる。(3)記述が正確で，定期的に更新されていること。(4)閲覧の制限が少ないこと。いくら立派な台帳でも，調査のために利用できなければ宝の持ち腐れとなる。(5)閲覧の費用が安いこと。住民基本台帳の場合，閲覧が許可されたとしても，名簿からの転記に対象者一人当たり300円くらいかかる。そのため，2,000人を対象とした世論調査では，対象者の抽出だけで60万円かかる。(6)住所・氏名・性別・年齢・続柄など多くの情報が記載されていること。

　よく利用されている台帳には，住民を対象とした調査では①**住民基本台帳**，②**選挙人名簿**，福祉施設やその利用者，職員を対象とした調査では WAM NET などのデータベースが利用されている。以下では住民を対象とした調査でよく利用される住民基本台帳と選挙人名簿について説明する。

①　住民基本台帳

　住民を対象とした調査で抽出のための台帳として第一に挙げられるのが市区町村の住民基本台帳である。プライバシー保護のため，「統計調査，世論調査，学術研究のうち公益性が高いと認められるもの」などに閲覧が限定されている。先に記したように閲覧も無料ではなく有料である。住民基本台帳を抽出台帳とするには，住民基本台帳閲覧申出書など閲覧に必要な申請書類を提出し，閲覧の許可を得るとともに，その費用も事前に用意しておく。

②　選挙人名簿

　選挙人名簿には，年齢満18歳以上の日本国民で，住民票がつくられた日（他の市区町村からの転入者は転入届出をした日）から引き続き3か月以上，当該の市区町村の住民基本台帳に記録されている住民が掲載されている。掲載事項は氏名，住所，性別，生年月日である。閲覧は住民基本台帳と異なり無料であり，「統計調査，世論調査，学術研究その他の調査研究で公益性が高いと認められるもののうち，政治・選挙に関するものを実施するために閲覧する場合」に認められている。そのため，住民票とまったく同じではないが，18歳以上の人を無作為に抽出する名簿として十分に活用できるものである。

▶住民基本台帳

住民一人ひとりの住所・氏名・生年月日・性別・世帯主氏名など法律で定められた事項を記載したものが住民票であり，住民基本台帳は一人ひとりの住民票をまとめたものである。住民基本台帳は，全国の市区町村ごとにつくられ，国民健康保険，国民年金，介護保険，児童手当の支給，選挙人名簿の登録など，行政サービスの基礎となっている台帳である。転入や転出などにより記載内容に変更が出る場合，住民は各役所に届出をすることが義務づけられている。
　2006年11月1日に閲覧制度の全面改正が行われ，現在では，閲覧の許可は，公益性のある統計調査・世論調査・学術研究，公共的団体が行う地域住民の福祉の向上に寄与する活動，官公庁が職務上行うときのみに限定されている。

▶選挙人名簿

市区町村の選挙管理委員会が管理する名簿であり，この名簿に登録されていない場合には選挙権を持っていても実際に投票することができない。選挙人名簿に登録されるのは，その市区町村内に住所を持つ年齢満18歳以上の日本国民で，その住民票がつくられた日（他の市区町村からの転入者は転入届出をした日）から引き続き3か月以上，その市町村の住民基本台帳に記録されている人である。閲覧は，統計調査，世論調査，学術研究その他の調査研究で公益性が高いと認められるもののうち，政治・選挙に関するものについて認められている。

住民基本台帳や選挙人名簿を抽出台帳として利用するには，前述のように自治体や選挙管理委員会と事前折衝を行い閲覧の許可を得なければならない。これ以外に事前の作業として次のようなものが必要である。①抽出作業の段取りをつけるため，台帳や名簿の保管方法，作業スペースなどを調べる。②抽出した対象者に関する情報を転記する用紙を作成・印刷する。転記用紙には，氏名，性別，生年月日，住所などを記載できる欄を設ける。③層化無作為抽出などを行う場合には，地区ごとの抽出標本数を決定するなどの作業を終了させておく。

4 質的調査における標本抽出の方法

□ 質的調査とは何か

質的調査とは何か，その定義はさまざまであり，統一的なものはない。共通する部分といえば，数量化されていないインタビュー，観察記録，文書，映像，音声をデータとして収集し，分析する調査ということになる。質的調査が明らかにしようとする現実について，盛山和夫は大まかに4つの水準にまとめている。[14]この水準は，質的調査の特徴をとらえるうえで有効である。

① 日常性を重視する。自然な日常的な文脈の中で観測しうることが現実であり，現実をできるだけ正確に，調査者による潤色を交えることなく報告する。

② 主観的な意味世界を理解する。対象者が自らをとりまく世界をどのように理解し，そこにどのような意味を見出しているのかという主観的世界を解明する。

③ 社会的相互作用の構造に関心がある。社会が人々の主観的な意味賦与や解釈過程からなっていることを前提としながらも，主観的な意味世界の解明にとどまるのではなく，人々の解釈過程を介して成立している社会的相互作用の構造の解明がめざされている。

④ 隠れた制度に関心がある。データの背後にあるより基底的な構造にこそ現実があるという考えをもっている。

社会福祉においても，質的調査法として，①の日常性の重視と，③の社会的相互作用という水準で現実をとらえようという**エスノメソドロジー**➡を用いることで，実践過程におけるワーカーとクライアントの相互作用の解明とそれに基づくソーシャルワーク援助のモデルの構築

➡エスノメソドロジー

この方法では日常的な相互行為，さらに相互行為が遂行されるローカルな文脈構成に関心を向ける。つまり，相互行為は秩序ある仕方で形成されており，その相互行為の文脈は，相互行為が営まれる枠であるとともに，相互行為によって枠がつくり出されるという前提に立つ。エスノメソドロジー研究においては対象も用いられる手法もさまざまであり，特にこれでなければならないという決まりはない。広く用いられているのは，会話分析という手法であり，分析のために，さまざまな場面において，会話，さらに，ジェスチャーなどの身体の動きも含めた情報が収集される。これらの情報に基づき，会話を通じたさまざまな社会現象が詳細に分析される。

が可能となるかもしれない。②の主観的意味世界と③の社会的相互作用の構造という水準で現実をとらえようとするグラウンデッド・セオリー・アプローチを用いることで，介護サービスの受け手である障害者・病者とその家族が生活をどのように理解し，意味づけてきたのか，そのプロセスが解明され，そのことを通じて当事者のエンパワメントを核とした援助理論の構築がうながされるかもしれない。

　以上のように，社会福祉，中でも対人サービスに関する質的調査の方法論として，エスノメソドロジー，**グラウンデッド・セオリー・アプローチ**などがある。以下では，標本抽出の方法が明確に示され，定式化されているグラウンデッド・セオリー・アプローチについて標本抽出の方法を紹介する。

◻ 標本抽出の方法

　質的調査においても量的な調査と同じように，結果を得るための道筋や手続きについては，他者が理解でき，問題がないか否かを確認できるように明示しておかなければならない。それによって質的調査が主観的で，あいまいであるという批判に応えることができる。そのためには，調査への第一歩となる質的調査における標本抽出の基本的な考え方を，量的な調査との対比で理解する必要がある。

　量的な調査では，着目した現象が具体的に現れている集団をまず目標母集団として設定し，さらに具体的に調査可能な集団として調査母集団を設定する。その後，調査母集団から母集団の推計が可能なように無作為抽出法を用いて標本を抽出する。他方，質的調査においては，母集団という考え方はなく，標本を抽出する基準も無作為抽出法ではない。その基準は，調査の目的，すなわちある現象についての理論や概念を構築することに合致し，その現象を洞察する際に有望な例を選ぶことになる。

　グラウンデッド・セオリー・アプローチでは，**理論サンプリング**を行う。理論サンプリングは，概念が何を示しているかをより一層明確にするとともに，概念から生成されるカテゴリーの適合性やカテゴリー間の関連性をより的確に検証するための比較法に依存したサンプリング法である。比較法とは，生成された概念がどのように，どの程度適切で有用なものかを洞察するために，理論サンプリングによって収集された他のデータからの結果と比較することである。そのためには，概念生成に使用した類似例のみでなく，その概念を否定するような事例，すなわち対極例も確認していく。

　以上のように，理論サンプリングは単に標本数を増やすことに目的

▶グラウンデッド・
セオリー・アプローチ
……………………………
この方法では，収集されたデータを説明できる中間範囲の理論枠組みを構築することを目的として，データ収集とその分析に関する体系的で帰納的なガイドラインが作成されている。この方法の特徴は，データの解釈とともに，データ収集をも行っていくことにあり，そのことによって理論的な分析が深められ，洗練されていく。この方法は，グレーザーとストラウスによって開発された。

▶理論サンプリング
……………………………
理論を生成するために行うデータ収集のプロセスである。このプロセスを通じて調査者はデータ収集とコード化を同時に行い，どのデータを次に収集すべきか，それはどこで見つけてくるべきか，といった決定を行う。

があるのではない。そのため理論サンプリングは重要な概念が網羅され，ひとつのまとまりになった結果が得られるまで継続されることになる。

○注 ——————

(1)　被調査者・調査客体という表現も使用される。しかし，これらの言葉は調査する側が主役で調査される側が対象で手段であるというニュアンスをもつ。調査の成否が対象者から情報を提供してもらうことにかかっていることから，インフォーマントという表現を使う人もいる（新睦人（2005）『社会調査の基礎理論』川島書店，12）。

(2)　井上文夫・井上和子・小野能文（1991）『よくわかる社会調査の実践』ミネルヴァ書房，64.

(3)　浅川達人（2014）「予備調査　対象地の選定」社会調査協会編『社会調査事典』丸善出版，136-137.

(4)　豊田秀樹（1998）『調査法講義』朝倉書店，24.

(5)　原純輔・海野道郎（1984）『社会調査演習』東京大学出版会，8.

(6)　データの収集方法の詳細については，本書第4章を参照のこと。

(7)　統計的推測については，本書第5章を参照のこと。

(8)　大谷信介「サンプリングという発想」大谷信介・木下栄二・後藤範章・小松洋編著（2013）『新・社会調査へのアプローチ——論理と方法』ミネルヴァ書房，136-175.

(9)　林文（2014）「サンプリング　層化抽出（層別抽出）」社会調査協会編『社会調査事典』丸善出版，154-155.

(10)　中道實（1997）『社会調査方法論』恒星社厚生閣，295，を参考に作成。

(11)　WAM NET に掲載されている施設一覧を利用し，まずは施設を抽出し，そのうえで施設に対して利用者や職員についての標本抽出依頼をする方法で標本を得ることが可能である。URL は http://www.wam.go.jp である。

(12)　(10)と同じ，275，を参考に作成。

(13)　(4)と同じ，39.

(14)　盛山和夫（2004）『社会調査法入門』有斐閣，261-265.

(15)　舟島なをみ（2007）『質的研究への挑戦〔第2版〕』医学書院，39.

(16)　チャーマズ，K.（2006）「グラウンデッド・セオリー——客観主義的方法と構成主義的方法」デンジン，N.K.・リンカン，Y.S.／平山満義監訳『質的研究の設計と戦略（質的研究ハンドブック2巻）』北大路書房，169-197.

(17)　木下康仁（2016）「M-GTA の基本特性と分析方法——質的研究の可能性を探る」『順天堂大学医療看護学部　医療看護研究』13(1)，1-11.

■第3章■

測　定

① 基本的な考え方

❏ 測定とは何か

測定とは，「一定の規則を用いて，対象のある経験的な特性に数値や記号を与える手続きであり，尺度とは，測定のための道具であり，……ものさしである」と定義されている[(1)]。定義を述べるだけでは抽象的でわかりづらいので例を示すと，重量計というものさしは，対象の重さという特性に対してグラムやキログラムという数値を与えることで重さを測定するものであり，このような尺度があってはじめて，重さに数値が与えられ測定できる。

福祉に関する現象も，たとえば，**ニーズ**という特性について，それを測定するためのものさしを用意し，それによってその特性に数値や記号を与えることができてはじめて測定可能となるのである。ただし，そのためには，ものさしを作成するための「一定の規則」をふまえなければならない。

「アンケート用紙」，専門的にいえば「質問紙」というのは，調査対象のさまざまな特性を測定するものさしがひとつにまとめられたものである。つまり，測定は，調査の手順からみれば，質問紙を設計する段階に位置づく。

❏ 測定したい特性は何かを明確にする

まず，どのような特性を測定するかを明確にする。「特性」，言い換えれば「概念」を明確にすることが必要となるが，この概念についての検討が十分でないと，せっかく苦労してデータを収集しても，測りたかった特性をきちんと測ることができない。では，概念とは何であろうか。専門的にいえば，「事象の相対的に普遍性を持った特徴に注目し，それらを特定の用語で指示する」ことである[(4)]。この概念を明確にする作業は簡単なことではない。

住民の健康度を測ることを目的とした調査を例に考える。健康という言葉は，普段の会話に頻繁に登場するものであるため，私たちはそれが何であるかをなんとなく理解しているつもりでいる。しかし，現実には，健康とは何か，その概念をきちんと説明できる人はあまりいない。直感的には，「病気がない」「元気である」「気分がすっきりしている」「目覚めがいい」という状態ということはできるが，どれも健康

➡ ニーズ

さまざまな定義があるが，代表的なものは三浦文夫による定義である[(2)]。それはある個人，集団あるいは地域社会が一定の基準からみて乖離の状態にあり，そしてその状態の回復・改善等を行う必要があると社会的に認められたものといったものである。ニーズに関する判断や基準に着目したブラッドショーのニーズの類型もよく知られている[(3)]。それは，①規範的ニーズ，②感得されたニーズ，③表明されたニーズ，④比較ニーズの4類型である。

の意味・定義としては部分的，断片的なものである。調査において，「病気がありますか？」「元気ですか？」と質問したとしても，それで健康度を測っているか否かはわからない。健康に類似した現象を測る尺度には，「身体的な自立度」や「うつ的な状態」を測定するものもあるが，それらを用いて健康度は測定されるのであろうか。これも健康の一側面しかみていないように思われる。

　健康については，すでに存在している定義，たとえば世界保健機関（WHO）が提唱した「身体的・精神的・社会的に完全に良好な状態であり，単に病気あるいは虚弱でないことではない」がある。この定義によって，健康とはどのようなもので，どのような要素によって構成されるかについて理解を深め，それを実際に測るための手がかりを得ることができる。

　社会福祉の分野でも，QOL（quality of life）という概念がよく用いられている。QOLはどのように測ることができるのだろうか。実は，QOLの定義について，社会福祉の分野では多くの人の合意が得られるようなものはない。慢性疾患や障害を抱えた人が，病気や障害がありつつも，生活に満足し，目標を持って生きる，すなわちめざすべきスローガンとしてQOLという言葉が用いられている。そのため，なんとなく理解でき，耳ざわりのよい言葉であるが，調査で実際に測定しようとする場合には，その定義が明確でないという問題に直面する。したがってこれまでの研究でQOLという概念がどのような意図で用いられ，その定義は何かなどを理解することからはじめる必要がある。

　以上のように，調査で測定しようという特性や概念について，明確な言葉で説明でき，その内容について多くの人の合意が得られるようにすることが，測定のために不可欠な作業の第一歩なのである。

❑ 概念を言葉で記述する方法

　概念を言葉で説明する方法には，どのようなものがあるのだろうか。その方法は大きく2つある。ひとつは，ある概念を他の諸概念を用いて記述することであり，概念的定義といわれているものである。筆者はエイジズムを研究しているが，これを例に示すと，エイジズムはレイシズム（人種差別）とセクシズム（性差別）に続く，第三のイズムとしてバトラー（Butler, R.）によって提唱された。その定義は，「高齢であることを理由とする，人々に対する系統的なステレオタイプ化と差別のプロセス」[5]となっている。この例ではエイジズムを定義するために，「ステレオタイプ」と「差別」という他の概念を用いている。社会福祉関連の辞典や辞書は，いうまでもなく，用語ごとにその意味が説

明されている。その多くが他の概念を用いて当該の概念を説明しており，概念的定義を集めた本といえる。

　概念を言語化するためのもうひとつの方法は，現実に観察され，測定されうる特性で概念を定義づけようというものであり，この方法のことを**操作的定義**という。つまり，操作的定義は，そもそもの目的が概念を観察可能な特性で定義することにあるため，測定のうえで不可欠な作業である。他方，概念的定義では，他の概念を用いて定義するため，他の概念が現実に測定されうるものである場合は別にして，その定義からはその概念を測定できる特性を導きだすことはできない。

　社会福祉の目標はニーズへの対応にあるため，社会福祉に関する調査ではニーズの測定が中心的な位置を占める。しかし，行政が実施する調査などでは，ニーズを操作的に定義し，測定しているものはほとんどない。ニーズとは何なのであろうか。ソーシャル・ニーズについては，「人間が社会生活を営むために欠かすことができない基本的要件」と定義されている。⁽⁶⁾しかし，これは概念的な定義であり，ソーシャル・ニーズを測定可能な特性で表したものとはいえない。他方，測定に使用できるような特性としてニーズを操作的に規定した概念も提唱されている。その例としては，社会的価値や専門的な知識を持っている者によって判断される「規範的ニーズ」，ニーズを持つ者によって「感得または表明されたニーズ」などがある。⁽⁷⁾これらの定義は，ニーズを評価する基準や軸が含まれているため，測定へ一歩近づいたものとなっている。

☐ 概念と変数との関係

　概念を操作的に定義する過程で，着目する特性が質的な場合には質的に，量的な場合には量的に，対象者が区分されることになる。操作的定義という操作によって，概念が「変化する値をとる概念」である「**変数**」に変換されることになる。⁽⁸⁾たとえば，「世帯の家族類型」に着目し，その定義を「世帯員の世帯主との続柄によって区分される類型」とすると，「世帯の家族類型」が「親族世帯」「非親族世帯」「単独世帯」と質的に区分され，変数がつくられることになる。⁽⁹⁾

　もう一例示すと，「身体介助ニーズ」という概念を変数とするには，「客観的に評価される入浴，排泄など基本的な日常生活動作の障害の程度」といった測定可能な特性を用いて操作的に定義することで可能となる。これによって「身体介助ニーズ」の概念が「障害の有無」や「障害の程度」として定義されることで，その概念の測定が可能となり，その測定結果に基づき対象をふるい分けることができるようになる。

つまり，概念を変数化することと，操作化することとは同じことであり，操作化とは，測定可能な軸や基準を示す言葉で概念の意味する内容を明示することなのである。

☐ 概念と概念の関連，変数と変数の関連

では，概念と概念の関連とは何なのであろうか。先に，エイジズムという概念を紹介したが，ここでは，エイジズムが生み出される要因を例に概念と概念の関連について説明する[(10)]。エイジズムが生み出される要因としては，加齢についての事実をよく知らないこと，つまり無知が影響しているのではないかと指摘されている。欲求不満があること，つまり不満を生み出す本当の原因ではなく，スケープゴートとして高齢者に敵意をぶつけているのではないかといった指摘もある。調査に際しては，データを収集する前に，「エイジズムは無知あるいは欲求不満によって生み出されている」というように，既存の理論や調査に基づき，概念と概念との関連を事前に予想しておく。このように事前に想定された概念と概念の関連を「仮説」という。

すでに述べたように，概念はそのままでは測定できないため，操作的に定義し，測定可能な特性である変数に変換されることになる。そのため，調査の際に示される仮説は，概念間の関連ではなく変数間の関連で表現されることになる。つまり，変数間の関連で表現される仮説の真偽が，実証データに基づき確認されることになる。このように変数間の関連で示される仮説については，調査において検証の対象となるものであることから，特別に「作業仮説」と呼ばれている。

変数間の関連を表記する際には，因果の方向性に基づき，独立変数（説明変数ともいう）と従属変数（被説明変数ともいう）の2種類に変数を区分する。エイジズムの例で示した「エイジズム」と「無知」という2つの変数についてみると，「無知」は「エイジズム」の影響を受けず，エイジズムを説明する側にある変数であるため独立変数と呼び，「エイジズム」に関しては「無知」によって影響されるあるいは説明されるものであるため従属変数と名づけ区別している。

☐ 作業仮説の記述の仕方[(11)]

変数間の関連を示す作業仮説をきちんと記述するためには，3つの条件が必要である。まずは，どの変数とどの変数の関連であるかを記述する。先のエイジズムの例で示すと，「加齢についての知識の多寡によってエイジズムが異なる」という記述になる。しかし，この条件のみでは，両者がどのような関連の仕方をしているかが不明である。

➡ 作業仮説

仮説は概念間の関連で示されるが，実証研究においては，仮説は概念間の関連ではなく，変数間の関連で表現されることになる。そして，変数間の関連で表現される仮説の真偽は，実証データに基づき確認されることになる。このように変数間の関連で示される仮説については，実証研究において検証の対象となることから，「作業仮説」と呼ばれている。

つまり「加齢についての知識が多い方がエイジズムが強い」のか，それとも「加齢についての知識が多い方がエイジズムが弱い」のかがわからない。この場合には，「加齢についての知識が多い方がエイジズムが弱い」と明確に記述する。

最後に，どうして，このような仮説が成り立つか，その理由を説明する。たとえば，レイシズムに関する研究で，「人種に関する知識に乏しい方がレイシズムが強い」ことが明らかとなっていた場合には，これと同じような関連がエイジズムでも成立するなどの説明が必要となる。

 尺度として備えておくべき条件：妥当性と信頼性

☐ 尺度の妥当性

➡妥当性
尺度の妥当性とは，それが測定しようとしている概念を正確に測定できているか否かということである。妥当性を評価するための基準には，基準関連妥当性，構成概念妥当性，内容的妥当性などがある。

尺度の**妥当性**とは，それが測定しようとしている概念を正確に測定できているか否かである。妥当性を評価する基準には以下の3つがある。

① 基準関連妥当性

作成した尺度について，妥当性がすでに確認されている尺度（外的基準）との関連をみることで，妥当性を評価することを基準関連妥当性の面からの評価という。基準関連妥当性は，同一時点における他の基準との関連をみる併存的妥当性と，一定時間が経過した後に他の基準との関連をみる予測的妥当性の2種類ある。筆者は共同で，長期入院者をできるだけ早期に把握し，退院指導を行うためのアセスメント表を作成したことがある。この研究では，再入院，認知症の有無などの項目で構成されるアセスメント表が妥当か否かについて，在院期間を外的基準とする予測的妥当性の面から検証した。

② 構成概念妥当性

構成概念妥当性とは，当該尺度が理論的あるいは経験的に設定された構成概念を確実に測っているかどうかに基づき検証することである。そのために因子分析という統計手法を用いる。筆者らは先に示したエイジズムについて，その測定尺度の妥当性を構成概念妥当性の面から検証したことがある。その際，下位概念として「誹謗」「回避」「嫌悪・差別」の3つを設定した。[12]

基準関連妥当性や構成概念妥当性について，稲葉は次のような指摘をしている。[13]いずれも統計的な処理で確認できるため，客観的である

とみなされるかもしれない。しかし，本当に測りたいものを測っている保証はない。基準関連妥当性については，外的基準として設定された尺度が測定したい尺度と意味内容が一致しているという仮定の下で行われているが，この仮定が客観的にみて保証されているといえない場合もある。

構成概念妥当性についても，理論的に設定した概念の次元が因子分析の結果と対応したことをもって「構成概念妥当性が高い」ということに対して，「設定した下位次元に経験的弁別性がみられた」と考えるべきであって，弁別された下位次元が理論的に設定された下位次元を測定しているか否かは分析結果だけではいえない。

基準関連妥当性や構成概念妥当性に関して，それのみにとどめるのではなく，対象者への面接調査を併用するなど構成概念にかかわる現象について多面的に聞き取りを行い，概念の妥当性をチェックする，あるいは理論的・経験的に関連する／関連しないことが予想される他の変数との関連も継続的に検討することが必要である。

③ 内容的妥当性

内容的妥当性は，調査者の主観的な評価に依存する妥当性の評価である。内容的妥当性には2つあり，ひとつは「表面的妥当性」で，調査者が意図した内容を的確に表現している項目で尺度が構成されているか否かを，理論的・経験的見地から主観的ではあるものの専門家に妥当性の判定を求める。

他のひとつは「項目抽出妥当性」で，尺度が測定対象の意味内容を網羅しているか否かについて検討する。項目抽出妥当性の高い尺度を作成するには，次のようなステップを経る必要がある。[14](1)測定したい概念の内容全体を詳細に記述し，概念の次元を抽出する。(2)抽出された次元を枠組みとして，アイテムプールから尺度を構成する項目を選択する，(3)選択された項目によって尺度を作成する。

☐ 尺度の信頼性[15]

信頼性とは，同じ対象について繰り返し測定しても同じ結果が一貫して得られることである。福祉ニーズを測定する尺度の場合，信頼性の高い尺度とは，同じ対象であるならば，健康が悪化するなど特別な事情がない限り，いつ，どこで，だれが測定しても同じニーズ量が表示されることになる。測定するたびに異なるニーズ量が表示される尺度であれば，回答結果に一貫性がなく，尺度の信頼性が低いことになる。

以下，信頼性を評価する方法について，大きく二つに分けて説明す

➡信頼性
同じ対象について繰り返し測定しても同じ結果が一貫して得られるという，尺度の精度のことである。再検査法，平行検査法，折半法，内的整合性といった方法によって評価される。

る。

① 再検査法，平行検査法，折半法

　信頼性を確認する方法には，一つのグループとして再検査法，平行検査法，折半法がある。再検査法は，信頼性を確認したい尺度を用いて，同一の対象者に対して，ある間隔をおいて2回測定し，2時点間の回答結果の関連性，たとえば量的な変数の場合には相関係数などの統計量を算出して，回答結果の時間的な安定性を評価する。2時点間の関連が高ければ，一貫してほぼ同じ結果が得られていることから信頼性が高いと評価する。再検査法の間隔の幅は，対象者の状況に変化が生じない範囲で行う必要があり，通常は1～2週間である。再検査法では，同じ尺度を用いて同一の対象者に2回測定を行うため，2回目の反応が1回目の調査の学習効果によって影響を受ける場合もある。

　このような恐れが強い場合には，2回目の測定では同じような内容ではあるが，同一ではない質問項目で構成される尺度を用いる平行検査法という方法を用いる。

　同じような内容を持つ尺度のセットを用意できない場合には折半法を用いる。これは，尺度を構成する項目群を2分して，同一の対象者が同様の内容を持つ2つに区分された質問群に一貫して同様の回答をするか否かを評価することで，項目の一貫性を評価する方法である。折半法では，項目数が半減することによる影響を補正するために，スピアマン・ブラウンの公式と呼ばれる方法で信頼性係数を算出し一貫性を評価する指標としている。

② 内的整合性

　尺度を構成する一つひとつの項目の等質性を調べ，信頼性を評価するという内的整合性による信頼性の評価法もある。たとえば，ヘルパーに対する評価を，(1)話しやすいか，(2)気軽に頼みやすいか，(3)きちんと仕事をしてくれるか，という3項目で測定する場合，(1)と(2)は社会性を評価する項目であるのに対し，(3)は仕事の内容を評価する項目となっている。そのため，3項目の合計が同じ得点でも(1)と(2)の得点が高い場合と，(3)の得点が高い場合とで同じ評価とみなしてよいか否かといった疑問が生じる。

　3項目を加算して合計得点として扱って問題がないか否かを評価するために，内的整合性による信頼性評価の指標であるクロンバックのα係数（Cronbach's coefficient alpha）が用いられる。この係数は，各項目が同様の内容を測定している場合には1に近い値となることから，すべての項目の得点を加算して用いるような加算尺度の信頼性評価に使用することができる。その基準としては，慣例的に0.8以上であれ

ば十分，0.7以上でもおおよその許容域といわれている。

 # 質問紙の作成方法と留意点

☐ 質問紙の有効性

調査員が質問紙を用いて調査することがなぜ有効かについて，福武直は次の3つの理由を述べている。[16]①質問紙の中に尋ねるべき質問が明確に記述されており，それに基づき回答を記入するので，質問内容が調査員の記憶に頼る必要がなく，調査漏れが少なくなる。②すべての調査員が質問紙に記載されている同一の事項を同様に調査し，その結果をあらかじめ限定された用語で記述するので，得られたデータが標準化され斉一化する。つまり，統計的に処理するのに適したデータが得られることになる。③社会現象を科学的に分析するには，それを構成要素に分解し，それらを正確に調査することが欠かせないが，質問紙はこれらの要素をもれなく，かつ正確に調査することに役立つ。

☐ 測定を歪める要因

質問紙を作成する際には，測定誤差に注意する必要がある。**測定誤差**とは，測定にかかわって生じる誤差のことであり，これには系統的誤差と偶然誤差がある。系統的誤差とは，同じ方法を用いて測定されるかぎり，真の値に対していつも同じように規則的に一定の傾向で生じる誤差のことである。この誤差が大きいと，概念を正確に測定できない，すなわち妥当性を低める原因となる。系統的誤差が大きくなる原因には，測定尺度が関係したり，調査者や調査対象者といった人間が関係する。測定尺度の問題の例には次のようなことがある。測定尺度の中には対象者や用い方などいくつかの制約条件の枠内で適用可能なものがある。それを逸脱して使用した場合，系統的誤差が大きくなる。たとえば，学生用ソーシャル・サポート尺度が開発されているが，[17]この尺度を高齢者に適用した場合，「失恋したと知ったら，心から同情してくれるか」という質問に対しては多くの高齢者が回答に窮すると思われるため，それが原因となって系統的な誤差が大きくなる。調査対象に関する問題には，回答が社会的に望ましいか否かに影響を受け，歪められることなどがある。たとえば，性役割に対する態度を評価する尺度に，「女性は家庭を，男性は仕事を第一に考えるべき」という質問があった場合，現在において望ましい回答は「反対である」

➡ 測定誤差

系統的誤差と偶然誤差とがある。系統的誤差とは，同じ方法を用いて測定されるかぎり，真の値に対していつも同じように規則的に生じる誤差のことである。この誤差は，概念を正しく測定できているか否かという妥当性を低める原因となる。繰り返し測定すると，真の値に対して一定の傾向で生じるという系統的誤差に対し，偶然誤差とは，複数回測定を繰り返した際に，真の値に対してときに大きな値をとったり，小さな値をとったりする，偶然に起こる誤差のことであり，避けることが難しい。偶然誤差を小さくするには，測定回数を多くするという方法がある。

ということから，本音では「賛成」という人であっても社会的な望ましさの影響を受け，「反対」という回答の方に歪みが生じる可能性がある。

　これに対し，偶然誤差とは，複数回測定を繰り返した際に，真の値に対してときに大きな値をとったり，小さな値をとったりする，偶然に起こる誤差のことである。この誤差を調査者がコントロールし小さくするには，測定回数を多くする方法くらいしかない。

☐ 調査の目的に適合した質問項目の設定

　説明のための調査では，事前に設定した変数間の関連，すなわち作業仮説の真偽を実際のデータを用いて確認することで，概念間の関連で示される仮説を間接的に検証しようとする。そのため，説明のための調査においては，質問紙に位置づけられる質問項目はこの作業仮説に位置づけられている変数を測定する項目で構成される。[18]変数間の関連を事前に想定するのは，何も説明のための調査に限らない。

　記述のための調査においても，どのような現象を記述するのか，その目的に合致した質問項目を設定する。単身高齢者の間で生活や健康上の問題がどのような広がりを持っているのかを明らかにしようとする場合，どのような生活や健康上の問題が集積している可能性があるのか，単身高齢者などへの自由面接法による聞き取りなど探索のための調査に基づき課題を限定した上で，質問項目の設定を行う。

☐ 既存の質問項目の活用

　概念を測定する尺度を自ら作成することは，大変な作業である。そのため既存の質問項目で測定したい概念が測定できるのであれば，それを利用した方が効率よく調査を行うことができる。既存の質問項目については，最近，尺度集も出版されていることから，どのような質問項目があるか，その信頼性や妥当性に関する情報も含め効率よく知ることができる。ただし，既存の質問項目を利用するときには，次の①，②に留意する必要がある。[19]

　① 信頼性，妥当性が確保された質問項目か否かを確認する。その際，信頼性，妥当性が検証された対象がどのような集団であり，それが自分の調査対象と共通するか否かを確認する。対象が異なるならば，その質問項目の妥当性，信頼性に関する情報が有効である保証はない。たとえば，米国では高齢者の主観的ウェルビーイングを測る質問項目がいくつか開発されているが，これらを用いて社会・文化的背景の異なる日本においても米国と同じように高齢者の主観的ウェルビーイン

グを測定できるという保証はない。質問項目が高齢者をターゲットとして作成されたものであるならば，それを壮年や若年の人たちに対して用いることは不適切かもしれない。

② 既存の質問項目を使用する場合には，語句を一語も変えてはならず，調査方法も変えてはいけない。語句の変更，あるいは調査方法（自記式や面接方式かなど）を変えた場合，その信頼性や妥当性は保証されない。やむをえず語句や方法を変更する場合は，プリテスト（本章68頁参照）などによって信頼性と妥当性を確認する。

☐ 質問項目を作成する際の留意点：(1)質問文の言い回し

調査者の意図が対象者にきちんと理解されるよう質問文を作成する。同じ質問に対して，調査者と回答者の間はもちろん，回答者の間でも解釈や理解に差異が生じる可能性を低くするよう質問項目を作成する。ここでは(1)質問文の言い回し（ワーディング）での注意点について説明し，以下(2)回答様式➡の使い分け，(3)データ収集の方法，の順に説明する。

言い回しの際に注意すべき点を 7 点あげる。

① 質問文は簡潔にわかりやすくする

質問文は短く簡潔に表現する。質問文が長くなり過ぎるのはよくない。長すぎる質問は回答者にその内容をきちんと理解してもらえず，正確な回答が得られない。「○○といえなくもない」というように，肯定するにしても二重否定の文を使用するのは避ける。否定か肯定かが一読でわからない。

② 2つ以上の論点を含む質問（ダブルバーレル）は避ける

ひとつの質問ではひとつの論点のみに言及する。ホームヘルパーの評価を例にすると，「あなたは，ホームヘルパーの仕事内容や利用料の負担に満足していますか」という質問では，もし対象者の中に，仕事内容には満足しているが，利用料の負担には満足していない人がいた場合には，どちらを優先して回答したらよいか迷ってしまう。

③ あいまいな用語・難しい用語は避ける

対象者間で理解が異なる用語は使わない。たとえば，「あなたは社会に貢献する活動をしていますか」と尋ねた場合，同じ「している」という回答であっても，それは回答者が社会に貢献する活動をどのように考えているかによって異なる可能性がある。ある人は高齢者や障害者，子どもを対象として行われている対人的な活動のみを想定するかもしれないが，他の人では募金や献血なども活動に含めるかもしれない。この問題を解決するには，調査者が，社会に貢献する活動とし

➡回答様式

回答様式には自由回答法と制限回答法がある。自由回答法では，回答に対して何ら制約を設けずに自由に回答してもらい，それを記録する。回答者が考えていること，感じていることをそのまま引き出せるという特徴を持っている。制限回答法は，あらかじめ用意された選択肢の中から，自分の実態や意見にもっとも近いものを回答者に選択してもらう方法である。

てどのような範囲の活動を含めるかを操作的に定義し，それに基づき，活動の種類ごとに参加しているか否かを質問する方法を採用する。[20]

　難しい用語を避けることについては，福祉関連のサービスや事業，制度についての認知や利用意向を質問する場合，これらの名称を用いて質問してもそもそもその内容を理解していない対象者もいる。具体的な内容を平易に説明したり，地域によっては異なる名称をつけていることもあるため，現地の自治体などで実際使用されている名称を使用するなどの工夫が必要である。

④　誘導的な質問は避ける

　高齢者に社会参加意向を質問する場合，「高齢期においても，できる限り社会とかかわりを保つことが心身の健康にとって重要であるといわれています。あなたは何らかの形で社会とかかわりつづけたいですか」と質問したとするならば，意向を増やすように回答を誘導してしまう可能性が高い。

⑤　パーソナルかインパーソナルかを区別する

　回答者自身のことを聞いているのか，それとも一般的な意見を聞いているのかを明確にする。高齢者に対する調査において，「介護が必要になったとき，あなたは介護サービスを利用するよりも家族にお世話してもらいたいですか」という質問をした場合には対象者自身の意向（パーソナルな質問）を聞いているが，「介護が必要になったとき，高齢者は介護サービスよりも家族にお世話してもらうべきだと思いますか」という質問では，一般的な規範（インパーソナルな質問）を聞いている。

⑥　意識か，実態かを区別する

　社会的支援について質問をする場合，「心配事や悩み事があった場合，あなたのまわりの人はあなたの話を聞いてくれたり，励ましてくれると思いますか」という質問では意識を，「心配事や悩み事があった場合，あなたのまわりの人はあなたの話を聞いてくれたり，励ましてくれましたか」については実態や経験を質問している。

⑦　平時の行動を聞くか，特定の日時や期間でのことかを区別する

　行動について質問するとき，普段行っていることを聞くか，ある特定の期間や時期の行動を聞くかを区別する。たとえば，「あなたは普段，テレビの視聴時間はどれくらいですか」と「あなたは，昨日のテレビの視聴時間はどれくらいですか」では回答が異なる。

□**質問項目を作成する際の留意点：(2)回答様式の使い分け（選択肢法）**

　回答様式には，①自由回答法と②制限回答法がある。回答法の決定は，「質問の内容」「調査の実施方法」「調査対象者の特性」「質問紙の回収，点検，コーディング」「データの集計・分析」など幅広い点を考慮して行う。

　① **自由回答法**

　この回答法では，回答に対して何ら制約を設けずに自由に回答してもらい，それを記録する。回答者が考えていること，感じていることをそのまま引き出せるという長所をもっている。しかし，以下の短所もある。

　　ⅰ）次のような対象者や質問項目の場合，正確な回答が得られず，無回答となる危険がある。すなわち自分の意見を言い表すことが苦手な人や作文能力が乏しい人，対象者の関心が低かったり，考えたことがないような質問内容，プライバシーに関わる質問については無回答の危険性が高くなる。

　　ⅱ）回答が標準化されていないため，数量的な処理がしにくい。

　自由回答法は量的調査における質問項目や選択肢を作成するための事前調査，あるいは質的調査のデータ収集方法として活用される場合が多い。

　② **制限回答法**

　この方法では，あらかじめ用意された選択肢の中から，自分の実態や意見にもっとも近いものを対象者に選択してもらう。長所としては，以下ⅰ〜ⅴのような点があげられる。

　　ⅰ）自由回答法ではきちんとした回答が得られにくい人でも回答しやすく，無回答も起こりにくい。

　　ⅱ）回答が標準化されているので，回答者間の比較が容易である。

　　ⅲ）回答のコード化が容易であり，数量的処理をしやすい。

　　ⅳ）先に示したように，プライバシーにかかわる質問でも回答しやすい。

　　ⅴ）個別面接調査の場合には調査員の違いによるバイアスを受けにくい。

　このうちⅳ）に関する例としては，対象者の年収に関する質問がある。「あなたの年収はどのくらいですか」と尋ね，その額を自由回答法で回答してもらう場合と，「あなたの年収について，次の中からあてはまる番号をお答えください」と尋ね，「120万円未満」「120万円以上240万円未満」「240万円以上360万円未満」……という選択肢を提示して回答を得る場合とでは，選択肢を提示した方が回答しやすい。

反面，選択肢を提示する方法には，次のような短所もある。[21]

　ⅰ）対象者は，本当は「意見なし」「わからない」という場合でも，選択肢が示されているため，誘導質問のように回答することになりやすい。

　ⅱ）深く考えずに選択肢に回答してしまいやすい。

　ⅲ）対象者の意見や態度の違いについては，あらかじめ設定した選択肢以上に深くとらえることができない。

　選択肢の作成に際しては，以下ⅰ～ⅶの注意が必要である。

　ⅰ）これまでに行われた類似の調査などによって，現状についての大体の知識を持つ。

　ⅱ）重要な項目や要素が欠落しないよう注意する。

　ⅲ）重複がなく互いに排他的な選択肢を用意する。

　ⅳ）選択肢の文章は簡潔でわかりやすくする。

　ⅴ）表現があいまいな選択肢を避ける。

　ⅵ）選択肢が多すぎないようにする。

　ⅶ）多様な回答が予想される場合は，「その他」という選択肢を用意しておく。

❑ 質問項目を作成する際の留意点：(3)データ収集の方法を意識する

　データ収集の方法の詳細については，次の第４章で説明する。ここでは誰が記入するかに限定し，質問紙の設計の際の注意点について説明する。制限回答法を利用した他記式質問紙を用いる面接法では，調査員が選択肢を一つ一つ読み上げる必要があるため，選択肢は聞いてすぐ理解できように簡潔であることが求められる。場合によっては，選択肢をカードで示し，回答を得るなどの工夫が必要である。対象者が質問を読み，理解し，回答することが必要な自記式質問紙調査では，すべての質問に対してきちんとした回答を得るには，枝分かれの質問を少なくする，文字を読みやすくする，などの工夫が必要である。[22]枝分かれの質問では，質問のとび先がきちんと理解されず，回答が必要ない質問に回答したり，逆に回答が必要な質問に対して回答がないなどの回答の不備が多くなる。

❑ 項目の配列

　質問紙は複数の質問から構成されるが，質問項目は大きく，①調査テーマに即したもの（作業仮説を構成する主要な説明変数・従属変数），②調査テーマに関連したもの（説明変数・従属変数と関連しそうな変数），③属性項目（年齢，性別，学歴，職業など）の３種類に分けられる。調

査では，決められた配列に従って質問が行われるため，質問の順序や流れによって，個々の質問への回答内容やその答えやすさが異なる。したがって，「キャリーオーバー効果」という質問の順序による回答への影響に配慮しつつ，回答者の負担を軽くし，回答しやすいように，質問項目の配列を工夫する必要がある。そのために考慮すべき点を紹介する[23]。

　まずは，対象者が回答しやすい，あるいは関心を持つような質問からはじめる。それは，対象者の緊張を和らげ，調査に対して協力的な態度を形成するうえで重要である。このような質問の後，調査テーマに即した質問項目を持ってくる。これをあまり後半に持ってくると，特に質問項目が多い場合には調査への疲れから，回答率が低下したり，いい加減な回答になりやすい。以上のほか，関連のある事項や回答の選択肢が似たものは近くに集めると答えやすい。たとえば，「介護ニーズ」「介護サービスの利用」「介護支援体制」など「介護」ということでグループ化できる場合には，それぞれのグループで質問をまとめると，対象者の関心を集中させ，回答も引き出しやすい。

☐ 質問紙の構成要素と体裁[24]

　質問紙には，質問文のみが盛り込まれていればよいというわけではない。表紙がつけられ，そこには調査の名称，調査を実施している機関や人，調査実施年月を必ず記載する。調査の名称は，調査の内容がきちんと理解され，対象者が調査に興味を持つようなものとする。

　以上のほか，**郵送調査法**➡の場合には，返送期限，返送方法，回答の記入上の注意，**留置調査法**➡の場合には，回収時期，回収方法，回収者，回答の記入上の注意を記載する。必要に応じて，対象者のコード，調査員名，実査進行状況，調査不能理由，点検者名の記載欄を設ける場合もある。実査進行状況とは，調査員の訪問日時や接触状況のことである。自記式質問紙の最後には，調査に協力してくれたことへのお礼と記入漏れがないかどうかの点検を依頼する文章を入れる。調査依頼状については，本書の「第4章データ収集」で詳細を述べる。

　体裁については，自記式質問紙の場合，文字の大きさ，レイアウト，紙質・紙色，用紙の大きさ，綴じ方，に注意する。文字の大きさについては，特に高齢者を対象とする場合に配慮する。レイアウトについては，枝分かれの質問がある場合には，矢印（→）などで非該当の人も含め質問の飛び先を指示する，ひとつの質問が2ページにまたがらないようにするなどに気をつける。紙質については，両面に印刷する場合には裏面の印刷がすけてみえないような厚さのものとし，点検，

➡ **郵送調査法**

調査依頼文を添付して質問紙を対象者に送付した後，一定の期日までに対象者に回答を記入してもらい，回答した調査票を対象者の手で返送してもらう方法である。この調査法では，対象者は送付された質問紙を自ら読み，考え，回答を記入することが必要であることから，自記式質問紙を用いる。

➡ **留置調査法**

「留置」とは，回収するまでの一定期間質問紙を対象者のところに留め置くところに由来する。この方法で用いる質問紙は，対象者が自ら質問を読み，考え，回答を記入する自記式である。留置の方法には，調査員が対象者を訪問し配布する方法（訪問配布留置法）と調査依頼文とともに対象者に郵送する方法（郵送配布留置法）がある。回収については，一定期間後に調査員が対象者を直接訪問して行う。

コーディングなどの工程もあるためある程度強度のあるものとする。紙色は印字の色と合わせるようにする。綴じについては，中綴じの場合，質問紙のページ数は4の倍数とするなどの工夫をする。

❑ プリテスト[25]

　質問紙の原案ができたら，まずは対象者の立場に立って，自分で回答してみる。ついで，質問紙を作成した経験のある人に見せて，質問紙に欠点や問題点がないか網羅的に指摘してもらう。その後，プリテストを行う。時間に追われ，プリテストを行わずに本調査に臨む人もいるが，念入りに検討したつもりの質問紙であっても，プリテストを行ってみてはじめて判明する不備も少なくない。プリテストの対象者は，本調査と同じ特性をもった集団の中から抽出された人が望ましいが，これが難しい場合には，身近にいる人の中で，特性の比較的近い人にプリテストの協力を依頼する。

　プリテストは，本調査と同じ質問紙を用い，同じ方法で行う。対象者には，内的なデザイン（質問文と回答形式，回答の選択肢の網羅性・相互排他性・並べ方，ワーディングや表記法，質問の過不足，質問の配列など），外的なデザイン（表紙の装丁，レイアウト，紙質，紙の色，印刷，文字の大きさなど）の2側面について評価するように依頼する。

○注

(1)　この定義は，中道實（1997）『社会調査方法論』恒星社厚生閣，96，に基づく。

(2)　三浦文夫（1978）「対人福祉サービスの今後の方向（その1）」『季刊社会保障研究』13(4)，77-86.

(3)　Bradshaw, J. (1972) Taxonomy of social need. In McLachlan, G. (ed.) *Problems and progress in medical care : essays on current research, 7th series.* Oxford University Press , London, 71-82.

(4)　(1)と同じ，36.

(5)　詳細は，原田謙・杉澤秀博・杉原陽子・山田嘉子・柴田博（2004）「日本版 Fraboni エイジズム尺度（FSA）短縮版の作成——都市部の若年男性におけるエイジズムの測定」『老年社会科学』26(3)，308-319，を参照のこと。

(6)　藤村正之（1993）「ソーシャル・ニーズ」森岡清美・塩原勉・本間康平編集代表『新社会学辞典』有斐閣，927.

(7)　(3)と同じ.

(8)　変化する値をとる概念は，木下栄二（2013）「社会調査の基本ルールと基本道具」大谷信介・木下栄二・後藤範章・小松洋・永野武編『新・社会調査へのアプローチ——理論と方法』ミネルヴァ書房，78-79，で使用されている。

(9)　これは国勢調査の定義である。

(10)　この仮説は，パルモア，E. B.／鈴木研一訳（2002）『エイジズム高齢者差別の実相と克服の展望』明石書店，による。

(11)　(8)と同じ，82-86，を参考に記述した。

⑿　(5)と同じ.

⒀　稲葉昭英（1998）「データ整理とチェック——分析の前にすべきこと」森
岡清志編『ガイドブック社会調査』日本評論社，167-198.

⒁　(1)と同じ，111.

⒂　⑿を参考に記述した。

⒃　福武直（1984）『社会調査〔補訂版〕』岩波書店，134-135.

⒄　尺度の詳細は，福岡欣治（2001）「ソーシャル・サポート」堀洋通監修／
松井豊編『心の健康をはかる——適応・臨床（心理測定尺度集Ⅱ）』サイエ
ンス社，40-67，を参照のこと。

⒅　多くの作業仮説では，交絡変数，媒介変数，調整変数なども考慮されるた
め，質問紙には従属変数，独立変数に加えて，これらの変数も位置づく。交
絡変数とは従属変数と独立変数の両方に関連する変数のことであり，それ
が従属変数と独立変数の関連を生じさせているというものである。媒介変
数とは，従属変数と独立変数の間を説明する変数のことである。調整変数と
は，従属変数と独立変数の関連の強さに影響する変数のことである。

⒆　留意点については，畠中宗一・木村直子（2004）『社会福祉調査入門』ミ
ネルヴァ書房，82-84，を参考にした。

⒇　筆者は，回答者の判断に依拠して社会貢献活動への参加の有無を調べる
方法を否定しているわけではない。

(21)　長所と短所については，(1)と同じ，206，を参考にした。

(22)　注意する点は，小野能文（1995）「調査票の作成」井上文夫・井上和子・
小野能文・西垣悦代『よりよい社会調査をめざして』創元社，80-97，によ
る。

(23)　考慮すべき点は，小松洋（2013）「調査票を作ってみよう」大谷信介・木
下栄二・後藤範章・小松洋編『新・社会調査へのアプローチ——理論と方
法』ミネルヴァ書房，88-135，を参考にした。

(24)　質問紙の構成要素と体裁については，(1)と同じ，214-215，に詳しく記述
されている。

(25)　プリテストについては，(1)と同じ，216-217，に詳しく記述されている。

■第4章■
データ収集の方法

① データ収集の方法

データ収集の方法は，量的調査，質的調査を問わず収集されるデータの質に大きな影響を与える。収集の方法にはいくつかあり，どのような方法を用いるかによって収集されるデータの内容や特質が異なる。そのため，調査の目的に合った収集の方法を選択しなければならない。調査の目的によっては複数の方法を組み合わせることで，はじめて質の高いデータが収集される場合もある。データ収集の方法を的確に選択するには，まずは方法ごとに得られるデータの特徴をきちんと理解しておかなければならない。

データ収集の方法は，収集されるデータの内容に応じて大きく2つに分類できる。一つが「**構成的技法**→」であり，この方法では調査者があらかじめ観察や面接，質問などの内容や手順を決めており，できるだけそれに即して調査を行う。他の一つが「**非構成的技法**→」であり，これは対象とかかわる中で把握される対象の事情に応じて収集するデータの内容や調査者の対応を柔軟に決めていくものである。⁽¹⁾

構成的な技法の代表的なものに**質問紙法**→がある。⁽²⁾さらに質問紙法は誰が回答を記入するかによって，他記式質問紙法と自記式質問紙法に区分できる。この技法は，質問紙を用いて対象から量的なデータを収集できることから量的調査に適合的な方法である。

他方，非構成的な技法は，データ収集の手段によって，聞き取りや集団での面接による方法と観察による方法とに区分される。この技法は，対象の事情に応じた定性的なデータが収集されるため質的調査に適した方法である。

本章では，構成的技法に関しては，主に量的調査に用いられる「質問紙法」を次の第2節で，非構成的な技法に関しては主として質的調査に用いられる「**聞き取り**→」「**集団面接法**→」「観察法」を第4節で紹介する。

→ 構成的技法

この技法では，実査活動（観察，面接，テストなど）の内容や手順が調査者によってあらかじめ決められている。

→ 非構成的技法

この技法では，対象者との間のコミュニケーションの具体的な内容や，その展開に応じて柔軟に収集するデータの内容と調査者の対応が決められる。

→ 質問紙法

回答者からの回答を主にその日常生活の場で得ようという隣地的な方法である。実査の内容があらかじめ規定され，標準化されている。質問文を誰が記入するかによって，「他記式」（あるいは，他計式，間接記入式）と「自記式」（あるいは自計式，直接記入式）に大別される。また，データ収集方法の違いによって，「個別面接調査法」「留置調査法」「郵送調査法」「電話調査法」「集合調査法」「託送調査法」に分類される。調査票調査ともいう。

→ 聞き取り

質問紙を用いずに，あるいは必ずしもそれにとらわれずに回答者に質問し，回答を記録していく調査である。調査対象は個人となるため，個人にかかわるデータ収集が中心となる。インタビュー調査，自由面接調査ともいう。

② 質問紙法

➡️ **集団面接法**

調査員が複数の回答者を同じ場に集め，話し合いながら回答を得る面接法である。この面接法では，他の回答者の影響でより開放的に反応したり，他の人の意見に基づき，自分の意見をまとめるなど，複数の人々との相互作用を積極的に生かす。そのことで回答者自身が自らの経験に関するより多くの情報を引き出すことができるようになる。そして，相対的に安価で，時間もそれほど使わないため，質的調査の方法として汎用性が高い。

☐ 方法の種類

　質問紙法とは，対象者からの回答を主にその日常生活の場で得ようという隣地的な方法である。質問の内容があらかじめ規定され，標準化されている。質問文を誰が記入するかによって，「他記式」（あるいは他計式，間接記入式）と「自記式」（あるいは自計式，直接記入式）に大別される。データ収集方法の違いによって，「個別面接調査法」「留置調査法」「郵送調査法」「電話調査法」「集合調査法」「託送調査法」などに分けられる。加えて最近では「インターネット調査法」も用いられている。これらを「他記式」と「自記式」に区別すると，「他記式」には「個別面接調査法」「電話調査法」，「自記式」には「留置調査法」「郵送調査法」「集合調査法」「託送調査法」「インターネット調査法」が含まれる。

　各方法には，それぞれ特徴がある。小野能文は12の比較基準を設け，各方法の長所・短所を比較・整理している。[3] その基準は，①回答内容の信頼性（「調査員の影響」「回答者の疑問に対する説明」「本人回答の確認」「調査員以外の個人の影響」「プライバシー保護」），②質問内容の制約（「複雑な内容の質問」「質問の量」「回答内容の確認」），③質問紙の回収率（「調査現地の協力体制」「質問紙の回収率」），④コスト（「調査の費用」「調査に要する日数」）の4種類である。[4] **表4-1**は，基準ごとに各調査法の長所・短所を一覧表にまとめたものである。以下では，主としてこの基準に基づきながら，各調査法の具体的な内容とそれぞれの長所・短所について記す。

☐ 個別面接調査法

　この調査法は，調査員が対象者の自宅や職場を訪問し，個別に面接しながら，質問に対する回答を聴取する方法である。質問紙への記入は調査員が行う。

　① 長　所

　(1)回答内容の信頼性が全体として高い

　調査員が対象者の疑問や質問に，直接答えることができるので，質問に対する誤解や無理解を減らし，正しい理解のもとで回答を得るこ

表4-1 質問紙法の方法による比較

比較基準		面接	留置	郵送	電話	集合	託送	インターネット
回答内容の信頼性	調査員による影響が少ない	×	△	○	×	△	○	○
	回答者の疑問に対する説明ができる	○	△	×	○	○	×	×
	回答者が本人か確認できる	○	△	×	○	○	×	×
	調査員以外の人の回答への影響が少ない	○	×	○	△	×	×	×
	プライバシーが保護される	×	△	○	×	○	△	○
質問内容の制約	複雑な内容の質問ができる	○	×	×	○	△	△	×
	質問の量が多くてもよい	○	△	△	×	○	△	×
	回答内容の確認ができる	○	△	×	○	×	×	○
質問紙の回収率	調査現地の協力態勢が不必要	△	△	○	△	×	○	○
	調査票の回収率が高い	○	○	×	○	○	○	—
コスト	調査費用が安い	×	×	○	△	○	○	○
	調査に要する日数が少ない	○	×	×	○	○	×	○

注:比較基準については,井上文夫・井上和子・小野能文・西垣悦代(1995)『よりよい社会調査をめざして』創元社,47,に基づき,新睦人(2005)『社会調査の基礎理論――仮説づくりの詳細なガイドライン』川島書店,126,も参考にしながら作成。○は優位,△はどちらともいえない,×は劣位を表している。―については,母集団がはっきりしないため,回収率については判断できないという意味で使用した。プライバシーの保護については,回答が調査員を含め他者に知られないことをさしている。

とができる。回答している人が本当に対象者であるか否か直接確認することができる。

(2)質問内容の制約が少ない

調査員が一問一問質問を読み上げ回答を得ていくため,複雑な質問や質問項目が多い質問紙でも調査が可能である。回答漏れも少ない。

(3)回収率が高い

調査員が対象者の自宅などを訪問し,調査の目的や課題について対面で説明しながら調査への協力を依頼できる。さらに,目が悪いなどの理由で質問文を読むことが難しい,質問に対する理解度が低い,自分から回答を記入することが苦手といった人からも回答を得ることができる。しかし,最近では,個別に訪問されることに対して警戒心や不安感を抱く人も多く,この方法での調査の回収率は低下傾向にある。

② 短 所

(1)回答内容の信頼性が損なわれる場合もある

学歴や収入,宗教など他人に知られたくない質問については,調査員が対面で面接しながら回答を得るため,虚偽の回答や回答拒否となる可能性が高まる。回収率や回答内容が面接する調査員のパーソナリティ,態度,調査技術に大きく左右される。データの信頼性を高めるには,高い調査技術をすでに持った調査員を多く雇うか,調査員に対して技術を高めるための教育を実施する。

(2)コストが高い

調査員の人件費,調査員を対象者宅に訪問させるための交通費,対象者への謝礼など他の調査法と比較してコストが格段に高い。特に対

象者が全国に散らばっている場合には交通費だけでもかなりの額に上る。

▢ 留置調査法

　この方法で用いる質問紙は，個別面接調査法と異なり，対象者が自ら記入する自記式である。「留置」とは，回収するまでの一定期間質問紙を対象者のところに留め置くところに由来する。留置の方法には，調査員が対象者を訪問し配布する方法（訪問配布留置法）と調査依頼文とともに対象者に郵送する方法（郵送配布留置法）がある。回収は，一定期間後に調査員が対象者を直接訪問して行う。この方法は，「国勢調査」「国民生活基礎調査」など世帯員全員に対する調査や，「家計調査」など質問紙を手元において事実を記入するような調査で用いられている。

①　長　所

　(1)回答の信頼性がある程度高い

　調査員が訪問し調査票を留置するので，調査員のパーソナリティや調査技術が回収率に影響を与える可能性がある。回答内容については自記式であるため，調査員の特性はほとんど影響しない。学歴や収入，宗教など一般に他人に知られたくない質問についても，調査員が直接質問し，回答を聴取するわけではないので，比較的正直な回答を得ることができる。

　(2)質問内容に制約が少ない

　調査員が訪問した際，調査の目的，趣旨，記入方法などを直接対象者に説明できることから，質問の量が多くても回答してもらえる。調査員が質問紙を回収する際に記入漏れや記入ミスを点検する機会を持つことで，回答の精度を高めることができる。しかし，昨今，対象者のプライバシー保護のため質問紙を封筒に封印するなど，調査員にも回答を知られないよう工夫をすることがある。このような場合には訪問時に質問紙を点検することはできない。

　(3)回収率が高い

　調査員が質問紙を配布するときに，対面で対象者に対して調査の目的や課題を説明するだけでなく，調査への疑問にも答えながら協力依頼できるため，対象者の調査への協力を得やすい。多忙な人に対しては，自由な時間に回答できる自記式調査であるため，個別面接調査法よりも調査を依頼しやすい。

② 短　所

(1)回答の信頼性が損なわれる場合がある

質問紙に誰が回答したのか，回答した人を特定することが困難であり，ときに対象者以外の人が回答する場合もある。

(2)コストが比較的高い

調査員の役割は，対象者に対する調査依頼と質問紙の点検・回収であるため，個別面接調査法と比べると対象者ひとり当たりに調査員がかける時間は短く，費用が安くすむ。しかし，対象者を一人ひとり訪問しなければならないことから，郵送法と比べるとコストがかなり高い。

□ 郵送調査法

調査依頼文を添付して質問紙を対象者に送付した後，一定の期日までに対象者に回答を記入してもらい，回答した調査票を対象者の手で返送してもらう方法である。したがって質問紙は自記式となる。

① 長　所

(1)コストが安い

配布・回収のいずれも郵送で行うため，費用の大半は郵送代である。特に対象者が地理的に広範囲に散らばっている場合には，個別面接調査法や留置調査法と比べるとコストは格段に安くすむ。

(2)回答の信頼性を高くする要素を持っている

調査依頼を書面で行い，また自記式の質問紙を用いるため，個別面接調査法や留置調査法などのように調査員の特性によって回答内容が影響を受けることはない。学歴や収入，宗教，思想など他人に知られたくないことに関する質問についても，自記式であるため比較的正直な，また率直な回答を得ることができる。

② 短　所

(1)回答の信頼性が損なわれる場合もある

留置調査法と同じように質問紙に誰が回答したのか，回答した人の特定が困難であり，ときには対象者以外の人が回答する場合もある。

(2)質問内容に制約が大きい

自記式質問紙を用いることから，複雑な質問や質問項目が多い質問紙の場合，記載ミスや記入漏れを起こしやすい。そのうえ，それを点検・修正する機会がないことから，このような問題に対応することが難しい。

(3)回収率が低い

調査に協力してもらえるよう対象者を説得する手段は，質問紙に添

付される調査依頼文だけである。この依頼文だけでは個別面接調査法のような調査員による直接の依頼よりも説得力が弱くなり，概して回収率が低調である。ただし，調査のテーマや内容が対象者にとって興味や関心を引くものであったり，自治体など信頼できる機関からの依頼であった場合には回収率が高くなる。

☐ 電話調査法

　この調査では他記式質問紙を用いる。調査員が対象者宅に直接訪問するのではなく，電話をかけ，電話を通じて質問し，回答を得る方法である。この調査法は対象の選択方法によって以下 3 種類に分けられる。電話帳以外の抽出台帳から抽出された対象者について各々の電話番号を調べ電話調査する方法，電話帳を抽出台帳とし，そこから世帯抽出を行い対象とする方法，ランダムデジットダイヤリング（Random digit dialing：RDD）法というランダムにつくり出した電話番号の世帯を対象とする方法，である。

①　長　所

　(1)コストが安い

　安いコストで，短時間のうちに効率よくデータを収集することができる。

　(2)比較的容易に **代表性ある標本** ▶ を確保できる

　電話の普及率が高くなるとともに，RDD 法の導入によって，代表性のある標本を比較的容易に得ることができるようになった。ただし，電話帳からの標本抽出については，電話番号を掲載していない世帯が多い場合，抽出された標本は代表性に欠けることになる。

②　短　所

　(1)回収率が低い

　電話での調査協力依頼であるため，個別面接調査と比べて対象者は調査を断りやすい。ただし，自宅に訪問されることに抵抗がある対象者に対しては，かえって調査に応じてもらえる可能性もある。

　(2)回答の信頼性が損なわれる可能性がある

　個別面接調査と共通して，調査員のパーソナリティや調査技術によって回収率や回答内容が影響を受けやすい。

　(3)質問内容の制約

　複雑な質問や選択肢が長い質問は困難である。

☐ 集合調査法

　この方法は，対象者を一定の場所に集めたり，あるいは対象者が一

> **▶代表性ある標本**
> 標本が母集団を正しく反映していると期待できるとき，標本はバイアスがなく代表的であるといわれる。さらに，その標本の数が，ある特性について母集団の値を推定するのに充分である場合，適切であるという。代表性のある標本を得る方法として無作為抽出法がある。

定の場所に集まる機会を利用して，一斉に質問紙を配布し，その場で回答させ回収する方法である。たとえば，青年の福祉意識を調べる調査でこの調査法を用いるとすれば，ある大学の「社会福祉調査法」の授業科目の受講生を対象に，授業の開始あるいは終了時に質問紙を一斉に配布し，その場で回答してもらい回収する。

① 長　所

(1)ある特性をもった調査対象者に関してはデータを得やすい

生徒，大学生，企業の従業員など地域から無作為に抽出した場合には抽出確率が低く，大数を集めることが困難な対象者でも，この方法だと，数多くのデータを集めることができる。

(2)回答の信頼性が全体として高い

対象者が質問に回答している途中で不明な点あるいは疑問に思った点があった場合，調査員に直接尋ねることができるため，記入漏れや記載ミスを減らすことができる。所属集団の活動に対する評価などの調査では，個別面接調査法を用いた場合，対象者から本音を引き出すことが困難であるが，集合調査では本音の回答を引き出しやすい。

(3)コストが安い

集団で活動している人が集まる機会を利用して調査を行うことから，調査員の人件費や交通費がほとんどかからない。短期間に集中してデータを得ることができる。

(4)回収率が高い

対象者が一堂に会したところで，調査員が直接調査協力の依頼をすることができ，対象者からの質問にも直接応じることができる。調査の企画段階で，企業や学校など対象者が所属する組織の協力を得ることが調査実施の前提となるため，それによって調査に対する信用度も向上し，回収率が高まる。

② 短　所

(1)標本の代表性が乏しい

ある特定の企業において福利厚生の改善をめざし従業員の意見を聴取するような実利的な目的で集合調査を行う場合には，この点は大きな問題とならない。しかし，高齢者全体についての記述あるいは高齢者について説明することを目的とした調査の場合，老人大学に参加した人を対象とした集合調査では，対象者の代表性が問題となる。老人大学に参加している高齢者は地域高齢者の一部にすぎず，その特性に偏りがあるため，このような対象者を対象とした調査データの分析結果から高齢者一般を推測することには慎重でなければならない。

(2)回答の信頼性が低い面もある

　個々の対象者が独立した空間で質問紙に記入するわけでないので，他人に回答をみられる可能性がある。そのことが回答に影響を与えかねない。調査員が質問を読み上げて回答させる方法では調査員に影響されたり，また会場の集団的な雰囲気に回答内容が左右されかねない。自記式質問紙なので，郵送調査法と同様に，複雑な質問や質問項目が多い場合には，記載ミスや記入漏れが起こりやすい。

☐ 託送調査法

　対象者が属する集団や組織を通じて自記式の質問紙を配布し，回収する方法である。たとえば，学校の児童や生徒，あるいはその保護者を対象に託送調査を行う場合，学校を通じて児童や生徒，あるいはその保護者に質問紙を配布し，一定期間内に自宅で記入してもらった後，学校に持参してもらう方法をとる。

① 長　所

(1)回収率が高い

　対象者が属する集団や組織の協力を得ているため，回収率は高い。

(2)コストが安い

　配布と回収を既存の組織を利用して行うため，コストがほとんどかからない。

② 短　所

(1)回答の信頼性が低い面もある

　郵送法と同じく自記式調査であるため，複雑な質問や質問項目が多い質問紙を用いた場合，記載ミスや記入漏れを起こしやすい。加えて，それを点検し，修正する機会がない。

☐ インターネット調査法

　新しい調査法である。この調査法では，調査会社のモニターと呼ばれる事前に登録した人の中から，調査対象の条件に合致した人を対象者として抽出する。この対象者に対して，メールで調査依頼文を送付し，調査協力の意思がある人に対して，インターネット上の自記式質問紙に直接回答を入力してもらう。

① 長　所

(1)質問内容・回答内容の制約が少ない部分もある

　記入漏れや記入ミスについては，機械的に確認するシステムを導入することで予防することができる。調査員を使わないため，調査員による回答への影響がない。

(2)コストが安い

調査員を使わない，データの入力も回答者本人が行うなどコストをかなり節約できる。調査に要する日数も少ない。

② 短　所

(1)標本の代表性が確認できない

対象者はインターネットにアクセスし，使うことができるスキルをもち，さらにモニターに登録した人に限定されるため，母集団の特性を反映した対象者といえない。

(2)回答の信頼性が低い

誰が本当に回答しているか確認できない。

☐ 方法の選択基準

どの方法を選択するかは，調査の目的，費用，求められるデータの精度，スケジュール，対象者数など複数の条件を総合的に考慮しつつも，その中で何を優先するかによって決定する。たとえば，複雑な質問で，データの質も確保したい場合には，第一には「個別面接調査法」，第二には「留置調査法」，最後に「郵送調査法」と優先順位が決められる。しかし，コスト面で制約はあるものの，あくまでも第一の選択肢である「個別面接調査法」で行おうとすれば，対象者数を減らす，対象地区を限定する，質問数を減らすなど調査を効率よく実施できるよう計画を変更する。

複数の方法を併用することも選択肢の一つである。たとえば，プライバシーに関連した質問の精度を高めるために，「個別面接調査法」と「留置調査法」の併用が考えられる。まず「個別面接調査法」でプライバシーにあまり関係のない質問を行い，この調査の終了後に「留置調査法」によって，プライバシーに関連する項目が盛り込まれた質問紙への回答とその返送を対象者に依頼する。

また，夫婦を対象とした調査の場合，「個別面接調査法」と「留置調査法」の併用が考えられる。「個別面接調査」を夫婦2人に対して同時に実施するのは，一方の配偶者の意見が相手の回答に影響を与えかねない，夫婦のスケジュール調整が困難といった問題を生じやすい。そのため，いずれか一方を「個別面接調査法」で実施し，残りひとりに対しては個別面接が終了した段階で質問紙への回答とその返送を依頼する，すなわち「留置調査法」で調査する方法が考えられる。

③ 質問紙調査の実施

　各データ収集の方法の長所・短所，そしてその選択基準を理解する
だけでは，データ収集の作業を的確に行うことができない。現実に調
査を成功させるには，調査を実施する過程で生じる可能性の高いいく
つかの問題を想定し，それを未然に防ぐために用意周到な準備作業が
必要である。必要な準備作業について，以下に紹介する。

☐ 実査に向けての具体的な計画と実施

　実査のプロセスに即して進行予定表を作成する。同時に，①人，②
時間，③費用についても段取りをきちんとする[(5)]。

①　人

　調査者と対象者それぞれについて，準備すべきことがある。調査者
については，調査スタッフの役割分担と調査員の調達をきちんとする。
アルバイトに調査員をさせる場合，質の高い人員を調達するためのル
ートや調査技法を習得させる教育体制さらにアルバイトを管理する体
制を整備することが，作業スケジュールの遅滞や調査の質の低下を招
かないために不可欠である。対象者に対しては，調査への信頼度を増
すような対策を立てる。たとえば，調査の現地のキーパーソンに対し
てフォーマル・インフォーマルな機会を利用して友好的な関係を築き，
調査への協力を取りつける，そのことを何らかの方法で対象者に伝え
ることで，対象者の調査への不信感を減らし，調査への協力度を高め
ることができる。

②　時　間

　事前に立てた進行予定表を遵守するように努める。その前提として，
現実的な進行予定表を作成しなければならないことはいうまでもない。
現実的な予定表を立てたとしても，調査の進行過程で生ずるさまざま
な問題に対応せざるをえないため，進行に遅れが生じることも少なく
ない。その際，進行予定表を優先させ，強引に拙速にことを進めるこ
とは，現地の関係者との間で軋轢を生じかねないため避けなければな
らない。対象者も含め現地の関係者の都合にも十分配慮しながら，進
行管理を行う。

③　費　用

　費用については，作業内容ごとに支出費目，支出細目を算出し，そ

れらを総計した総費用を計算する。たとえば、「プリテスト」であれば、「調査票の印刷・製本」「実施」「集計作業」といった作業内容があり、この中で「実施」については、支出費目として「人件費」「交通費」「用具費」、それぞれの費目には支出細目に「アルバイト」「旅費」「筆記用具」などが計上されることになる。以上のように調査費用を計算することで、資金の調達も含めた調査の実現可能性を検討できる。

❑ 実査の遂行

データ収集の方法によって違いがあるが、ここでは個別面接調査法と留置調査法を念頭において紹介する。

① インストラクション・ガイドの作成とインストラクションの実施[6]

実査の直前に調査員を対象にインストラクションを行う。インストラクションの際には、実査のプロセスで遵守すべき具体的な規則を記載したインストラクション・ガイドを使用する。ガイドは、複数の調査員を使う場合には特に、データ収集やデータ処理の手続きを一貫させ、均質なデータを収集するために重要である。自分ひとりで調査する場合も作業手順を明確にし、一貫させるために作成する。インストラクション・ガイドに記載する内容には次のようなものがある。

(1)調査主体の名称と所在、(2)調査目的、調査の全体的な輪郭、(3)調査対象の属性、範囲、標本抽出の方法、(4)実査の現地の概観（地理的条件、交通事情など）、(5)実査の時期（開始日と最終日）、(6)質問内容の概要と主要なポイントの解説、(7)対象者へのアプローチ（接し方の原則、依頼のマナー、依頼や面接の機会の設定方法など）、(8)実査が困難・不能な場合の対応（不在、住所不明、転居、短期不在、長期不在、拒否などの場合の対応）、(9)質問紙に回答を記入する際の一般的な注意事項、(10)質問紙に回答を記入する際の項目別注意事項、(11)質問紙を回収する際の注意事項、(12)調査本部との連絡の必要性と連絡方法、(13)実査活動を遂行する費用。

② 実査に必要な書類を整える[7]

インストラクションの際には、上記のガイドのほかに、(1)調査依頼状、(2)担当する対象者名簿、(3)現地の詳細な地図、(4)調査員の身分証明証、(5)質問紙、(6)謝礼品、(7)封筒・画板、(8)筆記用具、などを用意する。

③ 調査依頼文の作成と通知[8]

調査依頼文には、一般的に、調査の目的、調査の意義、調査対象者が回答することの重要性、対象者の選定方法、協力の要請、データ収集後の処理方法、秘密厳守の約束、実施主体（責任者と連絡先）などを

➡️インストラクション・ガイド
大勢の調査員が一斉に実査に取り組むような調査において、調査の質の高さを確保するとともに、同一規格のデータを収集するために用いられるガイド。ガイドの記載内容は、調査目的、調査対象の属性と標本抽出の方法、質問内容の概要、対象者へのアプローチの方法、回答を記入する際の一般的および項目別の注意事項、質問紙を回収する際の注意事項、調査本部との連絡の必要性と連絡方法などである。

記入する。あまりに長文では読んでもらえない。調査が何らかの公的機関の協力で行われるときには，その機関の会報などで別途調査の趣旨や実施時期，協力要請などを掲載してもらうと，調査への信頼度が増し，調査への協力度が高まる。

④　対象者に面接する時の留意点

データの質を低下させる要因には，対象者側と調査者側それぞれの問題と対応が関連している。対象者側については，本書の第3章第3節で言及していることから，ここでは，調査者側について記述する。[9]

回答に影響を与える調査員の要因には，(1)パーソナリティや感情，(2)回答者のパーソナリティや感情に対する感受性，(3)イデオロギー，(4)社会的属性，(5)回答者に対して抱く予見，などがある。

以上の影響を極力減らすため，調査員には次のような態度や行動をとることが求められる。ⅰ）仕事としてある程度フォーマルな態度を崩さないこと。回答者と良好な人間関係を結び，回答を引き出すよう努力すべきであるが，あまりに回答者と親和性が強くなると，回答者の回答が調査員に同調する形でゆがむ可能性が高い。ⅱ）質問紙の内容を理解するにとどめるのではなく，質問を明確に読み上げ，そして質問がスムーズにできるようになるまで質問紙を読みこむこと。ⅲ）回答の誘導や自分の意見を述べない，相手のいったことを忠実に記録するなど調査の基本を守ること。以上の他，実施にあたっての留意事項については小野能文の文献に詳しく記述されている。[10]

☐ 回収率を高めるための方法

ここでは特に，①個別面接調査法と②郵送調査法について紹介する。

①　個別面接調査法

筆者が高齢者を対象とした調査において，実際に採用した方法を紹介する。回収率を高めるための方法とは，本調査で未回収であった対象者に対して，本調査の1か月後くらいにフォローアップ調査を実施することであった。事前準備で不可欠な作業は，調査が未回収であった理由や状況に関する調査員からの書面報告に基づき，フォローアップ調査の対象者を決定することであった。未回収の理由は，「短期不在」「長期不在」「病気のため」「入院・入所」「本人の拒否」「家族の拒否」などに分類されるが，「短期不在」については全員，「病気のため」「入院・入所」についてはフォローアップ時に回復している可能性がある対象者についてフォローアップ調査の対象とした。「本人の拒否」と「家族の拒否」については，画一的な基準を設けずに，多忙や他の所用などの理由で拒否した可能性があると判断できた場合にはフォロ

表 4-2　郵送調査の回収率を高める工夫

1	一枚分のあいさつ状あるいは添え文を同封する。
2	質問紙は冊子形式にする。1ページ目は質問をせず，タイトル，依頼文，書き方を印刷する。
3	最初の質問はもっとも大切なので，以下の点に注意する。
①	調査対象者の興味をひきやすく，調査テーマに直接関係するものが望ましい。
②	全員に回答を求める質問が望ましい。
③	自由回答や選択肢が長すぎる質問，回答しにくい質問は避ける。
④	対象者の属性などフェイスシートの項目は，表紙で喚起された関心に水をさすので望ましくない。
4	質問の順序は，社会的にみて有用性が高いと感じられる順とする。回答しにくい質問はフェイスシートの前におく。
5	最後のページには質問を入れない。
6	質問紙には ID 番号を付し，回収を確認する手段とする。その旨をあいさつ状に明記する。
7	質問紙の長さは12ページ以下が望ましい。
8	封筒は定形封筒とし，宛名は封筒に直接書き，ラベルを貼ってはいけない。
9	封筒には，必ず返送用封筒を同封する。返送用封筒には宛名を書き，切手を貼っておく。料金受取人払いにしても差し支えない。
10	投函日は，週のはじめがよい。
11	適切な時期（投函してから1週間後ぐらい）に，全員にお礼をかねた葉書を出し督促する。督促状は返送されてくる質問紙の数がピークを過ぎて減少する頃に出す。
12	返送のない人に2回目の督促状と代わりの質問紙を送る。時期は最初の調査依頼から3週間後くらいである。
13	以上のほか，権威を持っていたり信頼されたりしている人や団体の推薦状をもらって封筒に同封する。

出所：井上文夫・井上和子・小野能文・西垣悦代（1995）『よりよい社会調査をめざして』創元社，55-56，を一部改変。

ーアップ調査の対象とした。フォローアップ調査では，調査依頼状の中でひとりでも多くの人に調査に協力いただくことが重要であることを強調するとともに，調査員についても本調査とは異なる人を派遣した。

②　郵送調査法

　小野は，郵送調査法の回収率を高める方法として，ディルマンらの方法を紹介している[11]。その方法は**表4-2**にまとめられている。これらの方法をすべての調査で機械的に取り入れる必要はないが，できるだけ生かす方向で検討する。

質的調査法で使用するデータ収集の方法

☐ 依拠する理論によって異なるデータの特性[(12)]

　質的調査の理論的な背景には，**象徴的相互作用論**[→]やエスノメソドロジーなどがある。象徴的相互作用論では，①人々は，かれらが物事にどのような意味をもたせているかに基づいて行動する，②意味は他者との相互作用からもたらされる，③物事の渦中にいる人々の解釈過程の中で意味づけが行われ，変更される，という前提を置いている。このような前提に基づき人々の主観的な見方を再構築していくことが社会を分析する際の手段であるとみるのが象徴的相互作用論である。

　社会福祉の分野では，象徴的相互作用論に基づき，カウンセリングあるいはソーシャルワークに対する「素人」の論理や，**ライフヒストリー**[→]などが質的調査によって解明されてきている。このような理論的な背景に基づき質的調査を行う場合には，そのための有力なデータ収集の手段として，対象者の主観的な見方，意味づけに関するデータを収集できる「聞き取り」が用いられる。

　一方，エスノメソドロジーは，相互作用の過程を通して，人々が社会をどのように形成しているかを明らかにしようとする。象徴的相互作用論とは異なり，相互作用の主観的な意味について焦点を当てていない。この理論では，毎日の生活のルーティンを研究することに焦点を当てているため，分析に必要な情報を集める手段としては「観察」が用いられる。

☐ データ収集の方法以前に必要なこと

① 設問の明確化

　質的調査では，「開放性の原則」，すなわち調査対象自身が調査のテーマに関することをどのように様式化したり，意味づけようとしているかが明らかになるまで，それに先んじて調査者の枠組みで理解しないことが重視されている。しかし，このような質的調査の視点は，調査者が調査の焦点・課題をあいまいにし，前もって領域や対象を限定しないでよいことを意味しているのではない。[(15)]焦点がぼやけたままデータを収集した場合には，膨大なデータが集まるものの，それをどのように分析したらよいかの方向性がみえず，データの海におぼれてしまいかねない。

➡象徴的相互作用論

　社会を言葉などのシンボルを媒介とする人間の相互作用の過程とみなす社会学的な立場のことを指している。体系的なまとまりをもつ社会理論というよりも，立場やパースペクティブであるとされている[(13)]。

➡ライフヒストリー

　調査対象による語りや，日記や書簡，自伝などの資料に表れている調査対象とする個人の生活経験を指している。ライフヒストリー研究は，これらの生活経験を社会的背景や事象と結びつけることで，対象者の人生全体を再構築するとともに，それらを社会的文脈に位置づけ描こうとする研究である[(14)]。

たとえば，ケアマネジメントに着目した場合でも，さまざまな切り口が可能である。ケアマネジャーとクライエントの相互行為によって成立しているケアマネジメントに関しては，ケアマネジメントに対するクライエントの主観的評価，ケアマネジャーの事例の管理法，ケアマネジャーとクライエントの相互行為のプロセスなど，さまざまな課題設定が可能である。そのため，それぞれの課題について，どのようなことがすでに指摘され，議論されているかが明確にされないまま，やみくもにデータを収集しても，そのデータは焦点がぼやけており，広く浅いものとなってしまう。それでは，深い質的な分析はできない。

②　対象へのアクセス

　対象にアクセスし，調査への合意をとりつける作業は，量的調査以上に重要な課題である。なぜならば，以下に述べるように聞き取りにしろ，観察にしろ，質的調査における対象者とのかかわりは，原則一回でかつ短時間で済むような質問紙調査と比較して，格段に濃密となる。それは対象者の日常生活を知り，意味づけを理解するという質的調査の特徴に由来する。

　社会福祉領域で質的調査を行う場合，貧困層，病者や障害者そしてその家族といった人たちを対象とすることが多い。これらの対象者は調査者の日常生活ではほとんど接点を持たない人たちである。

　質的調査を開始するには，まずはこの人たちとコンタクトを取らなければならない。この人たちの中には医療・福祉ニーズを持ち，行政や医療・福祉の機関から支援を受けている人もいることから，ニーズに対応している医療・福祉の実践家に依頼して対象者とのコンタクトを図ろうとする。しかし，対象者の紹介を依頼しても実践家は快く承諾することは少ない。なぜなら，全く関係のない第三者に対象者を紹介することで対象者との間に築いてきた信頼関係が崩れかねない，加えて調査に協力することのメリットがなく，一方的に負担になるだけといった懸念も非協力的な態度に影響している。

　このような懸念を払しょくし，実践家と信頼関係を築くことは，一朝一夕にできるものではない。調査に入るかなり早い段階から実践家とコンタクトし，調査の意義や必要性だけでなく，調査者の人となりを理解してもらう。加えて，実践家の問題関心を把握し，それを調査の目的・課題の一部に位置づける。このような働きかけを通じて，実践家も調査に対するメリットを感じ，積極的に調査に協力するようになる。

☐ 個別面接による聞き取り

①　個別面接による聞き取り調査の特徴

「聞き取り調査」は，個別面接法の中では**非構造化面接**といわれている。他方では，質問紙調査のひとつの方法として**構造化面接**がある。同じ面接法ということで用語が混乱する可能性もあることから，ここでは「聞き取り調査」と表現することにした。以下では，構造化面接と対比する中で，聞き取り調査の特徴を記述し，さらにこの方法がなぜ質的調査のデータ収集に適当かを説明する。

構造化面接では，構造化された質問紙を用い，それによって調査者が前もって聞き取る内容に大きな制約を設けている。具体的には，質問紙によって質問文とその回答，質問する順番が事前に決められており，それに従って調査員が質問を読み上げ，回答を得ていく。それによって，(1)異なる事例であっても決められた範囲の質問を統一的に行うことで，ある範囲で斉一化されたデータを収集することができる，(2)同じ問いと選択肢を用いていることから同じ条件での回答を収集できる，(3)調査員のスキルの違いによる回答への影響を抑えることができることから，量的調査に適したデータが収集される。[16]

聞き取り調査においては，面接の場面で聞き取る内容にほとんど制約が設けられていない。そのため，回答者が回答に際し，自分の経験や意識を自由に表出でき，さらに調査員も回答内容に応じてその場で判断し，質問していくことになる。この方法によって得られるデータは対象者の内面に深く根ざしたものとなる可能性が高いことから，質的調査に適したものとなる。

②　半構造化面接の方法

聞き取る内容に制約を設けていないとはいえ，それを引き出すのは調査員の問いかけである。対象者が自分の経験や意識を自由に表出してもよいという条件下であっても，対象者自身が何を表出したらよいかが自覚できていない場合には，むしろ回答に窮する。対象者の経験や意識の何が重要か，それを対象者に自覚してもらい，引き出すような問いかけが調査員からなされる必要がある。調査員が対象者に問いかけする方法として**半構造化面接**がある。この方法では，聞き取りしたい課題を限定したうえで，そのための核となる質問の骨子とその順序を事前に決めておく。この一覧表がインタビュー・ガイドといわれる[17]ものである。これを用いることで，対象者が回答しやすくなるだけでなく，対象者間で聞き取りの内容の比較可能性が増すことで，データ分析の際に聞き取りの内容の解釈が容易になり，概念を生成しやすくなる。現在，半構造化面接は質的調査の面接法として汎用されてい

➡ 非構造化面接

非構造化面接は，質問紙を用いずに，調査員の自由な追求が認められる面接法である。つまり，この面接法では，回答者の話す内容に応じて，調査員は自分の問題関心や興味の方向へと自由に質問を変化させることができる。この面接法は，自由面接法あるいは非形式的面接法ともいわれており，質的調査に用いられる。

➡ 構造化面接

構造化面接，半構造化面接，非構造化面接の違いは，調査に用いる質問紙の構造化の程度によっている。構造化面接は，質問項目を構造的に並べた質問紙に基づいて，順番に質問していく面接法である。この面接法は，指示的面接法あるいは形式的面接法に位置づけられ，量的調査で用いられる方法である。

➡ 半構造化面接

半構造化面接では，用いる質問紙の構造化の程度は構造化面接で用いる質問紙よりも低い。具体的には，質問項目の大枠のみを用意し，それ以外は，回答者の応答により，ある程度自由度をもって質問することが許される方法である。この面接法は質的調査で使用される場合が多い。

る。

③　準備・実施にあたっての留意点

(1)インタビュー・ガイドの作成と活用

以上のように，インタビュー・ガイドは，事前に研究テーマに即して考えた質問項目とその順番を記した一覧表である。ただし，あくまでもガイドであり，順番やどの項目について詳細に聞き取るかなどについては，聞き取りをしながら判断することになる。

(2)調査員の特性が対象者に与える影響を意識する

たとえば，現場の福祉スタッフが調査員で，対象者が自分のクライアントである場合，クライアントにとっては調査員が自分の利害と直接関係していることから，自分の考えや意見，経験を率直に表出できない。調査員と対象者の間で性の違いや年齢の違いがある場合にも得られたデータに違いが生じる可能性もある。

(3)調査の道具としての調査員[18]

調査員は，指図するような態度，誘導するような質問などは避けつつも，調査の目的にあった課題に関する話を聞くことができるように聞き取りをコントロールする。すなわち，調査員と対象者は物事を意味づける作業に共同で携わっており，聞き取りとは調査員に助けてもらいながら物事に対する対象者の見方や考え方を対象者の言葉で語ってもらう作業である。そのための方法として，調査員は，ⅰ）調査の目的を理解する，ⅱ）必要な情報を得るのに適した質問をする，ⅲ）適切な言語的，非言語的フィードバックを行う必要がある。

(4)経験を積む

聞き取りが成功するか否かは，対象者からより個別性の高い意見や意味するところをより深く語ってもらうことにかかっており，そのためには，対象者の発言に応じて質問内容やその方向性を臨機応変に軌道修正できるような技能を調査員が習得しなければならない。そのためには，リハーサルを行ったり，聞き取りについて数多くの経験を積む必要がある。

(5)聞き取りをする環境への配慮

聞き取りの失敗は，他から邪魔が入る，気が散るものがそばにあるなど，周りの環境も原因となりやすい。このことを意識し，対象者が率直に自らの経験を話しやすい環境づくりも必要である。

④　聞き取りの記録

記録する方法には，その場で書く，後で書く，録音するなどがある。その場で書くと面接の流れを妨げてしまう。後で書くと記憶に頼ることになるため細かい点が抜け落ちたり，誤った内容を記載してしまう

ことになりかねない。したがって，記録の方法としては対象者の了解
を得たうえで録音することが望ましい。しかし，録音が承諾されなか
った場合には，聞き取りのメモをできるだけ詳細に取るとともに，聞
き取り終了後記憶が確かなうちにメモに必要な補足を加える。

　加えて，録音できたとしてもそれが聞き取りの際の情報のすべてで
はない。対象者の表情や身振りなども対象者の意識や経験を深く理解
するための有力な手がかりである。そのため，聞き取りを録音した場
合も含め，聞き取りの途中でも表情や身振りをメモするとともに，聞
き取り終了後速やかに必要な補足を入れるなどして，実際の聞き取り
の様子ができるだけ再現されているノートを作成する。

☐ 集団面接法

① 意義と方法

　集団面接法も，個別に面接する聞き取り調査とともに質的調査のデ
ータ収集法として有効な方法である。この方法では，他の対象者の影
響でより開放的に反応したり，他の対象者の意見に基づき，自分の意
見をまとめるなど，対象者間の相互作用を積極的に生かすことで，対
象者から自らの経験についてより多くの情報を引き出すことができる。
そして，相対的に費用も安価で，時間もそれほど多くかからないため，
質的調査の方法として汎用性が高い。

　しかし，対象者の回答内容が他の対象者の発言に影響されるため，
調査の目的が対象者一人ひとりの経験やその理解を類型化したり，構
造化したりすることにある場合には向かない。

　集団面接法の主要なアプローチには，フォーカス・グループ・イン
タビュー法，**ノミナルグループ・プロセス**➡，**デルファイ法**➡などがある。[19]
ここでは，社会調査で汎用されているフォーカス・グループ・インタ
ビュー法を紹介する。このインタビュー法には統一した定義はないが，
共通する要素は次の(1)～(4)である。[20]

　　(1)ある特定の話題に対して自分の見解を出すことが求められ，こ
の話題に直接関係する人たちが集められている。

　　(2)グループの人数は少人数（通常6人から12人）で，比較的同質の
人々で構成される。

　　(3)よくトレーニングされた司会者が事前に質問を準備し，その質
問に基づき対象者の反応を引き出す。

　　(4)目標は特定の話題について対象者の理解，感情，受け止め方，
考えを引き出す。

　この方法は，福祉サービスやプログラムの利用過程における問題や

➡ **ノミナルグルー
プ・プロセス**
問題の本質や可能な解
決法について合意がな
されていない事柄を取
り上げ，5～9名で多
様な専門的意見を出し
合うものである[21]。

➡ **デルファイ法**
将来設計や未来予測を
行ったり，今後の政策
について専門家の意見
を引き出したりするの
に用いられる[22]。

効果を明らかにするなど福祉分野の実践・研究に頻繁に用いられている。

　計画・実施に際しては，まずは，このインタビュー法の2つの特徴をきちんと理解する。第一に，集団のダイナミクスを活用し，対象者から多くの意見を引き出す。研究テーマに関係する人たちを単に集めて勝手に意見を出してもらうだけでは，質の高いデータを得ることができない。第二には，このインタビュー法の目的はある課題について人々の意見の違いや広がりを理解することにあり，問題解決の方策を話し合いで見出したり，意思決定をグループで行うものではない。以下では，この特徴を生かすために必要な留意点を紹介する。

②　準備・実施にあたっての留意点[23]

(1)話題の適合性を考える

　フォーカス・グループ・インタビュー法の特徴は，他の質的調査と共通して，人々の経験に基づく理解，考え，感情を引き出すことである。そのため「介護保険制度の結果サービス利用者が減少しているか」「自己負担の支出が増加しているか」など統計的なデータを得る，「高齢者の間では介護予防活動としてどのようなものが受け入れられているか」など大きな集団の動向を把握することを目的とした調査には適さない。

(2)グループの設定

　第一に，研究目的に照らしてそれに合致する情報を提供してくれる人を選択することが前提となるが，そのうえで性や年齢などの属性的なものも含め，同質の人たちを対象者として選ぶ方がよい。それによって他人の目を気にせず，自身の意見や経験を腹蔵なく表に出すことができるようになる。

　たとえば，デイサービスの利用過程の問題や効果について利用者の意見や評価に関する情報を多く集めようとした場合，サービスに対するニーズが異なる高齢者と家族介護者を一緒にしたグループの編成は，両者では利害が対立する可能性があることから好ましいとはいえない。

　第二に複数のグループを設定するようにする。このインタビュー法は一般化を志向しているわけではないが，複数のグループで共通する意見や理解が出された場合には，分析の結果についてある程度普遍化でき，妥当性が高いとみなすことができる。

(3)司会者の手引きを作成する

　手引きには，「導入の言葉」「ウォーミング・アップ」「用語の明確化」「質問」「要約」「メンバーへの確認」「終わりの言葉」などの項目が含まれる。「質問」については，対象者ができるだけリラックスし

て議論できるように，「導入の質問」「やさしい質問」「答えにくい質問」などのように質問の順序も念頭において分類しておく。ただし，これにあまり固執せず，対象者の発言内容や発言の展開によって柔軟に変更することも求められる。

　（4）司会者はインタビューの技術を身につける

　このインタビュー法では，集団のダイナミクスをうまく使用し，対象者から多くの意見を引き出すためにさまざまなテクニックが必要である。たとえば，ⅰ）確認のための質問をすることで議論を発展させる，ⅱ）議論が拡散したとき話題を絞る，ⅲ）自らの経験でなく一般論で話す人や発言の主導権を握る人がいた場合に話題を変えたり，他の人に話を向ける，ⅳ）控えめな対象者については質問をすることで発言をうながす，などの技術を身につける必要がある。以上のほか，費用，会場の確保，部屋や録音機器のセッティング，対象者同士のプライバシーの保護の問題などにも留意する。

☐ 観察法

①　観察法の特徴

　聞き取り調査では，対象者の回答が本当であるか否か確認することができない。**観察法**では，対象者の日常の行動や周囲との言語的なやり取りを主に視覚的に観察し，記録する。このような方法で得られるデータは次のような特徴を持つ[24]。

　第一の特徴は「直接性」である。人々に質問するという聞き取り調査と違い，観察であるため，調査者と対象者の間に介在する要因の影響を避けることができる。第二は「自然性」であり，社会過程が進行する様子をそのままとらえることができるので，調査者の影響を最小化することができる。第三は「非言語性」である。言語の未発達な乳幼児や言語に障害のある人も対象にできる。第四は行動や言語的なやり取りの「文脈的背景」の分析可能性である。観察法では，対象者の日常行動や言語的なやり取りだけでなく，対象者のおかれている環境に関する情報も得ることができるため，「文脈的背景」を分析することができる場合がある。

　しかし，以上のような特徴があるとはいえ，対象とした人々のすべての行動や発語を観察できるわけでなく，その中から研究や実践にとって意味のある行動や発語を取り出し分析することになるため，観察には調査者の主観が影響することを意識する必要がある。観察の手続きは，「秘密裏と公然」「非参与と参与」「系統的と非系統的」「自然的状況と人工的状況」「自己と他者」の5つの次元に分類できる[25]。以下で

➡ **観察法**

観察法とは，行動を観て，そして何が起こっているかを記録するための組織的手続きである。観察法は通常2つの軸に基づいて分類される。ひとつが系統的一非系統的であり，他の一つが観察中の状況に観察者が実際にどの程度かかわっているか，その程度である。

調査する側と対象集団
との関係によって大き
く非参与観察と参与観
察の2つに区分される.
非参与観察は,対象集
団に対して観察者が部
外者や第三者として対
象集団のありのままを
観察する方法である.
参与観察とは,対象集
団のメンバーとしての
資格を持って参加し,
生活をともにしながら
対象集団の内側から全
体的で多面的な事実を
観察していく方法であ
る.本文中では,観察
対象に観察者の正体や
目的を明かしているか
否かについても分類軸
に加え,3区分に分け
て説明している.

は「系統的と非系統的」「**非参与と参与**」■→ という分類軸を中心に紹介する.

② 観察法の分類

(1)系統性による分類

系統的である,換言すれば,観察内容が構造化されるとは,数量的な扱いが可能なように,チェックリストなどを用い,行動の種類や頻度を記録することをいう.観察内容が構造化されていない場合には,かなり広範囲にわたり生起した事例を記録していくことになる.自由観察法は構造化されないフィールド調査に該当する.

(2)参与の程度による分類

フィールド調査においては,観察対象集団に調査者が参加する程度によって,さらに3つに区分される.その3つとは,「完全な参与者」「観察者としての参与者/参与者としての観察者」「完全な観察者」である.

「完全な参与者」とは,調査者が自己の正体や調査目的を隠して観察対象の社会に成員として参加することをいう.そのため,調査者は観察対象者と相互作用を営み,集団の中で必要な役割を演じることになる.「観察者としての参与者/参与者としての観察者」とは,調査者は自己の正体と調査目的を観察対象者に明かしているものの,「観察者としての参与者」の場合は「完全な参与者」のように観察対象の社会過程に参与する,「参与者としての観察者」の場合は現地に赴くものの観察対象の社会過程に参与せず,観察対象者から聞き取りを行うといった活動のみを行う.「完全な観察者」は,単に観察するだけであり,観察対象者は観察されていることすら気づかない場合もある.ただし,参与の程度は固定的なものではなく,観察が進展するにともなって一般的に深くなっていく.最初は「完全な観察者」であったものが,観察対象者との間に信頼関係がつくられる中で,「参与者としての観察者」,さらに「観察者としての参与者」に移行することもある.

「完全な参与者」や「観察者としての参与者」となるためには,多くの時間とエネルギーを必要とする.しかし,このようなかかわりができてはじめて,部外者としての立場で観察のみを行っている観察者と異なり,「内部の視点」に接近し,現地の人々に近い思考や感情を獲得することができることになる.その段階に至って調査者自身の社会文化的な背景からくる先入観や偏見などをある程度克服可能となる.しかし他方では,観察対象とする社会の中で特定の地位や役割を獲得することになるため,観察される範囲はその地位によって制約を受け

るという点にも注意する必要がある。

③　観察法で留意する点

(1)観察のルールを明確にする

　質的調査で行う参与観察では，これまで不完全にしか理解されてこなかった現象について理解しようという動機から開始される場合が多い。そのため，最初の段階では観察内容が構造化されず，フィールドで調査を行いながら，具体化させていくことになる。逆に観察のルールを事前に決めてしまうことは，予期しないことに気づく感性を鈍らせてしまう。他方，量的調査で行う参与観察では，（ⅰ）いつ，どこで観察するか，さらにどの程度の条件設定を加えたうえでの観察か（もっとも極端な場合には実験となる），（ⅱ）観察が行われる期間はどのくらいか，（ⅲ）観察される対象の何を観察するか，（ⅳ）観察がどのように記録されるか，という観察のルールを事前に決定し，構造化された観察を行う。

(2)観察者の姿勢

　質的調査での観察については，何をどのように観察していくのか，そのルールについては，参与観察で先に示したとおり観察者が観察しながら能動的につくり上げる。そのための情報収集の手段としては，視・聴・嗅・味・触といった五感すべてを用いることになる。参与観察のような調査で求められる姿勢としては，観察対象に対し内側の視点を共有するものの，他方ではよそものとして突き放し，観察対象者の視点を整理・体系化するという冷めた目も持つことが求められる。[27]なぜならば，後者の立場に立つからこそ，日常的なありふれた事柄の中から，観察対象者も自覚できない特別なものを見出すことができるからである。

　量的調査での観察では，先に学んだように，データ収集前に観察のルールが決められているため，観察者はルールにできるだけ従い，記録の機械のような機能を果たすことになる。以上のように，観察内容の構造化の程度によって，観察者に求められる姿勢が異なる。

(3)記録のとり方

　質的調査における参与観察では，記録の道具は**フィールドノート**➡である。ノートへの記録のポイントは次の通りである。

　　ⅰ）対象者の行動や発話を書ける限りすべて記すこと。評価したり，要約したりしない。あわせて観察対象者に対する観察者自身の発語や行動も記す。

　　ⅱ）できる限り速やかに記す。記録することで会話がさえぎられたり，相手の行動に影響を与えることがある場合には，その場で記録

➡**フィールドノート**
観察者は，観察対象が生活している場において相互に関係を持ちながらどのような社会を構成しているのか，それを理解することをめざしている。それを捉えるために，対象者がおかれている状況，発話，行為の詳細を，観察を通じて書き留めていく。この記録をフィールドノートという。

せず記憶が鮮明なうちにできるだけ速やかにノートに記録する。

　iii）観察された順に記録する。記録に間違いや勘違いがあったと後で気づいても，それは記録として残しておく。

　iv）観察された事実とそれに対する観察者の感情，印象，推測は区別して記録する。たとえば，a）直接観察されたもの，b）解釈，c）個人の日記，などに区分しておく。録音・録画の機器を用いることができる場合には，日常の会話やインタビューの内容をそのまま記録することができる。しかし，録音は言葉で表現されるもの以外の表情とか，雰囲気などの情報は記録できない。録画も焦点をあてた場面や特定の期間しか行うことができないという制約がある。そのため，フィールドノートの作成は不可欠である。構造化された観察では，先に学んだ観察のルールにのっとって構造化された観察シートにチェックを入れるなどして記録する。

　④　観察以外のデータ収集

　質的調査における参与観察では，聞き取り，文書，写真など観察以外の資料，調査者個人の経験についての感情，認知，洞察なども重要な情報として活用する。聞き取りは，フィールドで出会う人たちとの自然な会話の中で，それが研究テーマと系統的に結びつけることができると考えた場合に行う。その際，「うちとけた会話」とは異なることを意識し，観察対象者に対してある事項について説明をしてほしいなど聞き取りの目的をきちんと伝え，合意を得ることが必要である。

⑤　調査の倫理

☐ 基本的な考え方

　倫理の問題として議論されるひとつの柱が，調査に対象者として参加するか否かはあくまでも自発的な意思に基づくことをいかに保障するかである。つまり，対象者の権利，特に自己決定の権利を守る必要がある。そのためには「調査の目的・内容」「予測される危害と利益」「対象者とそのデータに関する秘密保持の方法」「調査への参加が任意であること，不参加や途中で辞退しても何ら不利益を被らないこと」などを十分に説明して，対象者として調査に参加することへの同意を得なければならない(28)

　ただし，ソーシャルワーカーが自分が受けもつケースに対して調査したり，調査者がソーシャルワーカーと共同あるいは協力を得て調査

を行う場合，たとえ拒否する自由があり，不参加によって不利益を被らないといわれても，対象者は「日頃からお世話になっているから」という意識が働き，本音では拒否したくてもそれを率直に言うことが難しい。そのため，参加の意思確認は社会学分野で行われる社会調査以上に慎重に行う必要がある。さらに，調査対象が認知症高齢者や子どもなど，調査に対する理解度に問題がある場合は，代理者からの同意も含め，この原則をどのように確保していくか，その方法を工夫することが求められる。

☐ 倫理とのジレンマ

　社会福祉分野の調査では福祉ニーズを抱えた人を対象とすることが多いことから，倫理的な問題に悩む場合が少なくない。米本は，実際に調査を進めていく際に直面するジレンマを整理している[29]。以下では，それを参考にしながら，調査場面で直面する可能性の高い倫理的ジレンマを紹介する。

①　調査の意図を伝えることによる結果への影響

　調査データの収集の際に，調査の目的や意図を明確に伝えると，対象者が調査の意図に沿った回答をする可能性が出てくる。例えば，高齢者の福祉サービスの利用意向に関する調査では，調査者が利用意向をできるだけ喚起しようという意図で行うことが多いことから，それにそって回答者も利用意向があるという回答傾向が強まる。

②　調査であることを隠して記録する必要がある

　原則はあくまでも対象者本人の許可を得ることであるが，許可を得ると自然な観察ができない場合もある。全米ソーシャルワーカー協会では，以下のような場合は対象者の承諾を得ない方法が認められるとしている[30]。厳密で信用できる審査によって，その調査が科学的もしくは応用的な価値のために対象者の承諾を得ずに行う方法が正当であると認められるとともに，かつ説明のうえでの同意を放棄する以外に有効な方法がない場合。

③　調査デザイン上必要である

　この一例として無作為で割り当てた**実験計画法** ➡ が可能かという問題がある。このデザインは，ソーシャルワークの実践の効果を評価しようとする場合，同質の 2 グループを用意し，一方のグループは実験群としてソーシャルワーク実践を，他方は統制群としてソーシャルワークの実践を行わないというものである。その基本は，対象者を無作為に実験群と統制群に割り振るという方法で同質のグループを用意し，ソーシャルワーク以外の影響をできるだけ除去するという点にある。

➡ **実験計画法**

介入の効果を評価するための方法には大きく 3 種類ある。もっとも優れた方法が「実験計画法」であり，内的妥当性を脅かす要因を統制するために，研究対象者を実験群と統制群に無作為に割当てる方法を採用する。次に位置づけられるのが「擬似実験計画法」であり，無作為割当を用いていないが，可能な範囲で内的妥当性を脅かす要因を統制しようとする方法である。最後に「プリ実験計画法」が位置づけられる。これは，実験群のみであったり，介入後の情報のみで評価するものであり，内的妥当性を脅かす要因の統制はほとんど行われていない。そのため，計画法の中ではもっとも欠点の多い方法である。

そのため，このデザインでは統制群に対してはニーズがあるにもかかわらずソーシャルワークが実施されないことになるため，対象者の利益を最優先するという社会福祉の倫理の面からみて問題となる。

☐ 倫理の問題の広がり

倫理の問題はデータの収集過程にとどまらない。企画から結果の公表にいたる調査のプロセス全般にわたって倫理の問題を意識する[31]。

日本社会福祉学会では，日本社会福祉学会研究倫理規程にもとづく研究ガイドラインを定めている。ガイドラインの項目は「倫理的配慮」「調査研究の実施」「研究成果の発表」「引用」「論文投稿」「査読」「書評」「学会発表」「研究費」「ハラスメント」と広範囲に及んでいる。「調査研究の実施」はデータの収集，「研究成果の発表」「引用」「論文投稿」「学会発表」は結果の公表，「査読」「書評」は研究の評価，「研究費」「ハラスメント」については研究態勢に主にかかわるものである。詳細についてはこのガイドラインを一読していただきたい。中でも筆者が重要と思うことを2点指摘しておきたい。

① 企画の段階で重要なこと

研究の問題関心，問題意識，問いが福祉の増進をはかることに貢献するか否かが問われる。調査者の個人的な関心や興味があるからこそ，時間と労力，費用をかけて大変な調査をすることになるが，しかし，このような動機だけでは不十分である。日本社会福祉士会の倫理綱領では，倫理基準としてクライアントの利益を最優先とすることが位置づけられている。研究者，実践家を問わず，社会福祉の領域で働く者は，その使命を自覚し，調査の社会的価値を考える必要がある。

② 結果の公表の段階で重要なこと

公表に際しては結果をありのまま報告することである。ソーシャルワーク実践の評価に関する研究などでは，効果を否定する結果が得られた場合の扱いが問題となる。効果があるという結果であれば公表をためらう者はまずいないであろうが，否定的な結果であった場合はどうであろうか。

倫理的には公表すべきであることはいうまでもないことであり，このような否定的な知見を含め，公表していくことが長期的には専門職種の役割や機能を検討し，問題状況の改善につながる。しかし，発表することで短期的には医療や福祉施設における専門職種の地位や役割，利用者からの信用に少なからず打撃を与えることもありうるため，現実には公表をあきらめるという結論となりかねない。

○注 ————————

⑴　この記述は，新睦人（2005）『社会調査の基礎理論——仮説づくりの詳細なガイドライン』川島書店，117，による。

⑵　質問紙に類似の言葉として，質問票，調査票もあるが，これらは広義では自由に面接や観察を行う際に用いる，標準化されない調査で用いるシートも含むため，ここでは質問紙という言葉を用いることにした。以上の見方は，⑴と同じ，120，による。

⑶　小野能文（1995）「社会調査の方法」井上文夫・井上和子・小野能文・西垣悦代『よりよい社会調査をめざして』創元社，47．

⑷　「　」内は小野が示した基準である。分類は，新によるもの（⑴と同じ，124-127）を参考とした。プライバシーの保護については，新は対象者との関係に分類している。本書では，対象者との関係について分類項目として位置づけていないため，プライバシーの保護がもっとも関係すると思われる回答内容の信頼性に位置づけた。

⑸　⑴と同じ，167-173．

⑹　記述の大半は⑴と同じ，177-179，による。

⑺　同前書。

⑻　同前書。

⑼　記述の内容は，原純輔・海野道郎（1984）『社会調査演習』東京大学出版会，15-16，による。

⑽　⑶と同じ，41-62．

⑾　⑶と同じ，55-56．

⑿　記述に際しては，フリック，U./小田博志・山本則子・春日常・宮地尚子訳（2002）『質的研究入門——「人間の科学」のための方法論』春秋社，を参考にした。

⒀　日本社会学会社会学事典刊行委員会編（2010）『社会学事典』丸善出版，146-147．

⒁　社会調査協会編（2014）『社会調査事典』丸善出版，300-301．

⒂　⑿と同じ，60．

⒃　これをインタビューガイドという。

⒄　渡辺文夫・山内宏太朗「調査的面接法」高橋順一・渡辺文夫・大渕憲一（1998）『人間科学研究法ハンドブック』ナカニシヤ出版，123-134．

⒅　記述は，ブリッテン，N.「保健・医療の研究における質的面接法」ポープ，C.・メイズ，N.編／大滝純司監訳（2001）『質的研究実践ガイド——保健・医療サービスの向上のために』医学書院，18-25，を参考にした。

⒆　ノミナルグループ・プロセスは，問題の本質や可能な解決法について合意がなされていない事柄を取り上げ，5〜9名で多様な専門的意見を出し合うものである。デルファイ法は，将来設計や未来予測を行ったり，今後の政策について専門家の意見を引き出したりするのに用いられる。この記述は，ガービッチ，C./上田礼子・上田敏・今西康子訳（2003）『保健医療職のための質的研究入門』医学書院，96-105，による。

⒇　記述は，ヴォーン，S.・シューム，J.S.・シナグブ，J./井下理監訳（1999）『グループ・インタビューの技法』慶應義塾大学出版会，8，を参考にした。

㉑　ガービッチ，C./上田礼子・上田敏・今西康子訳（2003）『保健医療職のための質的研究入門』医学書院，103．

㉒　同前書，103-104．

㉓　⒇を参考に記述した。

⑵ 　中道實（1997）『社会調査方法論』恒星社厚生閣，237.

⑵ 　⑿と同じ，171.

⑵ 　⑵と同じ，243.

⑵ 　⑿と同じ，179.

⑵ 　武田丈『ソーシャルワーカーのためのリサーチ・ワークブック──ニーズ調査から実践評価までのステップ・バイ・ステップガイド』（2004）ミネルヴァ書房.

⑵ 　米本秀仁（2006）「研究の倫理」岩田正美・小林良二・中谷陽明・稲葉昭英編『社会福祉研究法──現実世界に迫る14レッスン』有斐閣，57-72.

⑶ 　全米ソーシャルワーク協会「倫理基準」5.02（g）.

⑶ 　⑵と同じ；Reamer, F. G. (2005) Research ethics. Grinnel, R. M. Jr. & Unrau, Y. A. (eds.), *Social Work Research and Evaluation : Quantitative and Qualitative Approaches* (7th ed.), Oxford University Press, 33-42.

■第5章■
量的データの整理と分析

① データ分析のための基礎的作業

❏ 量的データの特徴

　量的調査で収集されるデータは量的なものであり，すでに記号化されたり，数字で表現されたりしている。そのため，分析には統計的な手法を用いることができる。量的調査では，収集されるデータがなぜ量的データとなるかについては，調査方法と関係している。調査者が調査する前に対象の特性を測定するための道具を用意し，それで構成された質問紙を用いて対象者からデータを収集する。このような方法を用いることで，得られたデータは収集された時点ですでに数字あるいは回答を選択から選ばせた場合には，選択肢の記号で表現できる状態となっている。

❏ 作業の手順

　最近ではPC技術の発達・普及によって，量的データの分析を統計解析ソフトを利用して行う人がほとんどである。そのため，分析の前段階の作業として，使用する統計解析ソフトに合わせて質問紙の回答をデータ化し，データベースを作成しなければならない。統計解析ソフト各々のデータベースの作成方法については，別途学習してもらうとして，本章では，データベースを作成する際に必要な作業手順と各作業段階における注意点を記述する。

　データベースの作成は地味で，根気のいる作業であるため，ともすれば手を抜き，いい加減にすませてしまいかねない。しかし，努力してデータを収集したとしても，きちんとしたデータベースの作成を怠るならば，データの質が確保されず，きちんとした調査結果を得ることができない。

　データベースの作成過程はデータの誤りを発見し，修正していく過程である。この作業をできるだけ精度高くかつ効率よく行うには，以下に示す作業段階一つずつを確実に終了させていく。最初の段階は，質問紙の回答の**エディティング**，ついで，エディティングした回答を**コーディング**する。コード化が終了した後，統計解析ソフトのデータ・フォーマットに合わせデータを入力する。最後にクリーニングの段階となる。データのクリーニングとは，統計解析ソフトを利用して入力したデータの間違いを発見し，必要な修正を行う作業のことであ

➡**エディティング**
実査終了後，入力データを整備する第一段階として，質問紙の点検がある。これをエディティングといい，エディティングの中で，誤っていたり，あいまいな回答をみつけ，訂正する。点検とも呼ばれる。

➡**コーディング**
回答を英数字に置き換え，符号化する。この作業をコーディングという。選択肢ごとにあらかじめコードをつけておくプリコード方式と，自由記述など調査終了後，ある基準を定めて分類コードを与えるアフターコード方式がある。

る。

❑ エディティング

　エディティングの目的は，データベースの作成の第一段階として，質問紙の回答に間違いがないかどうかを点検し，間違いがある場合に修正することである。エディティングのポイントには，以下の①〜⑦がある。[1]

　　①　記入漏れがないか
　　②　記入に不完全な箇所はないか
　　③　記入に誤りがないか
　　④　読みにくいあるいは見誤りやすい文字や数字はないか
　　⑤　計算に誤りはないか
　　⑥　指示通りに記入されているか
　　⑦　指示通りの調査法が用いられたか

　どのようなチェックポイントを用意するかは，調査に共通するものもあるが，調査によって重点の置き所に違いもあることから，エディティングの担当者がエディティングに漏れのないよう独自にマニュアルを作成する。個別面接調査と留置調査の場合，質問紙のエディティングは最低でも 2 段階で行うことが望ましい。

　最初のエディティングは，調査員が面接や回収した日，あるいは割り当てられた対象者への調査が完了したときに行う。次に行うのは，調査の現地や調査の実施機関の事務所などで調査員以外の点検者によって，調査員を前にして行う。2 段階目のエディティングによって，不十分な回答のうち調査員の誤解やミスに起因しているものを発見し，修正することができる。間違いが発見されたならば，調査員に尋ねる。それでも修正できないときは，対象者を再訪問させたり，電話で問い合わせるなど再調査を行い，不十分な箇所を補う。エディティングは，実査が終了した後時間が経過するほど困難になるため，実査から間をおかずに速やかに行う。

❑ コーディング

　コーディングとは，データをコンピュータに入力しやすくするため質問紙の回答すべてに符号（コード）を与えることである。たとえば，回答に「非常にそう思う」「まあそう思う」「あまりそう思わない」「まったくそう思わない」の 4 段階の選択肢を設けていた場合，それぞれに 1，2，3，4 という数字を与える。ただし，この 1，2 という数字は符号であり，量的な意味をもっているわけではない。

コーディングの方法には，①プリコード方式と②アフターコード方式がある。

① プリコード方式

この方式では，質問紙の作成段階で回答の選択肢をあらかじめ決めておく。名義尺度の場合，どの選択肢にどのようなコードを付与するかは任意であるが，各選択肢にあらかじめ記号をふっておき，その記号をそのまま回答の選択肢のコードとして使用するとコーディングのミスを防ぐことができる。順序尺度についても，頻度や程度などの順序性が判別できるような記号を付与し，その記号をそのまま回答の選択肢のコードとして利用することによって，分析の際に生じかねない選択肢の順序性の間違いを防ぐことができる。

② アフターコード方式

この方式の場合，質問紙の作成段階では選択肢を決めていない。自由回答に基づき回答を得た後にコーディングの段階で回答をいくつかのカテゴリーに区分し，それぞれにコードを付与する。これをアフターコード方式という。事前に予想できない回答を見つけ出すことができることから，プリコードにはない長所もあるが，(1)回答を処理するのに時間がかかる，(2)カテゴリーの設定とそれらのカテゴリーに回答を振り分ける基準の妥当性と信頼性を確保することが大変，(3)自由回答の場合，無回答が多く限られた人しかコードを起こすことができない，などの欠点がある。

カテゴリーを作成する作業は，まずは文字情報をそのまま入力し，そのデータに基づき1次的な要約項目を作成する。次いで，それをもとに2次的な要約項目を作成する。必要に応じてこのような作業を繰り返し，最終的にいくつかのカテゴリーを作成するといった手順を踏む。これだと大変な労力と時間を必要とすることから，複数の回答を見ながらいくつかのカテゴリーをその都度設定していく方法，あるいは理論的な見地からあらかじめ分類カテゴリーを作成し，機械的に回答を区分する方法もある。[(2)]

☐ 複雑なコーディング

① 欠測値のコード化

欠測値にコードを付与する作業が必要である。欠測値とは回答が得られなかった項目に対して与えられるものであり，そのことが判別できるように，回答が得られている場合とは異なる記号をコードとして付与する。回答が得られない理由には「無回答」（NA：no answer），「不明・わからない」（DK：don't know），「非該当」（NAP：not applicable）

➡ 欠測値
「無回答」「不明・わからない」「非該当」などを示すコードである。欠損値ともいう。

がある。

「無回答」とは，本来回答があるべきであるにもかかわらず，質問の意味が理解されなかったり，回答を拒否されたり，記入漏れなどで回答が得られなかった項目のことである。

「不明・わからない」とは，たとえば，世帯収入などを高齢者に質問した場合，子どもと同居している世帯では子どもの収入がわからないなど回答者が回答したいができなかった項目が該当する。

「非該当」とは，回答者によってはそもそも回答する必要がない項目のことである。たとえば，子どもからのサポートを聞く質問では，そもそも子どもがいない人に聞くことができないため，このような人については，子どもからのサポートの項目は「非該当」となる。

「無回答」と似た反応として，「どちらともいえない」という回答がある。選択肢を作成する際にこのような回答は処理に困るため，できるだけ明確な回答が得られるように工夫する必要があるが，それでも選択肢のいずれを選んでよいか判断ができない人もいる。このような人に対しては「どちらともいえない」を識別できるようなコードを起こすことが必要かもしれない。分析の際にこのような回答の処理をどのように行うかについては，個別に判断する。

前述のように，欠測値には，それを識別できるように回答のカテゴリーとは異なるコードを付与する。加えて，同じ調査ではもちろん，違う調査においても欠測値のコードは共通のルールで振るようにした方が便利である。たとえば，回答カテゴリーと区別するために，「無回答」「非該当」それぞれに対して，回答カテゴリーのコードが1桁の場合には8と9，2桁の場合には88と99というコードを付与する方法がある。

②　複数回答の処理

複数回答とは，ひとつの質問に対して回答がひとつだけではなく，複数の回答を認めるものである。たとえば，高齢者に対して，「現在参加している団体やグループがありますか。あてはまるものすべてに○をしてください」と質問し，「町内会・自治会」「老人クラブ」「趣味の会」など複数の選択肢を提示して回答を得る形式である。回答者は参加している団体やグループすべてに○をつけるので，人によって○の数に違いがでてくる。このようなときには，1変数で複数回答の結果を表現することができない。選択肢の数だけ変数を用意し，各選択肢についてそれぞれ「参加している」(1)，「参加していない」(0) とコード化することで，複数回答の結果をコード化することが可能になる。[3]

複数回答で注意すべきことは，いずれの選択肢も選択されなかった場合である。上記の例でいうと，いずれの選択肢にも〇がなかったときには，参加している団体やグループがまったくない場合と，この質問に対して「無回答」であった場合の2通りが考えられる。これを判別するためには，質問紙の設計段階で，選択肢に「現在参加している団体やグループはない」という項目を含めるか，もしくは，この質問の前に「現在参加している団体やグループがありますか」とし，「ある」という回答をした人のみ，この質問をするようにする。

☐ コーディングマニュアルやコーディングシートの作成
① コーディングマニュアルの作成

マニュアルには，コーディングの原則，および一つひとつの質問について，質問項目名と個々の選択肢に割り当てるコード，無回答・非該当の処理方法などを記す。コーディングは，選択肢番号をコードとして割り当てることを原則とする，複数回答や無回答・非該当の処理方法，コードの桁数の処理方法（2桁のコードで1桁の選択肢の場合，十の位を0とするなど）[(4)]などがある。マニュアルは，複数の作業従事者でコーディングを行う場合には作業の統一化のために必要である。

コーディングシートのコーディング内容をまとめた**コード表**は，後の分析のときにも役立つ。架空のものであるが，コード表の例を**表5－1**に示した。コード表には，各質問項目について，**カラム位置**，内容，DK（わからない）・NA（無回答），NAP（非該当）の欄が設けられ，どのようにコーディングが行われるかが記載される。

② コーディングシートの作成

コーディングの結果については，質問紙上のコード記入欄に，調査員や対象者の記入と区別できるよう，赤やその他の色を用いて記述する。その後，コーディングシートにその結果を転記する。コーディングシートとは，コーディングの結果を転記する用紙のことであり，質問紙1票につき1枚の割合で記入できるようにレイアウトされている。この用紙には，質問紙を識別するための番号（個番）に次いで，各質問について質問紙における配列順でコード記入欄が設けられ，加えてコード記入欄には何行目の何カラム目にどの質問への回答のコードが記入されるか，各質問項目のカラムの位置が明示されている。

最近では，このシートに転記せず，質問紙上のコード記入欄をみながら統計解析ソフトのデータシートに直接入力する場合もある。しかし，複数回答や無回答・非該当の処理がある場合には，質問紙のコードを直接データシートに入力する方法では間違える可能性も高まる。

➡コード表

各質問項目について，カラム位置，内容，DK（わからない）・NA（無回答），NAP（非該当）の欄が設けられ，どのようにコーディングが行われたかが記載されている表のことである。

➡カラム位置

カラムとは，質問への回答をデータ入力する際の基本単位のことである。たとえば，配偶者の有無については，いる人といない人の2つの選択肢しかないため1カラムが割り当てられれば入力ができる。しかし，高齢者の年齢については，65歳以上から100歳を超える人までいることから，3カラムが割り当てられないと入力ができない。カラム位置とは，質問紙の質問項目の配列順に入力するためのカラムを割り当てた場合，最初から順に数えて何カラム目に該当するかを示したものである。

表 5-1　コード表の例（架空例）

質問項目			カラム位置	内容		DK・NA	NAP
個番			1-4			―	―
問1	出生元号		5	明治＝1		8	
				大正＝2			
				昭和＝3			
				平成＝4			
	出生年		6-7			88	
	出生月		8-9			88	
問2	性別		10	男性＝1		8	
				女性＝2			
問3	就業状況		11	就業＝1		8	
				非就業＝2			
問3	副問1　就業上の地位		12	自営業＝1		8	9
				常勤＝2			
				パート・アルバイト＝3			
				その他＝4			
問4	同居世帯員数（本人を含む）		13-14	世帯員数の実数		88	
問4	副問1　同居世帯員の種類						
		(1)配偶者	15			8	9
		(2)子ども	16	○あり＝1		8	9
		(3)子どもの配偶者	17	○なし＝0		8	9
		(4)孫	18	（全部に○なしのとき NA と処理）		8	9
		(5)父親	19	（問4が「1」もしくは「88」の時		8	9
		(6)母親	20	は NAP と処理）		8	9
		(7)その他	21			8	9

注：DK（don't know）：わからない，NA（no answer）：無回答，NAP（not applicable）：非該当。

このような間違いを防ぐ手立てとして，ひと手間かかるが，コーディングシートの作成を行うという判断も必要である。

❏ コンピュータへの入力

　この作業は，コード化された質問紙の回答を分析に利用する統計解析ソフトのデータシートに入力するという単純なものである。しかし，入力は同じ作業を何回も繰り返し行わなければならないことから，注意力が散漫になり，作業の後半では特に入力ミスを起こしやすい。

　入力ミスを防ぐには，2倍の手間がかかるが，同じデータを2回入力し，1回目に入力したデータを検証する方法（ダブルパンチ）がある。この方法を用いれば，たとえば，データ入力に際して100タッチに1回の割合で入力ミスがあったとしても，2回目の入力によって1回目のタッチの正しさを検証すれば，同じタッチミスが重複する可能性は10,000回に1回に減ることになる。

❏ データのクリーニング

① クリーニングで発見するエラー

エディティングする段階で，回答のおかしな点や誤りが見つけられ，修正される。しかしエディティングは点検者が1票ずつ点検する作業であるため，質問紙の票数が多い場合にはミスを見逃してしまうこともある。さらに，コーディングやデータ入力の段階でミスする可能性もある。そのため，データ入力が終了した段階でデータにおかしなところがないかコンピュータ上で確認する作業を行う。これを**クリーニング**といい，この過程をエラーチェックと呼ぶ。

エラーには，データを入力する際に入力する者のミスで生じる入力エラーと，調査の段階で回答者が論理的に矛盾した回答をしたり，コーディングの段階で論理的に矛盾したコードが振られるなどの論理エラーの2種類ある。入力エラーの例には，質問紙上のコードが正しく入力されない，たとえば質問紙上のコードが2であったのに1という数字が入力される（このエラーは単純入力エラーという）などがある。

論理エラーについては，たとえば性別に関するコードでみると「男性」(1)，「女性」(2) が論理的に取りうる数値であるものの，(3) というコードが振られていた場合（このエラーは論理入力エラーという），あるいは就業の有無について「無職」というコードが振られていた人で，副問の職種に関して「事務職」というコードが振られていた場合（このエラーは単純論理エラーという）などがある。

② エラーの発見方法[5]

入力エラーと論理エラーを発見するには，すべての変数について単純集計を出力し，未入力のコードをもつ変数や論理的に取りうる範囲以外のコードをもつ変数がないか点検する。重要なことはコーディングのときに「無回答」「わからない・不明」「非該当」にもコードを付与しておくことである。それによってすべての変数について「無回答」「わからない・不明」「非該当」を含めた総計が回答のあった対象者数と等しくなるため，未入力の変数が簡単に発見できる。

ただし，この方法では，論理的にとりうる範囲内でコードの入力エラーがあったとしても発見することはできない。このようなエラーを発見するには回答のあった対象者全員について変数の値を出力し，コーディングシートあるいは質問紙の原票と読み合わせをするという作業を行うしかない（完全入力エラーチェック）。しかし，これは大変な労力と時間を必要とする。完全入力エラーチェックを行うか否かは，たとえば単純集計などで論理的におかしい入力エラーが多く発見されるなど，論理的にとりうる範囲での入力エラーが多いか否かがひとつ

の判断基準となる。

　入力ミスでない単純論理エラーについては，回答のあった対象者の回答に矛盾があることから，通常はエディティングの段階で発見され，修正されているはずである。しかし，エディティングは手作業で行われるため完璧にミスなく行うことは難しい。単純論理エラーについては，次のような手順で点検を行う。

　(1)論理的に重複・関連するカテゴリーをもつ変数の組み合わせをリストアップする。

　(2)(1)の変数のクロス集計を出力し，論理的に矛盾したカテゴリーの組み合わせがないかチェックする。

　(3)エラーが発見された場合，質問紙の原票全体を熟読のうえ論理エラーを解消する。

　重要なことは単純論理エラーが発見された場合の対応である。コンピュータ上でコードを変更し論理的につじつまを合わせるという対応にとどめるべきでない。時間がかかっても必ず質問紙の原票にまでさかのぼり，さらに必要があれば対象者本人への再調査を行うことでエラーの原因を発見し，それを解消するようにする。

 ## 調査データの特徴を知る

❏ 尺度の種類を意識する

　尺度の種類を意識する必要があるのは，尺度の種類によって適用できる統計解析の方法が異なるからである。最近では，コードとして数字に変換しなくても日本語のまま入力し，統計解析ができるソフトも登場している。しかし，今でも多くの場合，コーディングの段階ですべてのデータを数字に置き換え，コンピュータに入力している。以上のように数字はコード化のために便宜的に記号として使用しているだけであるから，数量の意味でとらえた場合には大きな間違いを犯すことになる。コードの数字が何を意味しているか，その判断基準となるのは変数を測るための尺度がどのような種類かによる。

❏ 尺度の種類

　表5−2に尺度の種類と適用できる集計方法を記した。尺度には①名義尺度，②順序尺度，③間隔尺度，④比例尺度があり，尺度の種類によって変数の統計的な処理方法が決定される。各尺度の特徴は以下

表 5-2　尺度の種類

尺度の種類	可能な計算方法	使用できる集計方法	量的／質的変数
名義	まったくない	度数，相対度数，最頻値	質的変数
順序	上下の比較のみ	度数，相対度数，最頻値，中央値，累積度数	
間隔	加法・減法	度数，相対度数，最頻値，中央値，累積度数，平均値，範囲，分散	量的変数
比例	すべての四則計算	度数，相対度数，最頻値，中央値，累積度数，平均値，範囲，分散，変動係数	

出所：岩井紀子・保田時男（2007）『調査データ分析の基礎──JGSS とオンライン集計の活用』有斐閣，11.

のようにまとめることができる。[6]

① 名義尺度

名義尺度は，質的に異なり相互に特性が重ならない分類カテゴリーで構成されている。コードの数字はカテゴリーを区別するためにのみ便宜的に用いられる。たとえば，性という変数は，男性と女性という2つの分類カテゴリーで構成される名義尺度である。

コード化にあたっては，男性に「1」，女性に「2」というように数字を与えることで男女を区別する。数字に変換する作業は男女を区別するために行われるものであり，数字そのものが数量的に意味を持っているわけではない。そのため，男性に「2」，女性に「4」という数字をあてはめてもかまわない。

性のほかに，居住する都道府県や職業も名義尺度で測られる変数の例である。もし，都道府県についての変数で，「北海道」に1，「沖縄」に47という数字を与えた場合，この変数が名義尺度で測定されたことを考慮せず，数量として扱ったならば，「沖縄」は「北海道」よりも47倍の大きさをもつ自治体として扱うという間違いを犯してしまう。

② 順序尺度

名義尺度で測られた変数は，それを構成するカテゴリーが質的にまったく異なるものであったが，**順序尺度**で測られた変数は，それを構成するカテゴリーに高低，優劣，多寡などの順序性がある。たとえば，介護サービスの満足度を調べるため，「非常に満足」「やや満足」「やや不満」「非常に不満」という選択肢を示して，要介護高齢者に質問した場合，「非常に満足」は「やや満足」よりも満足度が高く，「やや満足」は「やや不満」よりも満足度が高いというように，選択肢に順序性があることから，順序尺度で測られた変数ということになる。

コード化に際しては，数が大きい数字ほど「満足度が高い」ことを表すように，4つの選択肢にたとえば，それぞれ「4，3，2，1」

▶名義尺度

質的に異なり，相互に特性が重ならない分類カテゴリーで構成されている尺度のことである。たとえば，性という変数は，男性と女性という2つの分類カテゴリーで構成される名義尺度である。

▶順序尺度

名義尺度ではそれを構成するカテゴリーが質的にまったく異なるものであったが，順序尺度で測られた変数は，それを構成するカテゴリーに高低，優劣，多寡などの順序性がある。「小学校卒」「中学校卒」「高校卒」などの学歴，「1番」「2番」などの成績の順位などは，順序性のあるカテゴリーで構成される順序尺度によって測定された変数の例である。

という数字を付与する。数字の大きさはその順序のみが問題となることから，たとえば，「8，3，2，1」という数字を与えても同じことを意味することになる。しかし，「4，1，2，3」という数字をあてはめた場合には，数字の大きさという点で順序性が異なるので，適切なコード化とはいえない。加えて，この変数が順序尺度で測定されているにもかかわらず，それを考慮せず，数量としてみてしまった場合には，「やや満足」：「3」は「非常に不満」：「1」と比較して満足度が3倍高いという誤った解釈をしてしまうことになる。「小学校卒」「中学校卒」「高校卒」という学歴，「1番」「2番」という成績の順位も順序性のあるカテゴリーで構成される順序尺度によって測定された変数の例である。

③　間隔尺度

間隔尺度では，数字の間隔が数量として意味をもつ。福祉の分野ではこの種の尺度はほとんどみないが，たとえば，摂氏で測定された気温は15度と16度の差である1度は，55度と56度の差である1度と等しく，摂氏の数字が1大きければ，どのような気温であっても1度高いことを表している。間隔尺度は，このような性質をもつ尺度である。

しかし，摂氏10度について摂氏5度と比較して2倍高い温度であるということはできない。なぜならば，摂氏0度は氷点あるいは融点の境であることを示しているに過ぎない。つまり絶対的な0度でないため，間隔尺度では数字の間隔は数量として意味をもつけれども，その比は意味をもたない。間隔尺度のその他の例としては**偏差値**がある。

④　比例尺度

間隔尺度は数字の間隔が等間隔であることが条件であるが，これに加えて**比例尺度**は絶対的な0をもつ尺度である。したがって，比例尺度で測定された変数の数字は，数字の差だけでなく比率も意味をもつことになる。比例尺度の例としては，自治体における高齢者一人当たりの高齢者福祉予算があり，Aという自治体では50万円，Bという自治体では100万円であったとすれば，AとBの自治体における高齢者一人当たりの高齢者福祉予算の差が50万円ということに加えて，B自治体ではA自治体よりも予算が2倍であるということができる。

▶ 間隔尺度
間隔尺度では，数字の間隔が数量として意味をもつ。たとえば，摂氏で測定された気温という変数は，15度と16度の差である1度は，55度と56度の差である1度と等しく，摂氏の数字が1大きければ，どのような気温であっても1度高いことを表している。

▶ 偏差値
偏差値とは，データの分布を平均50，標準偏差10に変換したときに示す値のことである。

▶ 比例尺度
間隔尺度は，数字の目盛が等間隔であることが条件であるが，これに加えて比例尺度は絶対的な0を持つ尺度である。したがって，比例尺度で測定された変数の数字の比較は，数字の差だけでなく比率も意味を持つことになる。

③ 集計・分析の方向性

☐ 集計・分析の目的を明確にする

　最近，統計解析ソフトの発展によって，簡単な操作でさまざまな集計や分析を行うことができるようになった。しかし，まず必要なことは，「集計・分析をなぜ行うか」を明確にすることである。この点を曖昧にしたまま分析を進めた場合，調査や実践に役立つ分析結果を得ることができず，時間と労力を無駄に費やすことになりかねない。岩井・保田は分析について，「データに含まれる情報を一度ばらばらにして，ある目的に見合った視点から再構成し，提示すること」と説明している。(7) 膨大な調査データを収集しても，データをなぜ分析するのか，その目的が明確でないままやみくもにデータをいじっても，再構成がうまくできないため，役に立たない結果ばかりを出してしまう。他方では，調査者が違った目的や課題をもっていたとするならば，同じデータを分析したとしても，データの再構成の仕方が異なるため，その結果として違った分析結果を導き出せる。

　目的によってデータの再構成がいかに異なるか，架空の例であるが，紹介する。ある自治体で65歳以上の高齢者に対する調査を行ったとする。この調査の質問紙には，健康，経済，社会活動などの尺度が盛り込まれている。介護ニーズをもつ高齢者の割合に関心がある人は，このデータをどのように再構成するのであろうか。再構成の方法のひとつには，健康に関する項目群に注目し，その中に食事などの日常生活動作に介助が必要か否かについての質問があったとするならば，これらの項目を再構成し，介助が必要な人の割合を算出することを考える。さらに，後期高齢者の割合が増えることで，介護ニーズをもつ高齢者の割合がどの程度増加するかを予測したい場合は，まず，前期高齢者と後期高齢者に区分し，それぞれの区分における要介護高齢者の出現割合を求める。次いで，将来的に前期と後期の高齢者の比率がどのように変化するかを調べたデータと組み合わせることで，高齢者全体に占める介護ニーズの割合がどのように変化するかをみる。

　他方，高齢者の社会参加を調べたい人はどうだろうか。まずは高齢者が地域活動にどのくらいの頻度で参加しているかという質問項目に注目する。この項目を用いて，地域活動への参加の割合を算出するとともに，さらに社会参加と健康状態や社会経済的地位の項目とをクロ

スさせることで，地域活動への参加に関連する要因を探ろうとする。

☐ データの加工 ⁽⁸⁾

　名義尺度については，選択した人の数が少ないカテゴリーがあると，そのままでは分析できないことも多い。分析のためにはカテゴリーの再編が必要となる。再編の際の基準には，①カテゴリーの組み合わせごとに期待値が 5 以上，②再編されたカテゴリーが理論的な見地から意味のあるもの，などがある。

　量的変数の場合は，ある範囲で区切ることでカテゴリーを作成し，質的変数に変換することができる。どの範囲で区切るかは理論的な見地が重要であるとともに，質的変数の場合と同様に，すべてのカテゴリーに一定程度の数の対象者が属していることが望ましい。

　後述するように，基本統計量に関して，理論的にはありうるけれども極端に大きい，あるいは極端に小さい値（外れ値）の影響を受けている変数を発見するかもしれない。このような場合には，外れ値を吟味・検証するとともに，外れ値の影響が少ない統計値に変えるか否かの判断も必要である。カテゴリーの再編の手続きについては，論文を書く際は，その理由も含めきちんと記述する。

☐ データの記述か，データからの推測か

　統計学には，データの記述を目的とする記述統計学と，データから推測することを目的とする推測統計学がある。

　データの記述を目的とする調査の例としては，次のようなものがある。ある地域に居住する高齢者10,000人から1,000人を無作為に抽出し，その人たちの健康や生活満足度を調べたとする。回答した対象者が800人いたとして，そのデータを分析し，「この人たちの生活満足度の平均が 3 点であった」「日常生活自立度に障害のある人の数は100人で，全体の12.5％を占めていた」「日常生活自立度に障害のある人の生活満足度が 2 点であるのに対し，障害のない人の生活満足度が 4 点と高い値を示していた」といった結果が得られたとする。800人という回答した対象者に限定されてはいるが， 3 点という生活満足度の平均値，日常生活自立度に障害のある人の数が100という結果は，その集団の特性に関する情報である。この集団の特性に関する情報が記述統計である。

　データからの推測の場合は，800人という回答した対象者に限定されるのではなく，一般の高齢者について言及することになる。先の例では，「日常生活自立度に障害のある人の生活満足度が 2 点であるの

に対し，障害のない人の生活満足度が4点と高い値を示していた」という結果であった。この差は回答した対象者である800人については確実な情報であり，確かに日常生活動作に障害のある人で生活満足度が低い。しかし，ここで知りたいことは800人という回答した対象者のことではなく，より一般的に「日常生活動作に障害のある人で生活満足度が低い」といえるか否かである。この問いに解答を与えるのが推測統計である。

　記述統計学では，先に記述したように尺度の種類によって，適用可能な集計方法が異なる。**表5-2**に要約して示したが，適用可能な集計方法がもっとも少ないのが名義尺度で測定された変数，次いで順序尺度，それに間隔尺度が続き，比例尺度で測定された変数についてもっとも多くの種類の計算や集計方法を用いることができる。追って詳細を述べるが，名義尺度で測定された変数は，度数，相対度数，最頻値を算出することしかできないが，順序尺度では，これらに加えて中央値，累積度数を，さらに間隔尺度では平均値，範囲，分散を算出できる。なお，本章では，データを記述する統計に比重をもたせており，平均値の差の検定やχ^2検定などの推測統計については簡単な説明のみ行う。

度数分布表

☐ 度数分布表の作成
　何よりもまず，調査データの状態を知るには，「一つひとつの変数についてそれぞれの値をとるケースの度数を調べ，度数分布表にまとめること」からはじめる。[9] ここで度数とは，どのような人が何人いるかであり，高齢者の家族類型の変数でいうと，「単独」が何人，「夫婦のみ」が何人，「親と子」が何人，「その他」が何人と数え上げることをいう。そして，ひとつの変数について度数を数え上げた結果をまとめ，全体的な回答分布がわかるようにした表のことを度数分布表という。

① 質的変数の度数分布表
　それぞれの選択肢に回答した人の数を数え上げ，その度数をそのまま表に示す。ほとんどの質的変数については，このように容易に度数分布表をつくることができる。**表5-3**にその例を示した。度数分布表をつくるときの注意点は，(1)表番号をつける，(2)表の内容を具体的

表5-3　高齢者の経済的満足度

（単位：人）

非常に満足している	304	13.8%
まあまあ満足している	1,401	63.7
どちらともいえない	192	8.7
あまり満足していない	204	9.3
まったく満足していない	44	2.0
わからない	55	2.5
合　計	2,200	100.0

出所：東京都老人総合研究所（1987）「全国高
齢者の生活と健康に関する長期縦断調
査」.

に表すタイトルをつける，(3)数値の単位をつける，(4)その質問に回答
しなかった無回答の人も数える，(5)パーセント（相対度数）を計算す
る，などである。[10]

② 量的変数の度数分布表

　間隔尺度や比例尺度については，測定限界値があることから同じ測
定値をもつことはあるものの，理論的には対象者すべて異なる測定値
をもつ。同じ測定値をもつ場合でも度数を数えると，各測定値に該当
する度数が少なくなる。したがって，度数分布表で表現したとしても
そこからデータの傾向を読み取ることが難しい。傾向を読みとるため，
ある範囲（「階級」と呼ぶ）を決めて，その範囲内の度数を示すのが一
般的である。高齢者の年齢を例にした場合，5歳刻みで「65歳以上69
歳未満」「70歳以上74歳未満」「75歳以上79歳未満」「80歳以上」という
ように幅（階級）をもたせ，それぞれの階級について，そこに属する
人の数を示すことになる。

　階級をいくつにするかは一概にいえないが，回答者数が100人未満
ならば5〜10，100〜250人の場合には7〜12，250人を超えれば10〜
20をひとつの目安にする。[11]階級の幅を決める際に気をつける点として，
岩井・保田は次の3点を指摘している。[12]

　(1)すべてのケースが1つの階級値にだけ収まるようにする。たと
えば，年収をみた場合，「0〜100万円」，次が「100〜200万円」とした
場合には，100万円をどちらの階級に入れたらよいか判断できない。
「100万円未満」「100万円以上200万円未満」とすれば，100万円は「100
万円以上200万円未満」の階級値のみに属する。

　(2)それぞれの階級の幅は一定であることが望ましい。年収の例で
は，少ない方の年収は「100万円未満」「100万円以上200万円未満」と
100万円の幅とするが，500万円以上からは「500万円以上1000万円未
満」とするなど階級によって幅が異なるようなことは避ける。階級の
幅が異なると，度数の分布をみても全体のばらつき具合が把握しにく

い。

(3)区切りのよい値に回答が集まっている場合には、その値を階級の区切りにしない方がよい。介護サービスの利用者負担に関する質問で、100円の単位まで尋ねたとしても、正確に5,100円、4,800円などと答える人は少なく、5,000円という区切りのよい値で回答する人が多い。このような場合、5,000円という値で区切ってしまうと、5,000円を下の階級に含めるか、それとも上の階級に含めるかによって、分布の様子が大きく変わってしまう。このように区切りのよい値に回答が集中している場合には、度数の少ない値を階級の区切りに設定する。

☐ さまざまな度数

度数分布表では、度数以外にも全体を100とした場合のパーセントで示す相対度数、さらに累積度数や累積相対度数で示すこともある。累積度数は、度数分布表の上から順に、足し合わせた度数を示したものであり、相対累積度数は、全体を100として累積度数が全体に占める割合をパーセントで示したものである。累積度数や相対累積度数は、選択肢や階級値に順序性のある順序尺度や間隔尺度、あるいは比例尺度で測定された変数のみで意味があり、順序性のない名義尺度では意味がない。

先に示した経済満足度に関する変数でみると、全体を100とした場合、「まあまあ満足している」が占める63.7%が相対度数であり、「非常に満足している」「まあまあ満足している」を足し合わせ、全体に占めるパーセントで示したのが「まあまあ満足している」までの累積相対度数である。「満足している」までの相対累積度数は77.5%なので、ほぼ80%の人が経済的に満足していることがわかる。

度数、相対度数、累積度数、相対累積度数のいずれを示すか、あるいは全部を示すかは、何を示したいかで判断すべきであり、機械的にすべてを示すことはかえって煩雑となり、理解を妨げる原因となる。ただし、もっとも重要なのは「度数」であり、分布の確認は度数で行うべきである。[13]

相対度数のみでは、たとえば高齢者の間で地域の団体やグループに加わっている人の割合が60%であることが示されたとしても、それが100人中の60人であったのか、それとも5,000人中の3,000人であったかが不明であり、結果の持つ重みを知ることができない。各選択肢や階級について度数をすべて示すのは、スペース上の制約から、難しい場合もある。このような場合では少なくとも全体の度数を示す必要がある。

☐ 度数分布表で確認すべき点

　度数分布表で確認すべき点については，①事前にコードとして設定した数字以外のコードや，現実的に取りうる範囲を超えた異常値（外れ値）がないか，②量的変数では分布のピークが２つ以上ないかなどデータの中心的傾向はどうか，③データの散らばり具合を把握し，極端に度数が小さいカテゴリーがないか，④無回答などの欠測値の出現割合はどうか，などを確認する。

　加えて，信頼できる他の調査データの分布と比較することで，分析に用いる対象者の特性に偏りがないかもみる。無作為に対象を抽出し，調査をしても，対象者は標本抽出誤差によって母集団の特性をそのまま忠実に表すとはかぎらない。さらに，調査拒否など非標本抽出誤差なども加わり，回答した対象者の集団が偏っていることもありうる。データの偏りは望ましくないが，どの調査でも大なり小なり存在しているものなので，データの偏りを理解したうえで，結果を解釈する方が現実的な対応といえる[14]。そのためには，分析に用いる対象者の特性に何らかの偏りがないかを調べておく。

☐ 図に示す

　基本的なこととして忘れてならないのは，何のためにグラフをつくるのかである。岩井・保田は，グラフを作成する際の重要なポイントとして次の２点を指摘している[15]。

　第一は，グラフは何らかの比較のために作成するという点である。たとえば，社会参加している高齢者が何人いるかを棒グラフで示してもまったく意味がない。社会参加していない高齢者の数と合わせて示すことで，はじめて社会参加している高齢者が多いか少ないかが理解できる。

　第二は，グラフは何らかの視覚情報を利用し，結果を直感的に理解しやすいようにするために作成するという点である。他方では，視覚に訴えるということで，誤解を招くこともあることに留意する。岩井・保田は，代表的なグラフである「棒グラフ」「折れ線グラフ」「円グラフ」「帯グラフ」「ヒストグラム」について，比較の対象と利用する視覚情報を一覧表にまとめている（**表 5-4**）。グラフの作成の際に参考となるため，ここに提示する。

表5-4 代表的なグラフのポイント

グラフ	比較の対象	利用する視覚情報
棒グラフ	ある数量の大きさ	棒の長さ
折れ線グラフ	ある数量の連続的な変化	線の傾き
円グラフ	全体に占める構成比	パイの面積
帯グラフ	グループ別の構成比	帯の面積
ヒストグラム	連続した階級における度数	柱の面積

出所：表5-2に同じ，64.

5 基本統計量

☐ 数値で表現する

　度数分布表を利用することで，一つひとつの変数について大まかな分布を知ることができる。しかし，この方法は分布を感覚的にとらえるものであり，数値で表したものではない。量的変数については，多くの場合，どこかの点を中心に多くの度数が集まり，中心から離れると度数がだんだん減る形をしている。すなわち，①どこを中心に多くの度数が集まっているか，その中心の位置，②中心からどの程度ばらついているか，そのばらつきの程度，それぞれを示す数値として，平均値と分散という統計量が用いられている。それらをまとめて基本統計量と呼んでいる。図5-1には，中心とばらつきがどのような意味をもっているかを示した。

☐ 平均値の種類

　平均値には，最頻値，**中央値**➡，**算術平均**➡の3種類があり，名義尺度，順序尺度，間隔・比例尺度のそれぞれによって適用できるものが異なる。最頻値は，その名の通り，もっとも度数の多い回答のことである。たとえば，「高齢者が寝たきりになった場合どのようなところで療養したいか」という質問に対する回答の分布が，「家族に世話をしてもらいながら家で療養したい」で18.7%，「家事や介護などのサービスを利用しながら家で療養したい」で34.4%，「病院に入院したい」で24.9%，「公的な老人ホームに入りたい」で14.5%，「民間の有料老人ホームに入りたい」で5.7%，「その他」で1.8%であったとする。最頻値は34.4%の「家事や介護などのサービスを利用しながら家で療養したい」となる。名義尺度，順序尺度，間隔・比例尺度のいずれも最頻値を求めることができる。ただし，間隔・比例尺度の場合には，階級

➡**中央値**
ある観測値を境にして，それよりも小さい値のケースと大きい値のケースが等しいとき，その値を中央値という。メディアンともいう。

➡**算術平均**
一般的にいわれている平均値のことであり，それぞれのケースの観測値を合計し，それを総ケース数で割って求める。平均値は，観測値が量的なものとみなしうる場合に意味をもち，分布の重心を表している。

図5-1　中心とばらつき

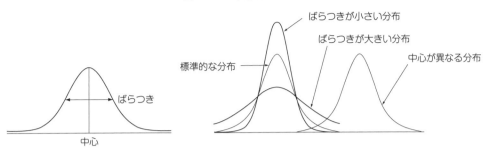

図5-2　平均値の算出例

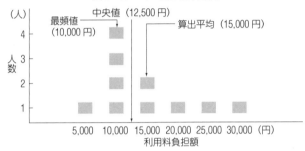

の設定の仕方によって最頻値が異なる。

　中央値は，回答のあった対象者を最小のものから最大のものまで昇順に並べた場合，丁度真ん中にくる者の測定値のことである。たとえば，高齢者を対象に，「友人や近所の人と，何回くらい一緒に出かけたり，お互いの家を訪ねたりしているか」と質問し，「1週間に2回以上」が16.0%，「1週間に1回くらい」が9.7%，「1か月に2～3回」が10.9%，「1か月に1回くらい」が9.4%，「1か月に1回未満」が19.6%，「まったくない」が34.4%という回答結果が得られたとしよう。中央値を求めるには，友人や近所の人との接触頻度の少ない対象者から順に並べ，その丁度真ん中の者の選択肢をみることになる。この場合には，「1か月に1回未満」が中央値となる。中央値を求めることができるのは，選択肢に順序性がある順序尺度と間隔・比例尺度であり，名義尺度は回答に順序性がないため，中央値を求めることができない。

　算術平均は，回答のあった対象者の数値をすべて総計し，これを回答のあった対象者の総数で割ることで求めることができる。図5-2に示したように，たとえば，在宅の介護保険認定者10人について，1か月の介護保険サービスの利用料負担額を調べたところ，それぞれ5,000円が1人，10,000円が4人，15,000円が2人，20,000円，25,000円，30,000円が各1人ずつであった。サービスの利用料負担額の総額は150,000円であることから，これを人数の10人で割った15,000円が

算術平均となる。間隔尺度・比例尺度の場合，回答に順序性があり，かつ等間隔であることから，回答を総計することができ，算術平均を求めることができる。名義尺度では回答に順序性がなく，順序尺度では回答に順序性があっても等間隔でないことから，回答を総計することができず，算術平均を出すことができない。

　尺度の種類だけでなく，データの分布の状態によって，用いる平均値を決定することも必要である。算術平均の例で示した介護保険サービスの利用料負担について，30,000円の金額の人が，もし100,000円負担していたとすると，総計が220,000円と大幅に増加し，それにともなって算術平均も22,000円と大幅に増加する。このように，算術平均は回答した対象者の総数が少ないと，ひとつの外れ値に影響されて大きく変化する。他方，中央値でみると，最大値が30,000円の場合最小値から最大値まで昇順に並べると，5番目の人が10,000円，6番目の人が15,000円で，その平均値である12,500円が中央値となる。この値は最大値が100,000円であっても変わらない。中央値は，外れ値の影響をほとんど受けないことから，極端な数値の回答者がいた場合には適当な平均値となる。

❏ 散布度

　平均値のみではデータの分布の状態はわからない。前述の**図5-1**に示したように，平均値は等しいものの，裾野が広がりばらつきが大きい分布と，裾野が狭くばらつきが小さい分布が存在する。つまり，データの分布の状態を評価するには，このばらつきの程度を評価できるような指標が必要となる。ばらつきの程度，すなわち**散布度**を評価する指標には，レンジ，四分位レンジ，分散，標準偏差などがある。回答に順序性がない名義尺度，順序性はあるが等間隔でない順序尺度では，散布度を求めることはできない。

　レンジは回答した対象者の測定値の最大値と最小値の差である。介護保険の利用料の例でみると，最小値が5,000円，最大値が30,000円であるため，レンジは30,000円－5,000円で25,000円となる。四分位レンジとは回答を最小のものから最大のものへと昇順に並べたとき，全体の1／4番目（第1四分位点）と3／4番目（第3四分位点）に位置する回答した回答者の測定値の差のことをいう。この例では，第1四分位点は3番目の10,000円，第3四分位点は8番目の20,000円であるから，その差である10,000円が四分位レンジとなる。レンジについては，最大値が30,000円ではなく，100,000円であった場合，その値は95,000円となり，外れ値の影響を受けやすい。四分位レンジの場合はその影響

が小さい。最大値が100,000円となったとしても、最小のものから昇順に並べると、第1四分位点は3番目で10,000円、第3四分位点は8番目で20,000円、四分位レンジはその差である10,000円で、この値は最大値が30,000円と同じである。

分散は、個々の値から算術平均を引いた値（偏差）を2乗し、さらにそれを総和したものを全体の度数で割ったものである。標準偏差は分散の値の平方根である。介護保険サービスの利用料負担額の例でみると、最小値の5,000円の人では算術平均が15,000円であることから、偏差（−10,000円）の2乗は100,000,000円、次の10,000円の人では偏差（−5,000円）の2乗は25,000,000円というように、まず個々の値の偏差の2乗を求める。次いで、これら偏差の二乗の総和を求め、さらに、この値を回答した対象者の総数である10で割った55,000,000円が分散となる。この分散の平方根である7,416円が標準偏差である。標準偏差の意味するのは、理論的には平均を中心にして±1標準偏差の範囲に回答者の約3分の2が、±2標準偏差の範囲に回答者の約95％が収まるということである。この例でいうと平均である15,000円を中心に±約7,000円、つまり、8,000円から22,000円の間に7人の回答者が収まっているとみることができる。

☐ 歪度と尖度

平均値と散布度以外に基本統計量としてしばしば用いられるのが、歪度と尖度である。歪度は分布が左右対称からどの程度歪んでいるか、その程度を表しており、左右対称に近ければ0に近い値をとる。分布の裾野が右側に長く広がっている場合には正の値を、逆に左の側に長く広がっていた場合には負の値をとる。尖度は分布のとがり具合を表しており、正規分布という標準的な分布では尖度が3であることから、3よりも大きい場合を急尖的、小さい場合を扁平という。

6 2変数間の関連

☐ クロス集計表

　変数の分布の観察は分析の出発点であり，これで終わることはない。次のステップとして，ひとつの変数が他の変数とどの程度関連しているかをみる。たとえば，高齢者の生活満足度を分析した場合，その満足度の分布だけでなく，高齢者の中でも満足度が高い人と低い人がなぜみられるのか，その理由は何かを明らかにしたいと思う。理由の一つには，社会とのつながりによって生活の満足度に差が生じており，社会とのつながりが強い高齢者で生活満足度が高い可能性がある。これが正しいか否かを明らかにするには，「生活満足度」と「社会参加」という2変数間の関連性がわかるような分析を行う。そのためのもっとも単純な方法がクロス集計表である。クロス集計とは，量的データを用いて，度数分布表で把握された回答者による回答内容の違いが，回答者のどのような特性の違いによって説明されるかを確認したり発見したりしていく方法である。

　実際の例で示す。高齢者を対象とした調査データを用いて，地域組織への参加の有無と生活満足度とのクロス集計表を**表5-5**に示した。このクロス集計表では，地域組織に「参加している」と回答し，同時に生活に「満足している」と回答している人が1,247人，地域組織に「参加している」と回答し，同時に生活に「満足していない」と回答している人が143人いることが示されている。このように2変数のカテゴリーをクロスさせて生まれたマスのことをセルといい，それぞれのセルに度数を入れ，クロス集計表が完成する。

　クロス集計表では，説明される側の変数を表の上部（「表頭」と呼ぶ）に，その変数の分布の違いを説明する側に位置づく変数を表の左側（「表側」と呼ぶ）に配置し，各セルに入る回答者の数を記入する。上の例では，生活満足度の回答になぜ違いが生じているかを知ることに関心があるため，これを表頭に配置し，地域組織への参加の有無が，生活満足度の回答がなぜ異なるかを知るためのグループ分けの変数であるから表側に配置する。各セルに入れられた度数を単に眺めているだけでは，極端な場合は別にして，表頭の変数と表側の変数との間の関連を読み取ることは難しい。そのため，相対度数を求めることで傾向を読みとる工夫をする。

表5-5　地域組織への参加の有無と生活満足度の
　　　　クロス集計表

地域組織	生活満足度（人）		計
	満足している	満足していない	
参加している	1,247	143	1,390
参加していない	582	115	697
計	1,829	258	2,087

出所：表5-3に同じ.

表5-6　地域組織への参加の有無と生活満足度の
　　　　相対度数のクロス集計表

		満足している	満足していない
参加している	行%	89.7%	10.3%
	列%	68.2	55.4
	全体%	59.8	6.9
参加していない	行%	83.5%	16.5%
	列%	31.8	44.6
	全体%	27.9	5.5

出所：表5-3に同じ.

　ここで問題となるのは，どの相対度数を求めるかである．1変数の場合の相対度数は1種類しかないが，2変数からなるクロス集計表では，相対度数が3種類ある．ひとつは横方向の行の合計の度数を100％とした場合であり，そのときの相対度数を行％という．2つ目は縦方向の列の合計の度数を100％とした場合であり，そのときの相対度数を列％という．さらに全体について，その合計度数を100％とした場合を全体％という．

　この例では，地域組織に参加し，同時に生活満足度が高いという左上のセルは，行％が$1,247 \div 1,390 \times 100 = 89.7\%$，列％が$1,247 \div 1,829 \times 100 = 68.2\%$，全体％が$1,247 \div 2,087 \times 100 = 59.8\%$となる．実際に，この3種類の相対度数を記した表が**表5-6**である．この3種類の相対度数をすべて示したとしても不要な情報が多く，混乱を招くだけである．そこで，行％，列％，全体％のそれぞれが意味することを見ると，行％は，地域組織に参加している人の中での生活に満足している人としていない人それぞれの割合，および地域組織に参加していない人の中での生活に満足している人としていない人それぞれの割合である．列％は，生活に満足している人の中での地域組織に参加している人としていない人それぞれの割合，および生活に満足していない人の中での地域組織に参加している人としていない人それぞれの割合，全体％は，全回答者の中で地域組織に参加し，同時に生活に満足している人の割合など，変数のカテゴリーの組み合わせごとの割合である．

ここでクロス集計表を作成した目的にもどってみると，地域組織に参加するか否かで生活に満足している人の割合に違いがみられるか否かを確かめることにあった。この目的に適した分析は，地域組織に参加している人の中で生活に満足している割合と，参加していない人の中で生活に満足している割合を比較することである。つまり，以上の目的に適合的なのは行％になる。これまでの記述を要約して示すならば，クロス集計表から変数間の関連を把握していくには，①横並びの行と縦並びの列の度数を確認する，②度数だけでなく相対度数（パーセント）を算出する，③相対度数を求めるとき分母を何にするか，という手順で行う[17]。

　「行」「列」はすでに示したようにそれぞれ横方向，縦方向の並びを表しているが，セルもこの行と列で言い表すことができる。たとえば，地域組織に「参加している」人で生活に「満足している」というセルは１行目の１列のセル，地域組織に「参加していない」人で生活に「満足している」というセルは２行目の１列のセルということができる。このように表側の変数が２つのカテゴリー，表頭の変数が２つのカテゴリーで構成されているクロス表は「２×２のクロス表」と表現する。表側の変数が２つのカテゴリー，表頭の変数が３つのカテゴリーで構成されているクロス表は，「２×３のクロス集計表」と表現する。

☐ 散布図

　散布図は，２変数をそれぞれX軸とY軸に対応させ，一人ひとりについてその座標の交点を点で記した図である。散布図は，２変数とも間隔尺度や比例尺度で測定された量的変数で，この変数間の関連を分析しようとする場合，もっとも効果を発揮する。つまり，散布図を利用することで，X軸の変数の値が増加するにしたがって，Y軸の変数の値が増えるか，減るか，それとも一定の関連がないか，２変数間の関連性を視覚的に観察できる。

　質的変数では，一人ひとりがとりうる値が限られており，特に名義尺度では順序性がないため，散布図を利用してもその関連性を十分に評価することができない。図5-3には，夫婦間の就学年数の関連性について分析するための散布図が示した。この散布図から，就学年数が長い男性では，就学年数が長い女性と結婚していることを視覚的に読みとることができる。また，外れ値をもつケースの存在も散布図から把握することができる。

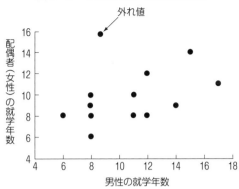

図5-3 夫婦の就学年数の散布図

注：全データではなく，データベースの最初から15名に
ついてプロット。プロット数が15に満たないのは同
じ値の人がいるからである。外れ値は，筆者が任意
にプロットした。

出所：表5-3に同じ.

表5-7 2×2のクロス表と関連性の指標

$$\text{ユールのQ} = \frac{ad-bc}{ad+bc}$$

a	b
c	d

$$\phi \text{係数} = \frac{ab-bc}{\sqrt{(a+b)(c+d)(a+c)(b+d)}}$$

$$\text{オッズ比} = \frac{ad}{bc}$$

☐ 質的変数の関連性を示す統計量[18]

　2変数間の**関連性**とは何かをまず考える。関連性があるとは，地域
組織への参加の有無別に生活に満足している割合の違いをみたように，
「一方の変数の値によって，他の変数の分布が異なる状態」とみるこ
とができる。地域組織への参加の有無によって生活に満足している割
合が異なる場合には，地域組織への参加と生活満足度の間には関連性
があると表現する。一方の変数の値によって，他の変数の分布が異な
らない場合には，2変数間に関連性がなく，この状態を独立であると
表現する。2変数間に関連がないので，相互に相手の値に影響を受け
ず，独立して決定されているという意味である。

　関連性を評価するための指標として，2×2のクロス集計表では，
ユールのQ，φ係数，オッズ比などが用いられる。**表5-7**は2×2の
クロス集計表を示しており，左上のセルにはa，右上のセルにはb，
左下のセルにはc，右下のセルにはdの記号を代入した。関連性を評
価するユールのQとφ係数については，見方が少し異なっているも
のの，a×dとb×cの値が等しいときに関連性がないとみなす点で
は共通している。2変数間にまったく関連がないとは，一方の変数の

➡ 関連性

変数間に関連性がある
とは，一方の変数の値
によって，他の変数の
分布が異なる状態とみ
ることができる。見方
を変えれば，一方の変
数の値によって，他の
変数の分布が異ならな
い場合には，2つの変
数には関連性がないと
いうことになる。

値が異なっても他方の変数の分布に違いがないことを意味することになるから、この状態をa, b, c, dを用いて表現するならばa : b = c : dということになる。つまり、a × d = b × cとなるから、a × dとb × cの値が等しいときに関連性がないとみなすことができるのである。ユールのQ、φ係数のいずれも最大値が+1、最小値が−1である。一般的には±0.2を超えないときにはほとんど関連性がなく、±0.2を超える場合にはある程度関連性があり、±0.4を超えていればはっきりと関連性があると言える。

表5−5の例について、ユールのQとϕ係数を計算した結果、ユールのQについては、

$$Q = \frac{1,247 \times 115 - 143 \times 582}{1,247 \times 115 + 143 \times 582} = 0.266$$

と±0.2を超えていたことから、地域組織への参加と生活満足度との間にはある程度関連性があるとみなしてよいことになる。

2×2よりも大きなクロス集計表の場合には、関連性の指標としてクラメールのVが用いられる。この指標はχ^2値をもとに計算される。

$$クラメールの V = \sqrt{\frac{\chi^2}{n(クロス表の行数と列数の少ない方 - 1)}}$$

nは分析対象者数

クラメールのVは関連性がないときに値が0となり、関連性が強いほど1に近づくので扱いやすい統計量である。ただし、3つ以上のカテゴリーで測定された質的変数同士の関連性を評価する場合は、どのカテゴリーとどのカテゴリーの関連性に注目するかがはっきりしなければ、意味がない。順序尺度の変数同士の場合には、カテゴリーに順序性があるため、一方の変化がもう一方の変数の変化とどのような対応にあるか解釈が容易である。たとえば、学歴と社会参加の意向の変数がそれぞれ順序尺度で測定されていた場合には、「学歴が高いほど社会参加の意向が強い」か否かを、両変数の関連性をみる指標で評価することができる。この場合、順序尺度の変数に特化した指標を用いる方がよい。もっともよく用いられるのがグッドマンとクラスカルのγである。

この統計量の考え方は次の通りである。順序尺度の2変数をそれぞれxとyとし、データの中から2人を選び出した場合、1人目が(X, Y) = (1, 3)、2人目が(x, y) = (2, 4)であったとする。このペアはXについてもYについても2人目の方が大きいので、xの順序が高いとyの順序も高い、つまり、このようなペアが多いと全体として2変数には正の関連があることになる。一方、1人目が(x, y) = (1, 3)、

表 5 - 8　夫婦の収入額と健康度自己評価のクロス表

収入	健康度自己評価			計
	健康	ふつう	健康でない	
120万円未満	266	267	169	702
120万円～300万円未満	344	266	120	730
300万円以上	245	128	34	407
計	855	661	323	1,839

出所：表 5 - 3 に同じ.

2 人目が $(x, y) = (2, 1)$ であったとする。このペアは x については 2 人目が，y については 1 人目の方が大きいので，x の順序が高いと y の順序は逆に低くなる。このようなペアが多いと全体として 2 変数には負の関連があることになる。このような考え方に基づき，グッドマンとクラスカルの γ は x と y の大小関係が同方向になる対象者のペアの総数を A，X と Y の大小関係が逆方向になる対象者のペアの総数を B とし，A と B の相対的な量の違いから関連性の方向と強さを評価しようというものである。すべてが同方向，すべてが逆方向の場合には，1 あるいは -1 となり，同方向，逆方向の数が等しければ 0 となる。

　表 5 - 8 の 3 × 3 のクロス集計表から γ を計算する。大小関係が同方向になる対象者のペアの総数と逆方向になる対象者のペアの総数から，次のように γ の値を算出できる。収入が高いほど健康度自己評価が良好であるという関連性は，強くないがある程度みられるという結果であった。

$$A = 245 \times (266 + 120 + 267 + 169) + 344 \times (267 + 169)$$
$$+ 128 \times (120 + 169) + 266 \times 169 = 433,320$$

$$B = 128 \times (344 + 266) + 34 \times (344 + 266 + 266 + 267)$$
$$+ 266 \times 266 + 120 \times (266 + 267) = 251,658$$

$$\gamma = \frac{A - B}{A + B} = \frac{433,320 - 251,658}{433,320 + 251,658} = 0.265$$

☐ 2 つの量的変数の関連性を示す統計量

① 相関係数

　量的変数の関連性を示すためにもっともよく用いられるのが相関係数である。相関係数は，一方の変数が増加すれば，他の変数が増加，あるいは減少することを数値で表現する。一方の変数が増加すると他の変数も増加する場合を正の相関，一方が増加すれば逆に他方が減少することを負の相関という。相関係数は r で表され，-1 ～ +1 の範囲をとる。絶対値で 1 に近いほど相関が強いことを意味する。相関係数

⇨ 相関係数

相関係数は，一方の変数が増加すれば，他の変数が増加，あるいは減少することを数値で表現する。一方の変数が増加すると他の変数も増加する場合を正の相関，一方が増加すれば逆に他方が減少することを負の相関という。相関係数は r で表され，-1 ～ +1 の範囲をとる。絶対値で 1 に近いほど相関が強いことを意味する。

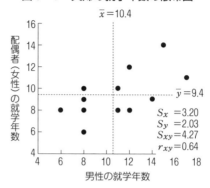

図5-4 夫婦の就学年数の散布図

注：全データではなく，データベースの最初から
　　15名についてプロット。プロット数が15に満
　　たないのは同じ値の人がいるからである。
出所：表5-3に同じ．

は次の式で求められる。分母はそれぞれの変数の標準偏差である。

$$r_{xy} = \frac{S_{xy}}{S_x S_y}$$

　特徴的なのが分子であり，分子は共分散という2つの量的変数の関係を表す統計量である。共分散は次のように定義される。

$$S_{xy} = \frac{1}{n}\sum_{i=1}^{n}(x_i - \bar{x})(y_i - \bar{y})$$

　共分散は一人ひとりについて，xとyの平均値を中心としてどの程度ばらついているかを表すものとなっている。それぞれのxとyが平均値より大きい場合には，各値から平均値を引き，それを掛け合わした式（共分散）はプラスとなる。いずれも平均値より小さい場合も共分散は同じくプラスになる。**図5-4**で視角的に理解してみよう。点線で示したように，座標軸をxとyそれぞれの平均値に移動してみると，正の相関にある場合には，共分散はプラスの値で，右上と左下の平面に位置する点が多く，他方，負の相関にある場合には，共分散はマイナスの値で，左上と右下の平面に位置する点が多くなる。以上から共分散の合計が正であるならば右上がり（正の相関），負であるならば右下がり（負の相関）を表現することになる。なお，相関係数の大きさは，各変数の測定単位による影響を受けないよう，共分散を標準偏差で割る，すなわち標準化された分布に基づき計算されている。

　この例では，共分散が4.27，それぞれの標準偏差が3.20と2.03であることから，相関係数はすでに示してある式に代入して次のように求められる。

$$r_{xy} = \frac{S_{xy}}{S_x S_y} = \frac{4.27}{3.20 \times 2.03} = 0.64$$

　この相関係数に関しては，「ピアソンの積率相関係数」という正式名称がある。この指標以外にも「相関係数」と呼ばれる指標があるが，「ピアソンの積率相関係数」を単に「相関係数」と呼んでも問題はない。重要な点は，一定の方向で関係しているときにしか使用できないということである。つまり，xのあるポイントまではxが増加するにしたがってyも増加するが，それ以降ではxが増加すればyが減少するというように，凸カーブをしている場合などでは 2 変数間の関連性を相関係数で表現することはできない。さらに，相関係数や関連性の指標が大きい値を示したとしても，それから因果関係があると結論づけることはできない。関連性が強い，あるいは相関係数が大きいとしても，どちらが原因でどちらが結果であるかを示しているものではない。強い関連性がみられても，それは他の要因によって 2 変数間の関連性（見せかけの可能性）が観察される可能性がある。

②　回帰分析

　相関係数は 2 変数間の関連の強さを数値で表現したもので，両変数とも対等の関係にある。しかし，2 変数のいずれか一方が説明される変数である目的変数，他の一方が説明する側の変数である説明変数に区分され，目的変数の分散が説明変数によってどの程度説明できるかを定量的に分析する方法がある。これを回帰分析という。たとえば，親の年収がその子どもの自宅学習時間に影響しているのではないかと考えた場合，目的変数が子どもの自宅学習時間であり，それを説明する変数が親の年収になる。その最も単純な回帰式は$y = ax + b$（x：説明変数，y：目的変数）で表される。aは説明変数が 1 単位変化した場合，yがa変化することを意味している。このaは回帰係数といい，bは切片という。この例で示すと，子どもの自宅学習時間 $= a \times$親の年収学習$+ b$という回帰式で表される。

　回帰分析の手続きには次の 2 つのステップがある[19]。(1)説明変数で目的変数が最もよく説明できる線を引く，(2)どのくらい説明できたかを評価する。

　(1)については，次のような考えに基づき計算される。図 5 - 5 に示したように，観測値と予測値（回帰直線上の値）との乖離（観測値－予測値）は残差と呼ばれる。残差は観測値の方が予測値よりも大きい場合（回帰直線よりも上の値）はプラス，観測値よりも小さな場合（回帰直線よりも下の値）はマイナスの値になることから，残差を 2 乗してプラス・マイナスをなくした上で，それらを合計した残差平方和を求

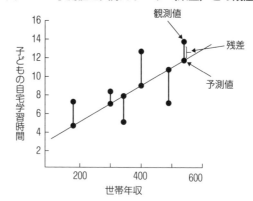

図5-5　予測値と実際のデータ（架空）との残差

める。最もよく説明できる直線とは，その残差平方和が最小値になる
ような直線である，その *a* と *b* の値を求めるは最小二乗法という方法
で求めることができる。

　(2)については，この回帰線がもつ説明力のことであり，その説明力
は決定係数と呼ばれている。この決定係数（R^2 と表記）は $0 \sim 1$ の値
を取り，この値が大きいほど説明できる割合が高いことを意味してい
る。この値が0.5であった場合には従属変数の分散の50％を説明変数
で説明できることを意味している。この決定係数の値は，目的変数と
従属変数の相関係数の2乗と一致する。

 ## 3つ以上の変数間の関連：多変量解析

　3つ以上の変数の関連を分析する統計解析法が多変量解析である。
その種類は，目的変数を位置付けているか否かで大きく2つに区分で
きる。一つが目的変数を位置付けている場合であり，2つ以上の説明
変数を用いて目的変数の分散を説明するための解析法である。他の一
つが目的変数を位置付けていない場合であり，多くの変数の情報を要
約したり，変数を類型化したりするために用いる解析法である。

☐　2つ以上の説明変数を用いて目的変数の分散を説明する

①　必要性

　この統計手法を用いる目的は，主に以下の2つある。

　第一は，目的変数の分散をより多く説明できる要因群を探し出すこ
とにある。社会福祉に関連する現象は複雑であり，目的変数の分散の
多くを1つの変数だけで説明できるほど単純ではない。たとえば，高

齢者の生活満足度をみても，それは健康状態だけでなく，社会関係，
経済状態などの要因によっても影響を受けている可能性がある。その
ため，分析に際しては健康状態，社会関係，経済状態といった要因す
べてを説明変数として位置づけ，それら全体によって生活満足度の分
散のどのくらいの割合が説明できるかを多変量解析を用いて分析する。

　第 2 には，目的変数と説明変数の両方に影響する交絡要因の影響を
調整したうえで，目的変数の分散に対する説明変数の独自影響を評価
するためである。たとえば，単回帰分析で社会関係が生活満足度に大
きな影響を与えていることが明らかにされたとしても，健康度が生活
満足度と社会関係の両方に影響していた場合，その結果として疑似的
に社会関係が生活満足度に影響を与えた可能性を否定できない。交絡
要因である健康度の影響を取り除き，着目した説明変数の独自影響を
明らかにするために多変量解析を用いる。

　②　解析法
　先に示した回帰分析は独立変数が 1 つのみの分析方法である。独立
変数が複数ある場合には重回帰分析を用いる。重回帰分析の結果とし
て重要であるのは，重相関係数と偏回帰係数である。

　重相関係数は R^2 で表され，目的変数の分散のうちの何パーセント
が説明変数全体によって説明されるかを示している。たとえば，0.5
という結果であった場合，目的変数の分散の50％が説明変数全体で説
明されたことを意味する。そのため，この指標は，前述した必要性の
第 1 の点，すなわち目的変数の分散をより多く説明できる要因群を探
し出すという目的に用いる。

　偏回帰係数については，各説明変数に対して求められる値であり，
他の説明変数の影響を調整した後の各説明変数の独自影響を示してい
る。したがって，着目した説明変数以外に交絡要因を投入し重回帰分
析を行うことで，交絡要因の影響を調整した後の説明変数の独自影響
を評価することができる。以上のように，この指標を活用することで，
必要性の第二の点を評価できる。

　重回帰分析を行う際には以下の 2 点に注意する。①相関係数が大き
い独立変数を同時に投入し重回帰分析を行うと，偏回帰係数の推定結
果が不安定になり，推定精度が悪くなるという多重共線性の問題が起
こりかねない。②重回帰分析でバイアスのない結果を得るには，次の
ような仮定が成立するか検討する必要がある。その仮定とは，残差と
予測値，残差と説明変数それぞれの独立性および，残差の正規性であ
り，特に少数例を分析する場合には注意を要する[20]。2 値の従属変数を
分析する際には従属変数の変換によってロジスチック回帰分析，頻度

データを従属変数とする場合にはポアソン回帰分析を用いる。

☐ 多くの変数の要約

① 必要性

目的変数にしても説明変数にしても，多くの変数で構成されている場合，変数によって分析結果が異なることがあり，結果を総合的に評価し，その傾向を読み取ることが困難となる。このような問題を解決するためには，変数を要約し分析に用いる。その要約のために多変量解析が用いられる。

② 統計解析法[21]

統計解析法には因子分析と主成分分析がある。因子分析については，変数間の相関に基づき，その相関の背後に共通する因子があると仮定したうえで，その因子の内容を探る統計手法である。抽出された共通する因子によって，構成概念を明らかにしたり，変数の類型化を図ったりする。因子分析を行う際には，因子の推定方法の決定，因子数の決定，因子の回転というステップを踏み，最後に因子の解釈を行う。因子の推定法には最尤法，最小二乗法，主因子法，因子数の決定には固有値とスクリープロットなどを用いる。因子の回転には斜交回転と直交回転がある。

主成分分析は，多数の変数を縮約するために，数少ない無相関の合成変数（主成分）で，変数全体がもつ分散をできるだけ多く説明することを行っている。複数の変数から合成変数を作成する場合，この方法を用いると，単純に変数の得点を加算する方法と比較し，算出された主成分の得点については主成分に対する各変数の寄与で重みづけされることから，主成分分析を活用して得点化した方が精度高い合成変数を作成することができる。

⑧ データから推測する

☐ 推測統計学の考え方

日本の高齢者から1,000人を選んで介護ニーズを調べる調査をしたとする。この標本調査の結果では，介護ニーズのある人の割合が10%であった。しかし，この調査で知りたいのは，この1,000人という標本の結果ではなく，高齢者の母集団，つまり日本の高齢者の間で介護ニーズをもっている人の割合である。これを知るためには，標本から母

集団のことを推測する推測統計学の手続きが必要である。

　推測統計学には，大きく 2 つの柱がある。ひとつが統計的推定であり，他のひとつが統計的検定である。統計的推定とは，介護ニーズの例で示したように，日本の高齢者における介護ニーズの割合がどの程度なのかを推定することである。統計的検定とは，母集団において立てた仮説が正しいか否かを判定する手法である。たとえば，母集団では経済的な豊かさによって介護ニーズの割合が異なるという仮説を立てた場合，この仮説が正しいか否かを統計的検定で判定する。

☐ 統計的推定

　標本で，介護ニーズをもっている人の割合が10％であったとすれば，母集団でも介護ニーズをもっている人の割合が10％前後いるのではないかと考えるのはおかしくない。この10％という値を，ただひとつの値で推定するという意味で「**点推定**」と呼ぶ。しかし，多くの場合，8〜12％の間にあるというように，ある範囲をもたせて予想する「**区間推定**」を用いる。

　区間推定を行うには，あくまでも推定であるから100％ということはありえない。どのくらいの確からしさで推定するかを示す。たとえば，「母集団の介護ニーズを持つ高齢者の割合は 8〜12％の間に95％の確からしさで推定される」と表現する。区間推定では，この予測の確からしさを信頼度と呼び，95％，99％というように確率で表現する。その値の範囲を信頼区間と呼ぶ。推定する値の範囲を広げるならば，推定の信頼度は高くなる。しかし，あまり範囲を広げ過ぎると，推定が曖昧になり役に立たない。

　たとえば，介護ニーズをもつ高齢者の割合の信頼区間を，8〜12％とするよりも 5〜15％とする方が，その区間に母集団の値が入る確率は高くなるが，範囲が広すぎてあいまいな推定になってしまう。他方，信頼区間の範囲を狭くすると，その範囲に入る確率が低くなってしまう。信頼度と信頼区間とは，あちらを立てればこちらが立たずという関係にある。これまでの基準として多く用いられているのが95％を信頼度とするものである。

　推定の方法を，次の例で説明する。日本の高齢者（母集団）から無作為に選ばれた1,000人（標本）の対象者の中で，介護ニーズをもつ人の割合が10％であったとする。推定の際のポイントとなるのが，母集団全体を調査した場合と一部の対象を調査した場合とで，介護ニーズをもつ人の割合にどのような関係が見られるかである。母集団における介護ニーズをもつ人の割合が10％であると仮定した場合，1,000人

➡ 点推定

標本におけるある変数のカテゴリーの割合が10％であったとすれば，母集団でも10％の近くいるのではないかと考えることが自然である。この10％という値を，ただひとつの値で予測するという意味で「点推定」と呼ぶ。

➡ 区間推定

母集団の値を推定する場合，○○〜○○％の間にあるという「区間推定」の考え方が現実的である。区間推定を行うには，あくまでも推定であるから100％ということはありえない。どのくらいの確からしさで推定できるかを示すことが必要となる。例えば，「母集団の介護ニーズをもつ高齢者の割合は 8〜12％の間に99％の確からしさで推定される」と表現することになる。区間推定の場合には，この予測の確からしさを信頼度とよび，95％，99％という確率で表現する。その値の範囲を信頼区間と呼ぶ。

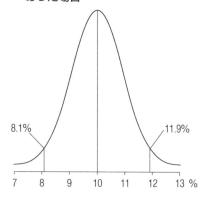

図5-6　対象者の中で介護ニーズのある高齢者の
割合の確率分布：母集団の割合が10%で
あった場合

を標本として調査すると，標本における割合はどのようになるのであ
ろうか。ある標本では10%となるかもしれないし，ある標本では8%
になるかもしれない。しかし，標本をくりかえし抽出し，介護ニーズ
をもつ人の割合を調べた場合，標本における介護ニーズを持つ人の割
合の分布は母集団の割合である10%の近くに集中する。標本における
割合の分布は，**図5-6**に示したように母集団の値，すなわち10%を
中心に左右対称で，10%から離れると出現する確率が急速に減るとい
う形になる。この分布は正規分布と呼ばれている。正規分布の性質か
ら，標本における介護ニーズをもつ人の割合は，母集団における介護
ニーズをもつ人の割合（10%）を中心に，標準偏差の±1.96倍の範囲
に，95%の確率で入ることがわかっている。この分布の標準偏差は

$\sqrt{\dfrac{\pi(1-\pi)}{n}}$（$\pi$は母集団の割合，$n$は標本数）で求められることから，

標本調査における介護ニーズを持つ人の割合は，10±1.9%（1.96×

$\sqrt{\dfrac{0.1\times(1-0.1)}{1,000}}=1.9$）の範囲，つまり8.1〜11.9%の範囲に95%

の確率で入る。この原理を利用して，標本調査の結果から母集団の割
合を推定する。1,000人の標本調査では，介護ニーズをもつ人の割合
は8%であったと仮定する。この8%を中心に，母集団における介護

ニーズをもつ人の割合が，$\pm1.96\times\sqrt{\dfrac{\pi(1-\pi)}{n}}$の範囲に95%の確率

で入ると推定される。この計算式では，母集団における介護ニーズを
持つ人の割合を知ることが必要であるが，πの値は実際にはわからな
い。そこで，標本における測定結果とそう大きく変わらないであろう
と考え，$\pi=0.08$と仮定して計算する。計算の結果，母集団における

介護ニーズの割合は95％信頼区間でみると，8 ±1.7％，つまり6.3〜9.7％であると推定される。

☐ 統計的検定[22]

　たとえば，男性よりも女性の方が社会参加割合が高いといえるか，社会活動に参加している高齢者では生活満足度が高いといえるか，といった疑問は，標本調査の結果というよりも，その集団が抽出された母集団についての疑問である。しかし，標本調査の対象者の分析結果は標本として抽出された人に限定されたものであり，それが母集団にあてはめることができるか否かについてはわからない。そのため，母集団においても同じ結果が得られる可能性がどのくらいあるかを確率によって示す必要がある。この確率を求める作業，すなわち標本調査の対象者の分析結果をどの程度母集団にあてはめることができるか，つまり一般化できるかどうかを検証するための手続きが統計的検定である。

　統計的検定を行う場合，2つの相反する仮説を立てる。相反する仮説とは，ひとつは**帰無仮説**➡であり，もうひとつが対立仮説である。帰無仮説は，標本調査の対象者の分析で示された結果が偶然に過ぎず，意味がないという仮説である。先の例でいえば，帰無仮説は，「標本調査の対象者では男性よりも女性の方が社会参加割合が高いという結果や，社会活動に参加している高齢者では生活満足度が高いという結果が得られているが，これは実は標本調査でたまたま得られたものであり，母集団ではこのようなことがない」という仮説である。対立仮説は，これとは逆に，標本調査の分析結果が偶然によるものではなく，母集団でも同じであるとする仮説である。帰無仮説と対立仮説は，それぞれ H_0 と H_1 と記述する。帰無仮説と対立仮説は両立しないので，帰無仮説が正しい場合には対立仮説が誤っていることになる。

　統計的検定の具体的な方法を例題で説明する。その例とは，日本の高齢者から無作為に選ばれた対象者に対し調査を行い，1,000人から回答が得られたとして，この調査データの分析の結果，介護ニーズをもつ高齢者が5％であったとする。標本調査の結果から母集団における介護ニーズをもつ人の割合は10％とみてよいか。これが統計的検定の例題である。どのような手続きで判断していくか，そのステップを示す。まず，帰無仮説と対立仮説を定める。次いで，帰無仮説が正しいと仮定した場合に，標本調査の結果が得られる確率を計算する。最後に判定の段階があり，標本調査の結果が得られる確率が5％以上である場合には帰無仮説を採択し，確率が5％未満である場合には帰無

➡帰無仮説

統計的検定の手続きのときに立てる仮説である。帰無仮説は，標本調査のデータで示された結果が偶然に過ぎず，意味がないという仮説である。たとえば，「標本調査では男性よりも女性の方が社会参加割合が高いという結果や，社会活動に参加している高齢者では生活満足度が高いという結果が得られているが，これは実は標本調査でたまたま得られたものであり，母集団ではこのようなことがない」という仮説である。対立仮説は，これとは逆に，標本調査の分析結果が偶然によるものではなく，母集団でも同じであると考える仮説である。

仮説を棄却し，対立仮説を採択する。

①H$_0$（帰無仮説）は母集団では介護ニーズをもつ人の割合が10％である。②H$_1$（対立仮説）は母集団では介護ニーズをもつ人の割合は10％ではない。H$_0$では，標本調査の結果得られた介護ニーズをもつ人の割合が5％というのは偶然で，母集団では介護ニーズをもつ人の割合は10％であると考える。統計的推定で示したように，母集団における介護ニーズをもつ人の割合が10％であった場合，標本調査におけるニーズをもつ人の割合は，8.1〜11.9％の間に95％の確率で入る。ところが実際の結果は5％で，8.1〜11.9％の範囲から外れているため，母集団における介護ニーズを持つ人の割合が10％であるとするならば，標本調査でこのような値が得られる可能性は極めて低い。つまり，帰無仮説が正しいと仮定した場合，確率的に極めて小さい値では起こりえないことが起こったことになることから，この仮定自体が誤っていると見る方が結果に適合的となる。以上のような考えに基づき，帰無仮説を棄却し，対立仮説を採択するという判定を下す。もし標本調査における介護ニーズをもつ人の割合が8.1〜11.9％の間に入っているならば，母集団における介護ニーズの割合が10％であったとしても，そのくらいの誤差が出る可能性が十分にあることから，帰無仮説が正しいと判断されることになる。

○注

(1)　点検のポイントは，福武直・松原治郎（1967）『社会調査法』有斐閣，92，を参考にした。
(2)　アフターコードの作成については，稲葉昭英（1998）「データの整理とチェック──分析の前にすべきこと」森岡清志編『ガイドブック社会調査』日本評論社，167-198，を参照した。
(3)　カッコ内の数値はコードを表している。
(4)　小松洋（2013）「データを分析する前に必要な作業」大谷信介・木下栄二・後藤範章・小松洋編著『新・社会調査へのアプローチ─論理と方法』ミネルヴァ書房，193-207，を参考に記述。
(5)　この小見出しの記述は，前掲(2)に基づいている。
(6)　岩井紀子・保田時男（2007）『調査データ分析の基礎──JGSS とオンライン集計の活用』有斐閣，10-11.
(7)　同前書，27.
(8)　この小見出しの記述は，前掲(2)に基づいている。
(9)　(6)と同じ，53.
(10)　小松洋「調査結果を分析しよう」（2013）「データを分析する前に必要な作業」大谷信介・木下栄二・後藤範章・小松洋編著『新・社会調査へのアプローチ──論理と方法』ミネルヴァ書房，208-246.
(11)　井上文夫（1991）「集計と検定」井上文夫・井上和子・小野能文『よくわかる社会調査の実践』ミネルヴァ書房，129.
(12)　(6)と同じ，56.

⒀　同前書, 61.

⒁　同前書, 56.

⒂　同前書, 63.

⒃　辻新六・有馬昌宏 (1987)『アンケート調査の方法』朝倉書店, 167.

⒄　井上文夫 (1991)「調査結果の集計」井上文夫・井上和子・小野能文『よくわかる社会調査の実践』ミネルヴァ書房, 143-146.

⒅　(6)と同じ, 109-117, を参考に記述。

⒆　同前書, 209-220, をもとに記述。もう一つ, 母集団についても同様の線を引く価値があるか否かを判断することがあるが, 推測統計に関することであることから, 本書では説明は行わない。

⒇　船渡川伊久子・船渡川隆 (2014)「回帰分析」社会調査協会編『社会調査事典』丸善出版, 238-239, を参考に記述。

(21)　足立浩平 (2006)『多変量データ解析法』ナカニシヤ出版, 21-33；105-113, を参考に記述。

(22)　畠中宗一・木村直子 (2004)『社会福祉調査入門』ミネルヴァ書房, 107-111, を参考に記述。

■第6章■

質的データの整理と分析

質的調査，または，質的研究は日本の社会福祉のみならず，世界中の様々な実践，学問分野と研究領域の研究で用いられている。日本の社会福祉では2000年前後から，修正版グラウンデッド・セオリー・アプローチをはじめ質的調査の方法論を用いた論文が増え，社会福祉士・精神保健福祉士をはじめ社会福祉の現場で働く実践者が質的調査法を用いた研究を行う例も増えてきている。この章では，表題の質的データの整理と分析に留まらず，社会福祉士・精神保健福祉士が質的調査を用いるために知っておいて欲しい基本的な事柄である，質的調査の特徴，質的調査の方法論のアプローチもとりあげ，その後，データの整理と分析について述べていく。

　なおこの章では，調査・研究を行う人のことを研究者という言葉で表現している。研究者とは，筆者のように大学などに勤めて研究を行う人のことのみ指すのではなく，社会福祉士・精神保健福祉士も調査・研究を行う場合は研究者となるので，そのつもりで読み進めて欲しい。

質的調査の特徴

　質的調査には，現実や知識の本質についての考え方や背景となる理論が異なる方法論の様々なアプローチがあるため，あらゆる質的調査法の方法論のアプローチに共通する特徴を導き出すのは難しい。その中で，質的調査とはどういうものかということを知るために必要な基本的特徴を紹介する。

☐ 質的データの使用

　質的調査の特徴のひとつは質的データを使用する点である。質的データは，文字が中心の資料，及び，非言語が中心の資料がある。表6-1にその具体例を示した。質的調査ではデータが質的であるがゆえ，量的調査の数量的データでは扱えないことに迫ることができる。つまり質的データでは，研究者が考える量的調査のアンケートの質問項目からこぼれ落ちてしまうような，人々の日常生活や活動やこれまでの経験，その変化の過程を詳しく把握できる。さらに人びとの生活，活動，経験での行動や他者との相互行為や，そのときに思い，感じ，考えていたことも含めて，より豊かに詳細にとらえられる可能性を持つ。

表6-1　質的データの内容

文字が中心の資料	非言語が中心の資料
ソーシャルワーク実践の記録 福祉サービスを提供する施設・事業所・機関 　が作成した機関誌や報告書やその他の文書 面接（インタビュー）のトランスクリプト フィールドノート 行政文書 雑誌・新聞等の記事 日記，日誌 小説，詩，エッセイ，手記，伝記 電子メール，ブログ，SNS, webサイトなどインターネット上の記載	映像記録，映画 写真 絵画，彫刻，塑像 楽譜，振付譜 音楽，舞踏，演劇などのパフォーマンス

出所：佐藤郁哉（2008）『質的データ分析法――原理・方法・実践』新曜社，18，をもとに，
　　　一部変更・加筆して，筆者が作成．

意味（meaning）の重視

　質的調査は意味を重視するという特徴もある。調査対象の人たちが，自分の経験，出来事，自分の生活や人生や活動，周囲の人々やその他の環境との相互（交互）作用をどのように認識し意味づけているのかを理解し，人々の意味づけや解釈を記述しようとする。

　たとえば，病院のソーシャルワーカーが頻繁に医師・看護師と会って話しをするという行動は，ソーシャルワーカーにとってどのような意味を持つのだろうか？　それは，ソーシャルワーカーが担当している患者の病状についての情報収集という意味があるかもしれない。また，ソーシャルワーカーとあまり仕事をしたことのない新人看護師や研修医にソーシャルワーカーの役割を暗に伝える，あるいは，人間関係を築くという意味を含ませながら，支援の経過を報告しているのかもしれない。そして医療ソーシャルワーカーのそうした行為は，医師や看護師にとってソーシャルワーカーとは異なる意味を持つかもしれない。

　つまり，あなたがソーシャルワークの実習に行ったときにしばしば観察するかもしれない「医療ソーシャルワーカーが看護師や医師と話しをする」という行動は，医療ソーシャルワーカーにとって異なる意味を含ませた行動であり，医師や看護師にとっても異なる意味を持つ行動であるかもしれない。質的調査はこうした意味の理解を重視する。

研究者と調査対象となる人びととの関係性や相互作用への関心

　ソーシャルワーク実践において，社会福祉士・精神保健福祉士やソーシャルワーカーと利用者の支援関係が重視され様々な見解が示されてきたのと同様に，質的調査でも，研究者と調査対象となる人たちの相互作用や関係性について，考察が積み重ねられてきた。質的調査で

は，研究者が調査対象となる人たちの活動や生活の場に入って，人びととかかわりあいながら質的データを採取するため，そこでは量的調査では見られない研究者と調査対象者との相互作用や関係性が生まれる。

それは調査の倫理的側面に関係するとともに，調査過程や採取される質的データにも影響する。たとえば質的調査の面接では，研究者と調査対象となる人びととがラポールと呼ばれる信頼関係を築くことが重視されてきた。後述する対話的構築主義のライフストーリーのインタビューでは，研究者と調査対象となる人びととの間の非対等性を前提に両者のパートナーシップの構築に努めることが示されている[3]。また，後述の参加型アクションリサーチでも，研究者と調査フィールドの人たちとの関係を問い，フィールドの人びとの調査過程への参加や研究者との協働を強調している。質的調査では，このような研究者と調査対象者の相互作用や関係性が問われ，さらに，それらが調査過程全体や調査結果に影響する実践であるといえる。

なお，調査対象の人たちの調査過程での参加の仕方や，調査過程における研究者との協働やより対等な関係を目指すという観点から，「調査対象者」ではなく，「調査協力者」「研究（調査）参加者」と呼ぶことがある。

② 質的調査方法論の主なアプローチ

ソーシャルワーク実践のモデルやアプローチにいくつかの種類があるように，質的研究／質的調査にも，それぞれが歴史を持ち，基盤となる理論，研究対象や目的，データ採取や分析の特徴が異なる方法論のアプローチがある。ここでは社会福祉の質的調査において重要と考えられる事例研究，グラウンデッド・セオリー・アプローチ，ナラティヴアプローチ，ライフヒストリー法・ライフストーリー法，エスノグラフィー，アクションリサーチの概要を紹介する。

☐ 事例研究
ソーシャルワークにおいて，「事例」は非常に重視され活用されてきた。事例の活用のしかたとして，①ソーシャルワーク実践方法論の研究のため，②ソーシャルワークの専門的な実践の向上・維持のため，③社会福祉士や精神保健福祉士など専門職養成課程における教育のた

め，という3つがある。そして3つの中で，①は事例研究法と位置づ
けられている。これが社会福祉調査法としての事例研究に該当する。

　この事例研究法の中核的な目的は，有効なソーシャルワークの支援
方法の理論の構築であり，研究対象となるのは利用者と支援者の支援
過程とされている。用いられるのは質的調査法で，ライフストーリー，
ライフヒストリー，ナラティヴ，エスノグラフィー，グラウンデッ
ド・セオリー・アプローチといった本章で取り上げる質的調査方法論
のアプローチが示されている。また，エコマップやジェノグラムなど
ソーシャルワークのアセスメントツールの使用も提起されている。

　一方，質的研究における事例研究は，ある種の研究方法論に関する
ことではなく，研究される対象の選択にかかわるものと言われている。
この考え方に関連して，「境界のあるシステムの深い記述と分析」と
いう質的研究の方法論としての事例研究の定義が示されている。つま
り質的調査の観点からみると，事例研究の「事例」には，何らかの境
界で区切られた個人，ある集団や組織・団体や地域社会をはじめ，区
切られた幅広い事象が含まれる。

　以上から，本章では社会福祉調査の事例研究を「何らかの境界で区
切られた人（々）やその他の事象についての記述と分析」ととらえて
みたい。このように事例研究をとらえると，研究対象となる事例とは，
社会福祉士・精神保健福祉士の支援活動に留まらず，何らかの生活の
しづらさや生きづらさを経験した個人や家族や集団，何かの問題を抱
えた地域社会そのもの，何か特定の多職種連携，福祉サービスを提供
する特定の機関や事業所や施設のある取り組みやプログラム，ある自
治体の特定の施策なども事例となる。このような事例研究では，エス
ノグラフィーやアクションリサーチなど他の質的調査の方法論のアプ
ローチや量的調査も用いることができると考えてよい。

▢ グラウンデッド・セオリー・アプローチ

　グラウンデッド・セオリー・アプローチは，社会福祉でよく知られ
た質的調査方法論のアプローチである。これは，グレーザー（Glaser,
B. G.）とストラウス（Strauss, A. L.）というアメリカの社会学者が，
1967年に出版された "The Discovery of Grounded Theory" で示した
もので，質的研究全体の中でも非常に影響力を持っている。この本が
出版された当時，アメリカの社会学では，著名な社会学者による抽象
的な理論が影響力を持ち，理論検証型の量的調査法を用いた研究が主
流であった。そうした潮流に対し，著者らは調査の過程を通じて，デ
ータに根ざした理論を生み出す研究の必要性を主張した。

グレーザーとストラウスによるグラウンデッド・セオリーの発表以降，グレーザー，ストラウス，その他の研究者によって，異なるグラウンデッド・セオリーのアプローチが示されていった。そのバリエーションとして，①グレーザーによるグレーザー版，②ストラウスによるストラウス版，③ストラウスとその弟子であるコービン（Corbin, J.）によるストラウス・コービン版，④日本の看護学の研究者である戈木クレイグルヒル滋子による戈木版，⑤シャーマズ（Charmaz, K.）の社会構成主義に基づくシャーマズ版，⑥日本の社会学の研究者である木下康仁による修正版グラウンデッド・セオリー・アプローチ（以下，M-GTA）が示されている(7)。

　6つは，現実や知ることについての考え方，質的データの見方やその分析過程や方法，研究者の位置づけなど，それぞれに違いがあり異なる特徴を持つ。

　日本の社会福祉研究では，非常に限定的な研究テーマに関し質的データから概念をつくり，それらを関連づけて，何らの説明図式や理論モデルや仮説をつくるため，M-GTA が用いられることが多い。M-GTA でつくられた説明図式や理論モデルは，研究テーマに関して一定の説明力を持ち，かつ，実践に活用することが期待されている。また近年の社会福祉ではグレーザー版のグラウンデッド・セオリーも紹介され，研究論文も発表されている。なお，M-GTA のデータ分析について，本章の第4節で紹介する。

☐ ナラティヴアプローチ

　ソーシャルワーク実践のアプローチのひとつであるナラティヴアプローチは質的調査の方法論のアプローチでもある。しかし，社会福祉調査においてナラティヴの使用は低調である。その要因として，この用語には様々な意味が含まれ，学問分野や論者によって使い方や強調点や定義が異なり(8)，ナラティヴとは何を意味するのか，ということがわかりにくいということがあるように思う。そこで，ここではナラティヴの基本的な特徴を記した後，質的調査の方法論のアプローチとしてのナラティヴアプローチについて述べる。

① ナラティヴとは

　ナラティヴアプローチの代表的研究者のひとりである社会学の野口裕二によれば，ナラティヴは「語り」「物語」と訳され，「『語る』という行為と『語られたもの』という行為の産物」と定義される(9)。ナラティヴの「語り」「物語」には，(1)複数の出来事が時間順に並べられ，(2)並べられた複数の出来事の相互関係を表すプロットという筋立てがあ

ることを基本とし，(3)プロットによって出来事と出来事がつなげられ，それにより意味が生まれるという特徴がある[10]。

　野口の例にならい説明すると，(a)「朝，自宅を出た」「そして，電車に乗った」と，(b)「朝，自宅を出た」「しかし，電車に乗った」では，読み手や聞き手に異なる印象を与える。(a)は複数の出来事が時間順に並べられているだけであるが，(b)は「しかし」という一語が入るだけで，日常とは異なる何か意外なことが起こったという意味が生まれる。これがプロットの役割である。つまり，ナラティヴは単なる「語り」ではなく独特な形式を持ち，それにより意味が生まれるという特徴を持ち，語る行為としてのナラティヴは意味を生む行為でもあるということである。

　一方で，ナラティヴアプローチでは聞き手も重要な役割を果たす。語り手は聞き手が誰であるのかということや聞き手の反応に即して語り方を変える一方で，聞き手も自分が持っている前提や置かれている文脈や語り手に対して知っていることにひきつけて語り手の語りを聞くため，同じ語りを聞いても聞き手によって異なる意味が生まれる[11]。このように語られたものの産物としてのナラティヴは，語り手と聞き手によって生み出されるもので，聞き手は誰で聞き手と語り手の間でどのようなやりとりがなされるのか，ということによって，生まれる意味も物語も変化する。

②　質的調査の方法論としてのナラティヴアプローチ

　以上に述べたように，ナラティヴアプローチでは，調査協力者である語り手の語るという行為によって，自身の経験や何かの出来事についての意味や物語が生み出され，しかも，聞き手となる研究者と調査協力者とのやりとりや，研究者が誰であるかによって，異なる意味や物語が生まれる点，そして研究者を視野に入れた調査協力者の語りのあり様，といった点が特徴的である。こうしたアプローチで社会福祉の質的調査を行うことは，社会一般や専門職の間で流布している生きづらさや生活のしづらさを持つ人たちに対する典型的な見方や語られ方に関して，異なる物語や意味を提示し，その人達の経験について新たな理解を生む可能性を持つ。また，調査協力者が何を語ったのかといった語った内容に着目するのみならず，それがどのような形式でどのように語られたかという視点や，誰に対して，いつ，どのような目的で語られたかという視点からも，ナラティヴ・データの分析が行われうる点も特徴的である[12]。さらに，ナラティヴの生成に関して，調査協力者である語り手のみならず，聞き手となる研究者も大きな役割を果たすと考えられる点も，量的調査法における研究者のあり方とは異なる特徴である。

□ ライフヒストリー法及びライフストーリー法

　質的調査におけるライフヒストリー法とライフストーリー法は，「個人がこれまで歩んできた人生全体ないしはその一部に焦点をあわせて全体的に，その人自身の経験から社会や文化の諸相や変動を読み解こうとする」という方法論のアプローチである[13]。社会福祉にひきつけると，双方とも，福祉サービスを利用する「個人」や生活のしづらさや生きづらさを経験している「個人」に注目して，その人が生きてきた軌跡や生活の様子とその人が生きている社会や環境を関連づけて研究するものであり，社会福祉に適した質的調査法のアプローチと言える。

① ライフヒストリー法

　社会学の桜井厚によると，ライフヒストリーは，様々な個人的記録資料を用いて構成される個人の伝記である[14]。個人的記録資料とは，ライフストーリー・インタビューで得られたライフストーリーの語りのトランスクリプトの他，手紙，日記，自分史・自伝，写真やビデオの映像，個人の身の回りの持ち物，電子メールやブログなどの電子媒体によって得られた資料など，種々なものがある[15]。ライフストーリー法のアプローチと比べると，ライフヒストリー法は，インタビューによって得られた語りに加え，他の個人的記録資料も用いながら，その人のライフが時系列的に編集され再構成される点が特徴である[16]。

② ライフストーリー法

　ライフストーリー法は，ライフヒストリー法の一部として包摂されていたものの，ナラティヴの影響も受けながら，ライフストーリー・インタビューを通じて個人が自身と自分の人生を振り返りながら語った経験的語りをもとに，個人のライフやその人が生きている社会・文化の様子や変化を読みとるライフストーリーを強調する方向へとシフトしていった[17]。

　ただし，一口にライフストーリー法といっても，研究者によって異なるライフストーリー法のアプローチが示されている。桜井は，ライフストーリー法のアプローチを「解釈的客観主義」と「対話的構築主義」に大別している[18]。

　解釈的客観主義アプローチは，ライフストーリー・インタビューで語られた内容を通じてある現実に迫ろうという前提で，語られたことに着目する。インタビューを多数行い，種々のライフスーリーに共通する何かのパターンや要素を導き出していく。それに対し，桜井がライフスヒストリー研究の経験から編み出した対話的構築主義のライフストーリー法は，インタビューの語り手が語る内容はインタビュー中

➡トランスクリプト
································
録音した面接（インタビュー）の音声を文字におこしたもの。

の聞き手と語り手の相互行為を通じて構築されるという考え方に立脚
している。

　桜井によれば，ライフストーリーは，「個人のライフ（人生，生涯，
生活，生き方）についての口述（オーラル）の物語」である[19]。対話的構築主義のラ
イフストーリー法は，ライフストーリーの研究者と調査協力者の共同
生成という観点に基づき，ライフストーリー・インタビューで語られ
た内容のみならず，調査協力者である語り手が「いかに語ったのか」
ということも重視し[20]，データ分析や研究論文の作成においてもそうし
た視点を反映させる。「いかに語ったのか」という語りの形式にも注
意を払う点からも示されるように，対話的構築主義のライフストーリ
ー法は，既述したナラティヴアプローチで記したナラティヴの考え方
の影響を受けている。

☐ エスノグラフィー

　エスノグラフィーは，調査方法論，及び，調査の成果として書かれ
た論文や本などの報告書という2つを意味する[21]。ライフヒストリーや
ライフストーリーが個人に焦点を当てるのに対し，調査方法論として
のエスノグラフィーは，コミュニティや社会など，あるまとまりを持
つ持続的な人びとの集団に焦点を当て，その集団特有の生活の仕方で
ある文化（集団の人びとにみられる振る舞い，慣習，信念を含む）を明ら
かにするものである[22]。

　また，行政や企業などで実務に携わる人や市民が現場の問題を理解
し解決するための調査方法論としてエスノグラフィーが用いられる可
能性から，「人びとが実際に生活したり，活動したり，仕事をしたり
している現場を内側から理解するための調査・研究の方法[23]」というエ
スノグラフィーの見解もある。この定義に記されるようにエスノグラ
フィーでは，研究者が現場を理解することが重視される。

　そのためエスノグラフィーに特徴的であるのは参与観察である[24]。参
与観察は，研究者が社会福祉施設・事業所や医療機関や地域社会をは
じめとする現場の活動や仕事や生活に参加し，現場の人びとと関わり
あうという研究者の役割であり，研究者はその役割をとりながら，主
に，観察，インタビュー，文書研究によって現場のデータを採取する[25]。

　では研究者はどのような役割や関与の仕方で，現場の生活や活動に
参加するのだろうか。これに関して近年は，アドラー（Adler, P. A.）
とアドラー（Adler, P.）が示した[26]，現場の人びとや集団に対する研究
者のメンバーシップの程度によって，参与観察者の現場での役割や関
わりをとらえる考え方がエスノグラフィーのテキスト[27]で紹介されてい

る。

　アドラーとアドラーによると，参与観察者である研究者の現場に対するメンバーシップには，(1)周辺的なメンバーシップ，(2)積極的なメンバーシップ，(3)完全なメンバーシップまで幅がある。たとえば，社会福祉士・精神保健福祉士がある子ども食堂の週末ボランティアとして運営にもコミットしながら活動していて，その子ども食堂に集う子どもたちやボランティアや他の大人の慣習的な行動やルールなどを明らかにする場合，完全なメンバーシップという参与観察の役割をとることになる。

　いずれのメンバーシップであっても，一定期間は現場に身を置いて活動や生活に参加しながら調査活動を行うので，アンケート調査や数回の半構造化面接によるデータ採取のみを用いた研究よりも，現場の人たちの生活や活動の実情や人々の関係性や心情的な面などを，より包括的に理解できる可能性がある。ゆえに，エスノグラフィーは，社会福祉の質的調査法のアプローチとして薦めたいアプローチである。

☐ アクションリサーチ

　アクションリサーチは，調査対象者・協力者と呼ばれてきた人たちと研究者が協働して現実の問題にアクションを起こすという実践が伴っている点で，これまで紹介してきた質的調査法のアプローチと一線を画する。また，ソーシャルワークの価値や方法と共通点のあるアクションリサーチのアプローチも紹介されている。さらに，アクションリサーチは，単にデータ採取やデータ分析レベルのことではなく，研究とは何か，研究者の役割とは何か，知識とは何か，知識はどのようにつくられるのか，といった研究に関する根本的な議論を含んでいる。

　アクションリサーチの発展に寄与した代表的な研究者のひとりは，1940年代にアクションリサーチという言葉を示したアメリカのレヴィン（Lewin, K.）である[28]。レヴィンは，集団の中で「計画→実行→評価」というサイクルを繰り返し，問題状況を改善するという，アクションリサーチの原型となったモデルを提示した。さらにアクションリサーチにおいて，ものごとが起こっている現場の人たちが参加し変化を起こすことや，そのための研究者の役割を重視したという。

　その後，アクションリサーチは，種々の学問や実践の系譜を経て，今日，様々な学問分野で関心を集めている。社会福祉では，「研究者が課題や問題を持つ人々とともに協働し，課題や問題を改革していこうとする実践であり，知識創造にも貢献する研究形態」[29]という広義のアクションリサーチの定義が示されている。このようにアクションリ

サーチには，関係者（研究者や問題の当事者たち）が協働して活動（アクション）によって問題状況を改善するという実践，そして，その過程を通じた知識創造というふたつが含まれている。

　ソーシャルワークでは，アクションリサーチのなかでも，課題・問題の当事者の参加や協働，当事者らのエンパワメント，アドボカシー，社会構造の変革を重視した参加型アクションリサーチが薦められている。また，その調査方法として質的調査法のみならず量的調査法の使用も想定されている。

3　質的データの整理

　質的データの整理について記す前に，質的調査法を用いた研究の流れや進め方について説明しておく。量的調査法を用いた研究と同様に，質的調査法による研究にも，研究目的と研究設問の設定，データ採取と整理，データ分析，結論の導出という一連の流れがある。しかし，これらが一直線に，しかも，それぞれが分離された別々の段階として行われるのではない。質的調査では一般的にデータ採取と分析がほぼ並行的に行われ，その過程で研究設問も明確化されていくという側面がある。

　つまり，研究者はデータをすべて集め終わった後にデータ分析を始めるのはなく，データ採取・整理に少し遅れる形でデータ分析を行い，その中で集めるデータが絞られ，それによって新たにデータを採取し，更にデータを分析して……，というサイクルで進み，そのなかで，研究目的や研究設問がより明確化・焦点化されていく。

　以下に質的データの整理について述べる。社会福祉の質的調査では，面接（インタビュー）を用いたデータ採取が多いので，面接で得たデータの整理を前提に記していく。

□ 面接（インタビュー）内容の記録のしかた

　調査協力者との面接の内容は，①事前に許可を取った上で，IC レコーダーなどの録音機器に録音する，②録音機器は使用せず，面接のはじめから，面接の途中や終了後に，調査協力者に許可を得て，ノートやパソコンを用いて記録する場合がある。

①　録音機器に録音する場合

　録音された音声データを，パソコンを使って文字におこし，トラン

スクリプトを作成する。音声データの文字化をどの程度行うのかということ，つまり，面接中の沈黙・間や地域特有の言葉遣いや「そのー」「あのー」「うーん」などといった言葉をどの程度文字化するのか，面接のはじめから終わりまですべて文字化するのかといったことは，研究目的・研究設問，用いる質的調査法のアプローチ，調査の段階などによって異なる。

たとえば，既述した対話的構築主義のライフストーリー法では，「割り込みや同時発話，沈黙の長さ，言い間違いや語彙ではない発話，語り手の感情が現れる表現」「語り手のしぐさや表情，場の状況」なども含めた，ライフストーリー・インタビューでの語り手と聞き手のやりとりすべてを逐語的に文字にすることが薦められている(31)。

さらに，音声データを聞きながら文字おこしを行う過程において，すでに質的データの分析・解釈は始まっている。文字化しながらデータの意味について浮かんだアイディアや，印象に残ったことや疑問点は，あとで本格的にデータ分析に取りかかる際に役立つよう，それらはメモして残しておく。

② 録音機器を使用しない場合

この場合も，できるだけ早いうちに，パソコンを使って記録内容を清書する。面接時に語られた内容をすべて書きとめることはできないので，記憶がまだ残っているうちに思い出して書きとめたほうがよい。

また，録音機器を使用する，しないに関わらず，パソコンを使って，トランスクリプトを作成したり記録を清書したりするにあたり，研究者が配慮すべき調査倫理がある。具体的には，面接協力者の匿名性の確保や面接の録音情報やトランスクリプト・清書記録の保管の仕方などである。協力者名は仮名にする，電子データはパスワードのかかるパソコンや USB に保存する，録音情報は確実に消去する，紙媒体のものは鍵のかかる棚などに保管する，紙媒体のものを廃棄する場合はシュレッダーを使うなど，得た情報の取り扱いには注意する。

もし，研究者以外の第三者がトランスクリプトや清書記録を目にすることがあるなら，その了解も事前に取る。必要に応じて，面接のトランスクリプトを調査協力者に示し，それを研究に用いてもよいか確認を取る。

☐ データの整理

データの分析を行うために面接のトランスクリプトやフィールドノートから，必要な資料をすぐに取りだせる態勢をあらかじめつくっておく必要がある。面接データならば面接データで，フィールドノート

ならばフィールドノートでといったように，データを採取した方法別
に，パソコンやバインダーやなどで整理する。資料の整理の仕方の一
例として，①日付順による資料の配列，②ラベルインデックスを用い
た目印の作成，③目次に相当するような内容一覧の作成，という3つ
の方法が紹介されている。[32]

　これは，日付順に資料をバインダーに綴じて，その資料に日付を書
いたラベルインデックスを目印として貼り付け，日付に応じた資料を
一目で探し出せるようにしておくというものである。そしてファイリ
ングした資料の内容を一覧に示した，本の目次にあたるような内容一
覧を作成しておく。資料の量がそれほど多くない場合は，①，②で十
分だろう。

　また，面接法によって複数機関・施設の複数の調査協力者から質的
データを得た場合は，機関・施設ごとや調査協力者ごとに，日付順に
資料を整理することも薦めたい。いずれにしても，研究者自身に合っ
た方法で，自分が採取したデータの特質や分量に応じて，データ分析
時に必要な資料をすぐに探し出し参照できるように，あらかじめ資料
を整理・分類しておくことが肝要である。

 ## データ分析法

　整理された質的データに対し，研究者は分析という作業を行わなけ
ればならない。整理した質的データのなかからどこかをコピー＆ペー
ストしたり，それらをそのまま丸ごと載せたりすれば，調査の報告書
ができるかというとそうではない。質的データは，研究者の研究目的
や研究設問に即して分析されてはじめて，報告書として作成可能にな
る。

　では，質的データはどのように分析されるのであろうか。ここでは，
質的データ分析の基本であり社会福祉研究で用いられることの多いコ
ーディングの点から，帰納的アプローチと演繹的アプローチを紹介す
る。その後，帰納的なコーディングのアプローチの代表として，グラ
ウンデッド・セオリー・アプローチのところで示したM-GTAのデ
ータ分析方法を紹介する。

□ 帰納的なアプローチと演繹的なアプローチ
　帰納的アプローチと演繹的なアプローチは，佐藤郁哉が示した質的

➡️帰納（法）

佐藤によると，「個別
の具体的な事実をもと
にして一般的な原理や
法則を導き出す手続き
のこと」[34]である。

➡️演繹（法）

佐藤によると，「一般
的な前提から論理にし
たがって個別の結論を
導き出すこと」[35]であ
る。

調査のデータ分析のコーディングの2つのアプローチである。帰納的
アプローチは帰納（法）の思考が，演繹的アプローチは量的調査の演
繹（法）的な思考が基盤にある。帰納的なコーディングのアプローチ
については，佐藤の見解をもとに筆者のこれまでの質的調査の経験を
踏まえ検討した同アプローチの内容を中心に，このふたつのアプロー
チを紹介する。

　帰納的なコーディングでは，質的データから最初のコードや概念と
呼ばれるものを研究者がつくる。さらに，それらを関連づけてより抽
象度が高いコードや概念やカテゴリーと称されるものをさらにつくり，
それら概念・コードやカテゴリーを関連づけていく。

　その中心となるのが，コーディング，またはコード化や概念化など
という作業である。コーディングでは，研究者が質的データの文字資
料を何らかのまとまりで区切ったり抽出したりして，それに適した名
前（見出しとも言われる）をつけて，概念やコードやラベルやと呼ばれ
るものをつくる。このようなコーディングが帰納的なコーディングで，
佐藤はより分かりやすい表現で「たたき上げ式」のコーディングと呼
んでいる。

　もうひとつの演繹的なコーディングのアプローチは，既存の理論や
先行研究の結果から導き出した学術的な概念や，抽象的な用語をコー
ドとして設定してリスト化し，それを分析の枠組として質的データを
分析するというものである。こうした分析は，既述した「たたき上げ
式」のコーディングに対して「天下り式」のコーディングと呼ばれて
いる。ただし，帰納的コーディングと演繹的コーディングは厳密に区
別できず，ひとつの研究で両者が充用されたり，演繹的コーディング
を進めるなかで予め設定したコードや概念を変更することも可能であ
ると言う。

　質的調査法を用いた社会福祉の研究は，質的データをたたき上げ式
にコーディングして概念をつくり，さらに抽象度の高い概念やカテゴ
リーをつくり，それらを関連づけて，何らかの説明図式やモデルや仮
説をつくるという帰納的なコーディングによる研究が多い。

　しかし，演繹的コーディングのアプローチによる研究も有用である。
たとえば社会福祉士・精神保健福祉士がある利用者の支援事例をソー
シャルワーク実践の特定の実践モデルやアプローチを用いて分析・記
述するという事例研究を行う場合，演繹的なアプローチを用いること
ができる。

　その場合，事例を分析するためのコードとして，実践モデルやアプ
ローチの重要概念を設定して，それをもとに事例のデータを分析する。

そうすると，実践モデルと事例を結びつけて事例を理解し，さらに，分析に用いたソーシャルワークの実践モデルやアプローチの概念では分析・記述しきれない事例の新たな側面を発見できるかもしれない。社会福祉の質的調査の質的データ分析でも両アプローチを薦めたい。

❏ M-GTA

　質的データを帰納的なコーディングで分析する質的調査の方法論のアプローチの代表格であり社会福祉研究でよく用いられるのが M-GTA である。

　M-GTA は社会学の木下康仁がグレーザー（Glaser, B. G.）とストラウス（Strauss, A. L.）によるグラウンデッド・セオリーを基礎に，他のグラウンデッド・セオリー・アプローチを批判的に検討して，独自に発展させた質的調査の方法論である。M-GTA は，社会福祉や看護，医療，教育，臨床心理などヒューマンサービス領域において，特定の目的を持って展開される人と人の直接的やりとりである社会的相互作用を明らかにするのに適した研究である。半構造化面接によって採取された質的データが用いられることが多い。

　M-GTA で生成される基本は，概念，カテゴリー，コア・カテゴリーである。概念はデータを解釈してつくられる最小単位である。複数の概念から構成されるのがカテゴリー，複数のカテゴリーや概念を包括するのがコア・カテゴリーである。必要に応じてカテゴリーとコア・カテゴリーの中間レベルのサブ・カテゴリーというカテゴリーをつくる。概念からカテゴリー，サブ・カテゴリー，コア・カテゴリーの順でデータに対する抽象度が増していく。

　概念・カテゴリーを生成するにあたり，M-GTA では「分析テーマ」と「分析焦点者」の 2 方向からデータを解釈する。分析テーマは，そのデータの分析で何を明らかにしようとするのかという，いわば研究設問のことである。分析焦点者は，面接協力者である個別のAさんBさんではなく，分析テーマに関してその人たちの視点から分析テーマに関するデータの分析を行うための集合的存在である。

　たとえば，「要介護高齢者の家族が介護離職をするプロセス」を分析テーマとしたとする。その場合，半構造化面接に協力してくれた，配偶者の介護と仕事の両立が難しく市役所を辞めたAさん，遠方に住む父親の介護を優先して会社を辞め故郷に戻ったBさんではなく，「要介護高齢者の介護のため仕事を辞めた家族」という集合的存在が分析焦点となる。

　そして，分析テーマにかかわるデータ箇所をみつけ，分析焦点者と

分析テーマの観点から，このデータは何を意味しているのか，どういう意味があるのか，という視点からデータを解釈し，オリジナルな概念をつくっていく。

　M-GTAのデータ分析は，①分析ワークシートを用いて質的データから概念をつくる，②ワークシートをつくりつつ，つくった概念と概念を比べてカテゴリーを生成する，③カテゴリーとカテゴリーやカテゴリーと概念を比較して分析テーマに即してコアとなるカテゴリーをみつける，という過程で進む。ただし①→②→③という順番で直線的に進むのではなく，①を行っている途中で②，③のアイディアも出るというように，①，②，③が循環的に進む。

　このなかで最も重要であるのが①の概念生成である。データから概念をつくるにあたり，**図6-1**の分析ワークシートを利用する。1枚のワークシートでひとつの概念をつくる。5人の調査協力者に面接を行ったのならば，5人のトランスクリプトの内容を比較しながら，ひとつの概念で1枚のワークシートを作成する。この分析ワークシートも詳細な手続きで作成されるが，紙幅の都合上，ここでは割愛する。

図6-1　分析ワークシートのフォーマット

概念名	定義を表すような凝縮した言葉を使い，概念名を書く
定義	概念の定義を書く。下の具体例の意味を解釈して表現する
ヴァリエーション（具体例）	・ ＿＿＿＿＿＿＿＿＿＿＿＿＿＿＿＿＿＿ 分析テーマと分析焦点者の視点からデータを見て関係する部分を抜き出して書く。これが最初の具体例となる ・ -------------------------------- 最初の具体例と比べて対極にあるか類似しているかという観点からデータを見て，類似のデータ箇所を書き加えていく
理論的メモ	・ -------------------------------- データ解釈時に浮かんだ疑問やアイディア，他の定義案などを書く

出所：木下康仁（2003）『グラウンデッド・セオリー・アプローチの実践――質的研究への誘い』弘文堂，188；木下康仁（2014）『グラウンデッド・セオリー論』弘文堂，143-145，をもとに一部加筆・変更して筆者作成.

○注

(1)　質的調査の英語表記である Qualitative Research は，文脈に応じて「質的研究」「質的調査」と訳される。社会福祉学の調査論文では，「質的調査」と「質的研究」の2つの言葉が使われるものの，両者が厳密に区別して使用されていない側面もある。「質的研究」には，学問分野や領域を超え，それ自体がひとつの研究領域という意味が込められ，単なるデータの採取と分析に留まらず，現実や知ることについて哲学的・思想的・理論的な背景が含まれている。本章は基本的には「質的調査」と「質的研究」を互換的に用いているものの，文脈に応じて「質的研究」を使用している。デンジン，N. K.・リンカン，Y. S.／平山満義訳「序章　質的研究の学問と実践」デンジン，N. K.・リンカン，Y. S. 編／平山満義監訳／岡野一郎・古賀正義編訳（2006）『質的研究のパラダイムと眺望（質的研究ハンドブック1巻）』北大路書房，2.

(2)　佐藤郁哉（2008）『質的データ分析法――原理・方法・実践』新曜社，17-18.

⑶　桜井厚（2002）『インタビューの社会学——ライフストーリーの聞き方』せりか書房，101-103.

⑷　中村和彦（2004）「第3章　事例研究・事例検討の意味」米本秀仁・高橋信行・志村健一編著『事例研究・教育法——理論と実践力の向上を目指して』川島書店，27-29.

⑸　ステイク，R.E.／油布佐和子訳（2006）「第4章 事例研究」デンジン，N.K.・リンカン，Y.S.編／平山満義監訳／藤原顕編訳『質的研究の設計と戦略（質的研究ハンドブック2巻）』北大路書房，101.

⑹　Merriam, S. B. & Tisdell, E. J. (2016) *Qualitative Research : A Guide to Design and Implementation*, (4th ed), Jossey-Bass, 37.

⑺　この6つのGTAは，木下康仁（2014）『グラウンデッド・セオリー論』弘文堂，11-13，による。

⑻　リースマン，C.K.／大久保功子・宮坂道夫監訳（2014）『人間科学のためのナラティヴ研究法』クオリティケア，7，10-12.

⑼　野口裕二（2009）「序章　ナラティヴ・アプローチの展開」野口裕二編『ナラティヴ・アプローチ』勁草書房，1.

⑽　同前書，2-4，8-9．なお，参照元である野口に従うと，厳密には（1）がナラティヴ，（2）がストーリーとして区別されるが，本章では厳密な区別をせずに用いている。

⑾　同前書，9-10.

⑿　⑻と同じ，101，149，199.

⒀　⑶と同じ，14.

⒁　桜井厚（2005）「はじめに」桜井厚・小林多寿子編著『ライフストーリー・インタビュー——質的研究入門』せりか書房，8.

⒂　桜井厚（2005）「第3章　インタビュー・テクストを解釈する」桜井厚・小林多寿子編著『ライフストーリー・インタビュー——質的研究入門』せりか書房，145-155.

⒃　桜井厚（2012）『ライフストーリー論』弘文堂，9-10.

⒄　同前書，6-7，20.

⒅　桜井厚（2005）「第1章　ライフストーリー・インタビューをはじめる」桜井厚・小林多寿子（編著）『ライフストーリー・インタビュー——質的研究入門』せりか書房，29-39.

⒆　⒃と同じ，6.

⒇　⒅と同じ，37.

㉑　藤田結子（2013）「エスノグラフィー——現場を内側から経験し記述する」藤田結子・北村文編『現代エスノグラフィー——新しいフィールドワークの理論と実践』新曜社，18-21.

㉒　アングロシーノ，M.／柴山真琴訳（2016）『質的研究のためのエスノグラフィーと観察』新曜社，1-2.

㉓　小田博志（2010）『エスノグラフィー入門——〈現場〉を質的研究する』春秋社，ⅴ，7.

㉔　同前書，7-8.

㉕　㉒と同じ，47-69，74-75.

㉖　Adler, P. A. & Adler, P (1994) Observational techniques, Denzin, N. K. & Lincoln, Y. S. (eds.), *Handbook of Qualitative Research*, Sage, 379-380.

㉗　㉒と同じ，74-75.

㉘　秋田喜代美（2005）「5章　学校でのアクション・リサーチ—学校との協働生成的研究」秋田喜代美・恒吉僚子・佐藤学編『教育研究のメソドロジー——学校参加型マインドへのいざない』東京大学出版会，163-168.

⑵9　藤井達也（2006）「参加型アクションリサーチ——ソーシャルワーク実践
　　と知識創造のために」『社會問題研究』55⑵, 51.

⑶0　同前書, 53, 57；武田丈（2011）「ソーシャルワークとアクションリサー
　　チ〔1〕——アクションリサーチの概要」『ソーシャルワーク研究』37⑴,
　　49-52.

⑶1　⑴5と同じ, 134.

⑶2　⑵と同じ, 81-86.

⑶3　同前書, 92-97, 104-107.

⑶4　同前書, 93.

⑶5　同前書, 93.

⑶6　⑺と同じ, 139.

⑶7　同前書, 138-143.

◯参考文献 ————

グレイザー, B. G.・ストラウス, A. L.／後藤隆他訳（1996）『データ対話型理
　　論の発見——調査からいかに理論をうみだすか』新曜社.

■ 第 7 章 ■
ニーズ調査

① ニーズ調査の必要性

❏ 福祉ニーズとサービスの必要性

　私たちは誰でも生きていく中で，ケガをしたり，病気になったり，年老いて体が不自由になったりと，困っている状況の中で誰かの支援を必要とすることがある。しかしながら，私たちはどんな状況にあっても自分らしい生活を送り続けたいと願っている。ただし，実際にそのような状態になった場合に，私たちが自立的かつ主体的な生活を送るためには，一定の条件が整っていることが必要になる。その条件とは，支援者や援助者が生活上の困難を抱えている私たちの**福祉ニーズ**▶を把握し，適切に理解するすべをもっていることである。そして，そのニーズに対応するサービスやサポート提供者が存在し，生活を支える福祉サービスなどのさまざまな社会資源が利用できることが必要である。

　ニーズ調査は，このような福祉ニーズを抱える人々を支援する援助技術として必要とされており，①人々の生活実態やその福祉ニーズを把握すること，②ニーズ解決のため必要なサービスやサポート，問題を解決するための対応策を考えること，そして，③解決に向けた取り組みへの動機づけを行うこと，を重要な目的としている。

❏ 福祉ニーズ調査とは

　社会福祉調査におけるニーズ調査は，解決や改善を必要とする問題が現実に存在しており，そうした問題への対応を進めるための情報を把握しようとするものである。高齢者介護のニーズ調査の例を考えてみよう。高齢者の介護ニーズがどのような原因によって発生したかを究明することはニーズ理論の検証や進展に貢献する研究といえるが，福祉サービスの整備計画を立てる実践的目的をもつ人にとっては，ニーズ発生の原因究明にまで至らなくても，ニーズをもつ人々の数や具体的な内容，程度が明らかになれば，当面の目的は達成できる。[1]本章で扱うニーズ調査とは，このようなより実践的な社会福祉実践への活用を想定したものである。

　福祉ニーズは，一般的に生理的欲求を含む生活上の基本的ニーズと高次な文化的ニーズからなる。基本的ニーズの充足の多くは，経済的，社会的な状況の中である程度は客観的にニーズと測定しうるもので，

▶福祉ニーズ

福祉ニーズまたはソーシャルニーズは，社会生活を営むのに必要な基本的要件の充足ができない場合に発生する。ミクロ的視点からは，個別ニーズとしてとらえられ，個人，家族などが社会生活上の困難を抱えて，基本的ニーズを充足できない場合に，その充足をはかるように援助がなされる。マクロ的には集合的にニーズをとらえ，ニーズを充足できない状態を改善しなければならないという社会的認識がある場合に，政策的な対応がなされる。

その基準が求めやすい。その一方で，より高次な文化的ニーズとは，社会的ニーズの充足，すなわち自立生活ニーズを意味している。

　自立生活ニーズとは，社会生活を遂行するのに困っている状態にある人が，自立的に社会生活を続けていくために必要な要件を欠いている状態である。このようなニーズには，個人の身体機能的状況や精神心理的状況，社会環境的状況から生じる社会生活ニーズと，この社会生活ニーズを充足するための具体的なサービスやサポート利用に対する要求からなる**サービスニーズ**➡がある。(2)

　ニーズ調査においては，調査を通して調査対象者からどのレベルでニーズ把握を行うことができているのかを意識してデータ収集を行うことが必要である。調査の目的によっては，潜在的なニーズの掘り起こしを意識した調査設計を行い，収集したデータを総合的に判断することが，偏りの少ないニーズ把握とニーズ分析を可能とする。ニーズ分析については，次のようなニーズのとらえ方が参考になる。東京都老人総合研究所は冷水豊やマキリップ（McKilip, J.）による整理を引用(3)　(4)　　　　　　　　　　　　(5)して，ニーズの把握方法について以下のように説明している。

　ニーズは，解決策や対応策にかかわりのある実践家や政策の策定者などの専門職によってとらえられたニーズが重視される傾向がある。その一方で，要援助者や要援助者に関連する人々によって感じられたニーズ（フェルトニーズ）や表明されたニーズは，問題やニーズ状況そのものに密着しているため，専門職によって把握されたニーズの不足や不適切な部分を修正するうえで不可欠である。そのため，ニーズの把握には，状況に応じて，要援助者と専門職の双方によるニーズ把握を適切に組み合わせたり，比較したり，考慮して検討する「複眼的アプローチ」が必要である。

➡ **サービスニーズ**

サービスニーズとは，社会生活を遂行するうえで個人が必要とする具体的なサービスやサポート利用など，社会資源に対する要求である。この社会資源とは具体的には，介護保険サービスや障害福祉サービスなどであり，サービスニーズは，このような社会資源の全体像との関係性から形成されることになる。

② ニーズ調査の主体と対象

❏ ニーズ調査の問いと主体

　ニーズ調査では，何らかの生活上の困難を抱える個人や特定の社会集団や組織などを対象にニーズを把握し，その問題解決のためにはどのような取り組みが必要であるのか，どのようなサービスがどの程度の質・量で必要であるのかを明らかにし，調査対象者のニーズを充足することを目的とする。このようなニーズ調査は，ある社会や集団・組織において具体的にサービス提供を実施するにあたって，「現状が

どのようになっているのか」「どのようなサービスが必要と考えられているか」という即自的な関心が重要な問いをなしている(6)。

　ニーズ調査における調査主体は，主に国や地方自治体などの行政機関，市町村の福祉事務所，児童相談所，保健所（保健センター），身体障害者更生相談所，知的障害者更生相談所，在宅介護支援センターや地域包括支援センターなどである。また，特別養護老人ホームなどの福祉施設内においても，各自であるいは第三者機関を通じて，施設利用者や家族などのニーズ把握を行っている。その他，研究機関，大学研究者，社会福祉協議会や教育委員会，病院の医療相談室，民生委員・児童委員，ボランティア団体，自治会，青少年団体，小・中学校などがそれぞれの役割に応じてニーズ調査を行う場合もある。

❑ ニーズ調査の対象と分析レベル

　ニーズ調査の対象は，その分析単位から，①個人レベル，②社会集団レベル，③産業・組織レベル，④全体社会に大別される。ニーズ調査においては，主に状況や問題の把握を目的とした調査が多く，①の個人レベルを対象とした調査では，ひとり暮らし高齢者がどのような不安を感じているのか，どのような社会サービスを必要としているのかなど，具体的なニーズを把握することを目的とした調査が行われる。②社会集団レベルを対象とした調査では，高齢者世帯あるいはひとり親家庭がどのような経済的・社会的な課題を抱えているかを把握することを目的とした調査などが行われる。③産業・組織レベルでは，福祉施設の利用者のサービス満足度や施設職員の職務意識に関する調査などが考えられる。④全体社会レベルでは，国民の生活状況を把握することを目的とした国勢調査などの全国調査から，地域福祉計画を策定することを目的とした市民調査まで幅広い。

❑ ニーズ調査の主な方法

　ニーズ調査の方法としては，量的調査と質的調査がある。量的調査とは，定型の形式で収集したデータを用いて，縮訳的に記述した数値をもとに考察を進める調査法である。質的調査とは，少数の標本から非定型な形式で収集した記述的な情報を用い，観察者の主観を交えて論述を中心に考察を進める調査法である。大別すると，質問紙調査や文献統計資料の分析が量的調査（統計的調査）であり，聞き取り調査や参与観察，集団面接などが質的調査である(7)。

　ニーズ調査は，その目的に応じて，量的調査や質的調査を個別に用いたり，組み合わせたりしながら実施される場合が多い。ニーズ把握

のための調査手法は，ニーズ調査の活動主体が専門職か非専門職によっても用いる方法が異なる。また，調査規模や調査コスト，調査後のニーズ分析や支援展開などの方向性にも影響を受ける。適切なニーズ把握を実施するためには，量的調査や質的調査を適切に組み合わせて用いるとともに，専門職と非専門職が協力し，各専門分野が横断的に協働していくことが必要になっている。そして，調査のプロセスにおいて，要援助者自身の身体的・心理的・精神的状態を理解し，要援助者をとりまく社会環境，さらには要援助者自身がどのような暮らし方を望み，どのようなサービスを必要としているのかを丁寧に理解し，把握することが重要である。

 ## 質的調査によるニーズ把握

□ 質的調査によるニーズ調査の目的

　質的調査法におけるニーズ調査では，何らかの生活上の困難を抱える個人や特定の社会集団，あるいは地域住民などを対象とした聞き取り調査や，参与観察，集団面接によって，質的な記述的データを収集する。このような調査手法によって収集されたデータは，調査対象者個人の主観的な見方や対象者自身による意味づけを見出すことを可能にし，対象者をとりまく複雑な要因が関連する全体的かつ総合的な現場を，その全体性を壊すことなく明らかにすることを可能にする。[8]

　また，調査対象者や対象者集団におけるニーズ調査は，対象者の抱える問題を解明するだけでなく，その問題を解決すべき課題として対象者本人や関係者に認識させ，具体的な解決に向けた取り組みをはじめるよう動機づけを行うことまでも含む。つまり，潜在化しているニーズを見出し，顕在化させ，それを解決活動へと動機づけていく一連の過程として理解すべきであり，ニーズ調査はその手順をふまえたものとなる必要がある。

□ 質的調査によるニーズ調査の対象と方法
①　質的調査のメリットとデメリット

　質的調査のメリットは，調査対象あたりの情報量が多く，生々しい記述を行うことができることにある。また，対象者や事例に即して柔軟かつ臨機応変にアプローチを変更でき，対象のもつ多様な側面を多次元的に，全体関連的にとらえることが可能である。加えて，調査員

が少なく，調査経費が少なくても調査を遂行することが可能である。その一方で，記述が主観的になりやすく，結果を一般化しがたいこと，追試による再現が難しいことがデメリットといえる。また，訓練を十分に受けることなく，準備不足なままで安易に実施された初心者の質的調査によって収集されたデータは，信頼性の低いものになりやすい。[(9)(10)]

②　質的調査におけるデータ収集方法と留意点

➡ 参与観察
....
92頁参照

質的調査におけるニーズ調査には，聞き取り調査，**参与観察**➡，集団面接法などの調査手法が用いられる。個人を対象としたニーズ調査において，もっとも多く用いられる方法は聞き取り調査という手法である。また，対象者集団を対象としたニーズ調査においては，参与観察法や集団面接法という手法が多く用いられている。

(1)個人を対象としたニーズ調査——聞き取り調査

聞き取り調査では，調査対象者は調査者の質問に対して自由な回答を行う。たとえば，認知症高齢者の家族介護者の場合では，「日常の中で，どのようなことにお困りですか」と生活ニーズを直接的に問う質問や「ご自身の今の生活についてお話いただけますか」という，より開かれた質問などが考えられる。このような質問に調査対象者は，ほとんど制約なく，自由に自分の考えや経験を語ることができる。調査者も調査対象者の回答内容に応じて，判断しながら質問を行うことになる。

聞き取り調査では，調査者と調査対象者との相互作用が聞き取り調査の内容に大きな影響を与える。聞き取り調査では，このような相互関係の中から語られた対象者の語りから得られた記述的なデータの中からニーズ把握を行う。そのため，聞き取りを行う調査者と調査対象者との関係づくりにおいて，基本的な信頼関係は形成されているか，調査を実施する聞き取り環境は，調査対象者が安心して自分の心のうちを話すことのできる環境になっているかなど，調査を実施する際には調査対象者との関係性や調査環境づくりについて慎重に配慮する必要がある。

(2)集団を対象としたニーズ調査——参与観察法・集団面接法

集団を対象としたニーズ調査においては，主に参与観察法などの調査手法が用いられる。参与観察法では，観察者自身が調査対象集団の活動に何らかの形で参加しつつ，その活動を観察する調査方法である。この調査は，調査者が調査対象とする集団のメンバーとして認められるか，メンバーに近い立場を与えられるなど，部外者という地位からは脱却してはじめてみえてくる事実を観察しうるところに，その他のニーズ調査方法では得られないメリットがある。ただし，より有効な

調査を行うためには，調査主体は調査対象と長期にわたる接触を行う必要があり，メンバーのような地位にありながら同時に観察者として，集団の活動やメンバーの行動にできるだけ影響を与えないように配慮する必要がある。[11]

　集団を対象としたニーズ調査の際には，ニーズを発見し，把握することの意味や意義を調査対象者に明確にし，メンバーの理解を得ることや自覚をうながすことが前提である。ニーズ調査への対象者の理解や協力がなければ，真のニーズ把握は困難になると考えられる。

　このようなニーズ調査の調査対象となる参与観察あるいは集団面接場面は，具体的には以下のようなものがある。[12]

　○懇談会・座談会

　懇談会や座談会によるニーズ調査には，地域単位で行われる座談会や，老人会，婦人会，青年団などのグループごとの話し合いへの参与観察などがある。このような集団の話し合いは，話し合いを通じて潜在化していたニーズの顕在化がはかられたり，ニーズが共有化されたり，活動への動機づけがなされるなど，重要な役割を果たしている。

　話し合いへの参与観察では，調査主体の参加が集団へ与える影響力を考慮し，なるべく自然な話し合いがなされるように配慮した方法や，より積極的に話し合いをコーディネートする役割をとり，話し合いの交通整理やまとめ役を担うなどの集団面接（グループ・インタビュー）の方法も考えられる。調査主体はどのような方法を用いて調査を実施するべきか，ニーズ調査の目的に応じて検討する必要がある。

　○専門職・専門家集団

　社会福祉あるいは医療・保健・教育分野で働く専門職や専門家集団からの意図的な情報収集や聞き取り調査もニーズ調査の方法のひとつである。専門職だけが気づいていることや将来の予測，その原因や方策のあり方についても貴重な意見を得ることができる。専門職を対象としたニーズ調査は，要援助者自身を対象としたニーズ調査の結果を判断する際の貴重な資料とすることができる。

　○当事者組織

　社会福祉の領域で当事者と呼ばれる組織は，高齢者分野，障害者（児）分野，母子（父子）分野などに組織化されており，当事者の代弁機能をもつ家族会などの活動がある（「老人介護者家族の会」「障害児（者）親の会」など）。このような家族会における家族の集いなどを通して，当事者やその家族のニーズ調査を行い，当事者や家族，活動に参加する専門職や近隣住民からのニーズ把握を行うことができる。

　さらに，このようなニーズ調査が，当事者活動の組織化，連携を強

化する役割を果たすとともに，要援助者に必要とされるサービスニーズの把握や開発，サービス利用へと結びつける役割を果たす。サービスの改善や拡充を行う際には，このような当事者組織を通して，利用者や家族の意向調査などを繰り返し行うことが重要である。当事者を対象としたニーズ調査結果を分析する際には，先に述べた専門職集団によるニーズ調査を参考に，総合的な判断を行うことがより望ましい。

4 量的調査によるニーズ把握

☐ 量的調査によるニーズ調査の目的

　量的調査法におけるニーズ調査には，質問紙調査と統計資料の分析調査がある。文献統計資料の分析は，具体的には，官庁統計などの二次分析などがあり，調査対象者に関する既存の基礎統計資料などを活用する調査のことをいう。本章では，主に質問紙調査によるニーズ調査の説明を行う。

　量的調査によるニーズ調査では，収集したデータを統計的に解析することによって，調査対象者のニーズ把握を行う。このような統計的調査によるニーズ調査は，新しいニーズの発見にとどまらず，問題の原因を探ることや，客観的に課題を確認することを可能にし，問題の解決策となる事業計画を立てるうえでも有効である。

　たとえば，高齢者の認知症発症を予防することを目的とした研究では，認知症が発生する原因を特定しなければ予防対策が立てられない。そのため，認知症がいかなる原因によってどのような過程で発生するかを探る，原因究明のために統計的データを収集するための量的調査が行われる。他方，ニーズ発生の原因を究明するに至らなくても，認知症高齢者においてどのような介護ニーズがあるのかを把握するために統計的データを収集するための量的調査を行うことも多い。

　また，**高齢者保健福祉計画**のような福祉サービスの整備計画の立案という目的を持つニーズ調査も量的調査を用いて行われている。調査では，高齢者保健福祉にはどのようなサービスがどの程度必要とされているのか，広範な地域において多数の要介護高齢者らを対象とした量的調査を実施し，サービスニーズの把握を行う。調査データを統計的に分析することによってサービス利用者数やサービス量の推計を行うことが可能になる。実際に，量的調査によるニーズ調査は，このような地域福祉計画の立案に活用されており，行政計画を策定するとき

➡ **高齢者保健福祉計画**

老人福祉法第20条 8 の規定に基づいて市町村に義務づけられた市町村老人福祉計画であり，確保すべき老人福祉事業の量の目標を定め，確保のための方策を定めるものである。介護保険法第117条の規定に基づき，介護サービスを中心とした市町村介護保険事業計画と一体的に策定することが義務づけられており，各市町村において 3 年ごとに策定されている。

には，各地域においてサービスニーズを把握するための福祉ニーズ調査が実施されている。

◻ 量的調査によるニーズ調査の対象と方法

① 量的調査のメリットとデメリット

　量的調査を実施する場合には，調査の前にあらかじめ調査の対象と明らかにしたい事柄を明確にし，これらの情報を適切に聞き出すことが可能になるような質問紙（アンケート用紙または調査票ともいう）や調査の枠組みとなる質問項目を作成しておくことが必要である。たとえば，在宅介護に関する調査の場合には，「一日に要介護者が介護を必要とする時間は何時間ですか」などの具体的な質問や「在宅介護をするうえで，具体的にどのような家族支援があれば助かると思いますか」などの開かれた質問を組み合わせて作成した質問紙を用いた調査によって，焦点を明確にしたニーズ調査を行うことができる。

　質問紙を作成することによって，調査を実施する人や調査対象者が異なる場合にも，必要なデータを漏らすことなく収集することが可能になる。このように，定型的なデータを多く収集できること，統計解析を行うために分析が客観的で手続きの再現性も高いことが量的調査のメリットである。他方，質問紙調査では，ひとりの対象者あたりの情報量が少なく，深い内容や包括的な考察がしがたい点がデメリットとなる[13]。

② 量的調査におけるデータ収集方法と留意点

　量的調査において主に使用されるデータ収集方法は，個別面接調査法，留置調査法，郵送調査法，電話調査法，集合調査法，託送調査法，インターネット調査法などがある（詳細は第4章を参照のこと）。

　データ収集方法によって，とらえられるニーズに違いが生じる可能性があり，それぞれの方法に長所や短所があるが，量的調査を実施する場合には，どのような方法を用いれば，調査対象者から信頼性の高い回答を得ることができるか，調査への協力を得やすいか，調査票の回収率を高めることができるか，実現可能な調査コストで計画できるかを考慮したうえで，データ収集方法を決めていかなければならない。

　各々のデータ収集方法における留意点については以下のようなものが考えられる。

　(1)個別面接調査法では，回答者は調査員と直接対面する必要がある。調査対象者は個人的な課題を抱えているケース（要介護者，障害者，病者，ホームレス，DV被害者，薬物常用者など）も多く，プライバシー

の問題から拒否感が強い場合がある。

　(2)留置調査法，郵送調査法のような自記式調査においては，調査対象者が，寝たきり状態で自ら調査票に記入することが難しい場合や，視力が低いなどの理由で質問文を読むことが難しい，質問に対する理解度が低い，日常から字を書くことが苦手といった場合には，対象者の回答は得にくくなることが懸念される。このような場合には，本人に代わって，本人をよく知る第三者が代わりに調査に回答する代行調査という方法がとられる場合がある。たとえば，寝たきりの認知症高齢者を対象としたニーズ調査の場合，「現在，訪問介護サービスを1週間にどの程度の頻度で利用されていますか」「今後，どのようなサービスがあれば利用したいと思いますか」などの質問には，本人の意思表示が困難なため，家族介護者が本人の代わりに回答することが多い。このような代行調査によって収集されたデータの妥当性は，質問内容が客観的なものであれば，許容範囲内であると考えられている。ただし，分析の際にはあくまで第三者による回答であるという点には留意しなければならない。

　(3)電話調査法においても，(2)のような自記式調査と同様に，電話に出ることが難しい人，身体機能の低下や障害により発語の難しい人の場合には，回答が得にくくなる。

　いずれの方法を用いる場合にも，調査の実施にあたっては，倫理的な配慮が必要であり，調査者は調査対象者に対し，次の6点について丁寧に説明する必要がある。ⅰ）調査の主旨や調査の実施主体について，ⅱ）調査対象者は，調査を受けない権利・協力を断る権利があること，ⅲ）プライバシーの権利，ⅳ）匿名の権利，ⅴ）個人情報保護について，ⅵ）調査者には調査結果の開示責任があること，などであり，調査倫理を遵守することに留意しなければならない。

　特に，援助を受けながら生活している人には，調査へ協力しなければ援助に何らかの影響があるのではないかというプレッシャーが，調査協力を強制することにつながる可能性もある。調査設計を行う際には，調査主体がどのような立場から調査を実施するのかをふまえ，調査対象者の地域特性や問題状況，身体的・心理的・社会的状況，福祉ニーズに対する考え方や態度，プライバシーの問題などにも十分に配慮したうえで，調査方法を選択する必要がある。

❏ 量的調査によるニーズ調査の実際

　量的調査によるニーズ調査は，福祉現場において直接援助を行う援助職者や福祉計画を立てる行政組織で働く人がより実践的に用いる社

会調査のひとつである。行政機関をはじめ，サービス提供事業所，第
三者評価機関，大学等の研究機関によって，多く実施されている。具
体的には，福祉サービスに対する利用者のニーズを把握する場合や地
域福祉計画の策定の際にサービス必要量の推計を行う場合など，すで
に存在するサービスやまだ存在しないサービスに対するニーズを明ら
かにすることを目的とする。

　ここでは，筆者の調査経験に基づき，介護老人福祉施設利用者への
ニーズ調査として実施した施設サービス満足度調査[14]の一部を事例とし
て紹介し，その概要を示すとともに，調査を実施する際の課題や留意
点について記していきたい。

☐ 利用者の施設サービス満足度調査の事例

　調査の目的は，介護老人福祉施設という生活施設に入所利用してい
る高齢者が施設内サービスについてどの程度満足しているのか，不満
に感じていることはないか，大切と考えているサービスは何か，など
を尋ねたデータを収集し，施設利用者のサービス満足度を把握するこ
とであった。調査は，地域内の老人福祉施設が加盟する老人福祉施設
協会と大学研究グループが共同で実施したものであり，調査の対象は
地域内の40を超える特別養護老人ホームに入所する高齢者60名であり，
平均年齢は90歳を超えていた。調査は，あらかじめ作成された質問紙
による個別面接調査法と自由に思いを語ってもらうための自由回答を
組み合わせた形で実施した。

　質問紙を用いた聞き取り調査の結果，利用者が施設サービスの中で
大切と考えていることは，「職員が親切にしてくれること」（90.0％），
「医者にすぐに診てもらえること」（86.7％）と回答した人が多くみられ，
施設において利用者が対人関係を重視していることや，医療・看護ニ
ーズが高いことが明らかになった。また，自由な語りの中では，35名
が回答をしており，「外出機会を増やしてほしい」（13名），「食事をお
いしくしてほしい」（9名）といった日常生活におけるニーズが突出し
て多くみられた。このような回答は施設という共同生活の中で，外出
や食事内容について自己決定という基本的な欲求が十分に満たされる
ことが難しい状況の表れと考えられた。

　この調査の実施においては，いくつかの課題や留意点がある。一点
目は，調査対象者の確保について，である。介護老人福祉施設に入所
している高齢者は，身体上精神上に著しい障害があり，常時の介護を
必要としていることを理由に入所しており，ほとんどの人に認知症状
がみられる。そのため，現実には，調査内容を理解して適切に回答で

きる人は非常に少数の人に限られてしまう。また，調査対象者を選定
するためには，調査者が各施設の利用者の状況に精通しているか，あ
るいは，利用者についてよく知る施設関係者の紹介を受けることなど
が必要となる。このような対象者の選定方法は，標本の代表性に大き
な課題を残す。調査によって得られた回答は，このような調査に回答
可能なごく一部の利用者の声にすぎないという点に留意する必要があ
る。

　二点目は，調査環境と調査倫理に関する問題である。この調査は，
訓練を受けた調査員2名が，調査対象者である利用者の居住空間であ
る多床室（4～6人部屋）のベッド横のいすに座り，質問紙を手にし
た聞き取り形式で行われた。回答に協力した人の多くは，「大変よく
してもらっている」と施設や職員を気遣う言葉を述べており，「こん
なにお世話になっているのに……（いえない）」と施設サービスに対す
る要望や不満はほとんど語られることはなかった。回答内容への影響
の程度は判断できないが，調査対象者が実際に入所施設内の居室とい
う環境の中で，施設に対する評価をともなう回答を行うという調査環
境上の問題は倫理的な配慮を欠くという点で留意すべき事柄である。

　調査対象者は，調査への回答内容が自身への支援に何らかの不利益
を与える可能性があるのではないかという心理不安を感じる可能性が
あり，自由に気持ちを語りにくい状況にあったことも考えられる。ま
た，調査対象者の選定が施設関係者からの紹介に基づいていることか
らも，調査への協力と施設関係者への配慮という複雑な立場におかれ
ていた可能性が考えられる。調査の対象が，要援助者であればこそ，
調査者と被調査者との関係性が調査に与える影響を考え，調査対象者
だけでなく，調査環境などについても慎重に検討して，工夫をしてい
くことが必要である。

○注 ────────

(1)　坂田周一（2003）『社会福祉リサーチ』有斐閣，19-20.

(2)　北島英治・白澤政和・米本秀仁編（2002）『社会福祉援助技術論（上）』ミ
　　　ネルヴァ書房，23-32.

(3)　東京都老人総合研究所社会福祉部門編（1996）『高齢者の家族介護と介護
　　　サービスニーズ』光生館，44-46.

(4)　冷水豊（1977）「社会福祉ニードの概念の再検討」『地域福祉研究』第5集，
　　　55-73.

(5)　McKilip, J. (1987) *Need Analysis : Tools forHuman Services and Education*,
　　　Sage Publications.

(6)　盛山和夫（2004）『社会調査法入門』有斐閣，50.

(7)　豊田秀樹（1998）『調査法講義』朝倉書店，13.

(8)　平山尚・武田丈・呉栽喜・藤井美和・李政元（2003）『ソーシャルワーカーのための社会福祉調査法』ミネルヴァ書房，171-175.

(9)　同前書.

(10)　新睦人・盛山和夫（2008）『社会調査ゼミナール』有斐閣，173-184.

(11)　同前書.

(12)　福祉士養成講座編集委員会（1999）『地域福祉論（社会福祉士養成講座7）』中央法規出版，105-106.

(13)　(8)と同じ.

(14)　安保則夫ほか（2000）『別冊「総合ケア」CARE LOOK 介護支援専門員6』医歯薬出版，45-46.

■ 第 8 章 ■

プログラム評価

① プログラム評価の必要性

▶ワンストップ支
援センター

性犯罪・性暴力被害者
のためのワンストップ
支援センターは，被害
直後から被害者に対し
「医師による心身の治
療」「相談・カウンセ
リング等の心理的支
援」「捜査関連の支援」
「法的支援」などの総
合的な支援を可能な限
りか所で提供するこ
とにより，被害者の心
身の負担を軽減し，そ
の健康の回復を図ると
ともに，被害の潜在化
を防止すること等を目
的として設置されたセ
ンター。

▶アカウンタビリ
ティ

理事会，サービス利用
者，資金提供機関，機
関や事業の支援者，地
域住民，納税者といっ
た利害関係者に対して，
社会福祉の専門職や専
門機関などが有する，
サービスや機関運営の
内容，質，成果，効率
性などについての説明
責任。

　プログラム評価とは，たとえば「新しい性犯罪・性暴力被害者のた
めの**ワンストップ支援センター**▶はどれくらい効果的か？」や「ワンス
トップ支援センターのサービスを受けた利用者の経験はどんなもの
か？」といった調査の問いに答えるために行われるものである。効果
的なソーシャルワークのプログラムを提供したり，効率よくソーシャ
ルワークの機関を運営したりするためには，ニーズ調査とともに，プ
ログラム評価は不可欠である。ニーズ調査の目的がソーシャルワーク
のニーズを発見し，適切なプログラムを開発することであったのに対
して，プログラム評価の目的はそのプログラムが適切に提供されてい
るか，目標を達成できているか，あるいはどれくらい効果的かといっ
たことを調べることである。言い換えると，プログラム評価とは，各
ソーシャルワーカーの個別の実践の評価ではなく，サービスプログラ
ム全体の効果を評価するものである。

　特に近年ではソーシャルワークの領域における**アカウンタビリティ**▶
の重要性が指摘され，プログラム評価への関心が高まってきている。
しかし，昔からソーシャルワークの領域でこうしたプログラム評価が
重要視されていたわけではない。日本よりソーシャルワークの専門職
が確立している米国でも，プログラム評価に関心が持たれるようにな
ったのは1970年代である。

　そしてその背景には，ケースワークに関する研究をレビューした
『*Effectiveness of Social Casework*（ソーシャル・ケースワークの効果）[1]』
という本の中で，フィッシャー（Fischer, J.）がケースワークのサービ
スを受けた利用者の約半分で問題が悪化したり，サービスを受けなか
った利用者よりも遅いペースで問題が改善されたということを指摘し
たことがあると考えられている。このフィッシャーの指摘以降，単に
ソーシャルワークのプログラムを提供するだけでは効果的なサービス
が保証されないということを，ソーシャルワーカーや関係者が認識す
るようになったのである。

　日本においても，介護保険法や障害者総合支援法などの導入や改正
にともない，各福祉機関に対してもアカウンタビリティが求められる
ようになり，プログラム評価の必要性は非常に高くなってきている。

2 プログラム評価の種類

　プログラム評価には，評価の対象となるプログラムが開発段階なのか，提供段階なのか，提供後なのかといった，どの段階にあるのかによって，ニーズ評価，過程（プロセス）評価，結果（アウトカム）評価，影響（インパクト評価），費用対効果評価といった種類が存在する。[2]

🗌 ニーズ評価

　プログラムの開発段階で行われるニーズ評価は，そのプログラムが必要となる社会的な課題が存在するのかどうか，存在するのであればその内容，程度，範囲などを明らかにし，実施可能で，有効で，適切なプログラム内容を提案することを目的とする。基本的にはニーズ調査と同じなので，詳細については本書の第7章を参照されたい。

🗌 過程（プロセス）評価

　実際にプログラムの提供中に実施する必要があるのが，**形成的評価**とも呼ばれる過程（プロセス）評価である。過程評価の焦点は，あくまでそのプログラムの提供過程（たとえば，その内容，頻度，期間など）であり，プログラムの結果や成果は二の次である。つまり，そのプログラムが利用者に対してどのように提供されているか，あるいはそのプログラムが毎日どのように運営管理されているかということに関心がむけられる。

　したがって，過程評価では，そのプログラムにおけるコミュニケーションの流れ，支援内容，利用者の体験や感情，意思決定の手順，スタッフの仕事量，ケース記録の管理，スタッフの研修，ソーシャルワーカーと利用者の間の関係といった情報を収集し，監視することで，プログラムの過程を評価するのである。

🗌 結果（アウトカム）評価

　過程評価とは対照的に，**総括的評価**の一つである結果（アウトカム）評価は，ソーシャルワークのプログラムの目標や目的がどれくらい達成できたかという「結果」に焦点があてられる。つまり，プログラムへの参加によって引き起こされる，そのプログラムの利用者たちの変化（効果）の状態である。たとえば，リクリエーションのグループワ

➡ 形成的評価

プログラムの提供過程で実施される評価であり，その結果は主としてプログラムの改良や実施方法の改善を図るために活用される。

➡ 総括的評価

プログラムが終了か，安定的に実施される段階で実施される評価であり，ソーシャルワークのプログラムの目標や目的がどれくらい達成できたかという「結果」に焦点をあてるアウトカム評価や，そのプログラムがない場合よりもあった場合のほうが効果があったか，あるいは他のプログラムと比較してより効果があったかどうかを評価するインパクト評価が含まれる。

ークに一定期間参加した後の高齢者施設の入所者たちの「生き甲斐度」は，ひとつの結果の指標といえるであろう。

　つまり，結果とはプログラムそのものの特性ではなく，対象である人や社会状況に関する特性である。したがって，結果評価とは，ソーシャルワークのプログラム終了後に，利用者が経験する変化の方向およびその程度（量）を測定するものである。

□ 影響（インパクト）評価

　同じく総括的評価のひとつである影響（インパクト）評価は，そのプログラムがない場合よりもあった場合のほうが効果があったか，あるいは他のプログラムと比較してより効果があったかどうかを評価するものである。

　影響評価は，目的とした効果が実際にそのプログラムによって生み出されたかを確認するものなので，後述の無作為化フィールド試験法のような厳格な評価方法を用いることが望ましいが，時間や金銭，協力といった実践上の配慮，対象者の人権の保護といった観点から，実際には使用できる評価方法や方法が限定されることも多い。

□ 費用対効果評価

　財政に関するアカウンタビリティを果たすための費用対効果評価は，そのプログラムを提供することにかかる費用についての評価である。他のプログラムより低予算で利用者に望ましい成果を起こすことができたときに，「費用効率が高い」ということになる。

　たとえば，幼児をかかえる保護者に対して子育て研修をする場合，マンツーマンの子育て研修よりも小グループでの研修のほうが費用効率が高いといえるであろう。なぜなら，講師や場所にかかる費用を低く抑えることができるとともに，複数の参加者間のディスカッションによってより深い学びが可能となり効果も高くなるからである。

③ 質的手法によるプログラム評価

❑ 質的手法による評価とは

　プログラムの過程評価には，一般的に記述的で，そのプログラムの良い部分と改善すべき部分に関する詳細な情報が必要である。なので，インタビューや観察などによって収集される質的データを用いた解釈的な評価法が過程評価に適していると考えられている。

　たとえば，老人ホームの利用者の生きがい向上のためのグループワークにおいて「プログラムの中で高齢者がどのような体験をしているのか」，「利用者が感じたプログラムの良い部分と改善部分はどんなところか」といったことを知りたいのであれば，質的手法を用いた評価が実行されるべきであろう。

　あるいは，「このグループワークがどのように実行されたか」，「各回のワーク内容がどのように準備されたのか」，そして「そのワーク内容が毎回きちんと実行されたのか」といったことの評価に関しても，質的な手法が有効だと考えられる。

　こうした過程評価では，「プログラムによって特定の結果（効果）がもたらされた」という因果関係を確立することを目的としていないし，この評価によって得られた結果を他の事例に一般化しようということも行わない。したがって，この調査では独立変数や従属変数といったものも存在しないし，調査対象者の選定（サンプリング）に関しても無作為抽出（ランダムサンプリング）ではなく，意図的サンプリングが用いられることが多い。そして，詳細なプログラムの記述の分析を通して，プログラムの向上や改善に結び付けていくのである。したがって，過程評価ではプログラムの「質」を評価することに重きが置かれる。

　こうした質的手法による過程評価は，すぐにプログラムの向上や改善に有効な情報を提供してくれるので，新しいプログラムを実行する最初の年度に行うことが非常に効果的である。また，綿密な過程評価は，その後に行われる量的調査による結果評価や影響評価といった総括的評価のための基礎情報をも提供してくれる。

❑ 質的手法におけるデータ収集法

　質的なプログラム評価におけるデータ収集法にはいくつかの種類が

➡️一般化

調査結果が，実際に収集されたデータや観察を超えた場面にもあてはめることができるかの程度。実際にデータが収集された調査対象者（標本）について得られた結果を，母集団にあてはめることができる程度として用いられることが多い。ただし，調査結果の内容自体が異なった場面にもあてはまるかということにも用いられる。たとえば，調査によって人が窃盗を犯す理由を確認できた場合，それが他の犯罪にもあてはまるか，といった場合である。

➡️独立変数

独立変数とは，原因・結果という因果関係において原因にあたるもの（結果にあたるものは従属変数）。たとえば，女性のほうが信仰が強いというように，「性別が信仰の程度に影響を与える」といった場合，性別が独立変数である。ただし，ある分析において従属変数になった変数でも，別の分析において独立変数になりえる。先ほど従属変数であった信仰も，「信仰の強さは犯罪率に影響を与える」というように独立変数になりえる。

➡️従属変数

従属変数とは，原因・結果という因果関係において結果にあたるもの（原因にあたるものは独立変数）。たとえば，血液型別による神経質度を調査したいときに，各血液型が独立変数で，結果として出た神経質の度合いを従属変数という。

➡ 意図的サンプリング
調査対象の標本を選ぶ
際に，調査者の調査対
象者に関する詳細な観
察や熟考をベースに，
調査者がもっとも調査
対象を包括的に理解で
きると判断した人たち
を選んで調査を行う標
本抽出の方法。

あるが，もっとも一般的な方法がインタビューである。たとえば，生きがい向上を目的としたグループワークの過程評価では，グループワークへの参加者一人ひとりに対して詳細なインタビューを行うことによって，それぞれのグループワークにおける各参加者の経験やプログラムに対する反応を明らかにすることが可能となる。また，グループワークを担当しているソーシャルワーカーにインタビューすることによって，グループワークを運営する側の観点からそのプログラムの改善点を見出すことができる。

インタビューの手法としては，明確な目的にそって質問内容，形式，順序などをあらかじめ設定して行う構造化インタビュー，あらかじめ設定されているのは質問内容だけで状況に応じた質問も可能な半構造化インタビュー，質問内容や形式が事前に設定されていない非構造化インタビューがあり，それぞれ目的に応じて使い分ける必要がある。一般的に，構造化されているほど収集されたデータが客観的で分析や比較が容易な反面，質問内容が限定されてしまいがちである。これに対して，非構造化するほど対象者が自由に回答できより深い情報を得られる反面，比較や分析が難しくなる。

プログラム評価の場合，上記の1対1のインタビュー以上に活用されるのが，フォーカス・グループ・インタビューである。フォーカスグループがプログラム評価で用いられる場合には，同じプログラムを利用した人たち5人から10人を対象に，そのプログラムに対してどう思っているのか，どう理解しているのかといった主題について，司会者が進行役をつとめて参加者同士の意見交換を行い，相乗効果が生まれるように議論してもらう。

さらに，観察によってもプログラム評価に有用なデータを収集することが可能である。たとえば，グループワークの例でいえば，評価者が実際にグループワークのセッションを観察することによって，グループワーク参加者間あるいは参加者とソーシャルワーカーとの関係，さらにはグループワークがどのように運営されているのかといったことについて，個別インタビューやフォーカスグループとは異なった視点の情報を収集することが可能となる。

量的手法によるプログラム評価

☐ 因果関係

　総括的評価，特に影響評価では，グループを比較する実験計画法を用いて因果関係の確立をめざす量的手法が用いられることが多い。つまり「グループワークへの参加は，高齢者の生きがいの程度を高めるか」というプログラム評価では，「グループワークへの参加」という原因（独立変数）によって，「生きがいの程度の向上」という結果（従属変数）がもたらされたかということを確認し，因果関係を検証しなければいけない。このように，変数 X が，別の変数 Y の原因であると確認するためには，以下の3つの条件を満たす必要がある。[3]

　①　X は時間的に Y より先に起こらなければいけない

　②　X と Y の間には相関関係（共変動）が存在する

　③　X と Y の間の関係は，第3の変数の影響によって存在するものではない

因果関係の確立に必要なのはこの3つの条件のみであり，この3条件をすべて満たす変数間の関係は因果関係である。[4]

　①時間的優先は，一見非常に単純なことのように思われるが，社会科学の調査においてこの条件を満たすことは必ずしも容易ではない。たとえば，「高齢者の社会活動への参加は，生活満足度を高めるか」という問いの場合でも，確かに高齢者はゲートボールやボランティアなどの社会参加によって，生活満足度が高くなると考えられる。しかし，見方によっては，健康が優れなかったり，経済的な理由で生活満足度が低い人は，生活に余裕がなくて社会参加ができないかもしれない。このように考えると，「社会参加」と「生活満足度」のどちらが先に起こるのかということが不明確になってくる。

　これに対して②の条件は，「2変数間には相関関係が存在しなければいけない」というものである。相関関係とは，「ある変数が変化すれば，それに応じてもう一つの変数も変化する」，あるいは「ある事柄が起これば，それに応じてもう一つの事柄も起こる」というものである。

　最後の必要条件は，③の「2変数間に相関関係が存在するのは，この両変数に影響を与える第3の変数の影響ではない」ということである。たとえば，「雨が降る前には，必ず左膝の関節が痛み出す」という

ことを繰り返し経験・観察したからといって，「左膝の痛みが雨を降らす」と結論づける人はいないであろう。この場合，空気中の「高い湿度」が「膝の痛み」と「降雨」という両方の変数の原因である。このように，2変数間の関係が第3の要因である場合には，最初の2変数間に相関関係は存在しても，因果関係は存在しないのである。

☐ 実験計画法と因果関係の確立

影響評価では，調査の設定を「統制」することによって因果関係を確立する。つまり，プログラム（たとえば，グループワーク）への参加者，それぞれの参加者が受けるプログラムやサービスの内容，プログラムを受ける場所や期間，従属変数の測定回数といった調査の設定を，プログラム評価を行う側の者が決定するのである。ここでは，①実験計画法におけるこの統制と因果関係の確立の関係について説明した後，②統制の中でも特に重要な無作為割当（ランダム・アサイメント）について説明する。

① 統制と因果関係の確立

実験計画法においては，統制されるべき環境やその手続きは記号で表すことができる。[5] 一般的に〇は従属変数の測定を表し，Xは独立変数であるプログラムやサービスの提供を表す。また，後述するRは無作為割当を表す。そして，こうした記号を時間の経過に沿って左から右に並べることによって，実験計画法を簡単に視覚的に表すことが可能となる。たとえば，

〇　X　〇

といった並べ方であれば，左端の〇はプログラム開始前の従属変数の測定（プリテスト）を，その後のXは参加者がプログラムに参加することを，そして右端の〇は参加後の従属変数の測定（ポストテスト）を表している。具体的な例でいえば，まず高齢者の生活満足度の程度を測定してからグループワークに参加してもらい，その後に再びポストテストとして生活満足度の程度を測定するといったものである。そして，このプログラム前後の従属変数の程度を比較することによって独立変数（プログラム）の効果を確認するのである。

これに対して，プログラムに参加する実験群とプログラムに参加しない統制群を比較する実験計画法もある。これを視覚的に表すと，

実験群：　〇　X　〇
統制群：　〇　　　〇

となる。統制群と比較することにより，より強力な因果関係の確立が可能となる。統制群がない場合，プログラムへの実施期間中にプログラム以外のなんらかの要因（出来事や環境の変化）によって，従属変数に変化が起こる可能性がある。

たとえば，先ほどの高齢者の生活満足度の例であれば，プログラムの実施期間中に地域に高齢者のための娯楽施設が開設されたら，プログラム前後での変化がプログラム（グループワークへの参加）によるものなのか，それともその他の要因（娯楽施設の開設）かが不明確となってしまう。しかし，統制群が存在すれば，実験群と比較することによって独立変数の効果を確認することができる。つまり，統制群と実験群の違いはグループワークへの参加・不参加だけであるから，統制群以上に実験群が向上していれば，それがグループワークへの参加による効果であると結論付けられるのである。

このように，実験計画法によって因果関係の確立を目指す場合，誰がプログラムに参加し誰が参加しないのか，どのようなプログラムやサービスを受けるのか，そしていつどのように従属変数を測定するのかといったことを，評価者が統制する必要がある。

②　無作為割当

実験計画法において，実験群と統制群を比較して独立変数の影響（プログラムの効果）を確認する際に重要なのが，無作為割当である。実験群と統制群は独立変数以外に関しては，できる限り同じ特性をもっていることが望ましい。もし調査前から実験群と統制群の特性が異なっていると，プログラム後に両群の間で従属変数に大きな差異があったとしても，それが独立変数の影響によるものなのか，もともとの群間の特性の差異によるものなのかが不確かになってしまう。

このような比較の対象となる群間に，従属変数以外の違いが存在しないようにする手段が無作為割当である。無作為割当とは，裏と表がでる確率が半々のコインを投げて表が出たら実験群，裏が出たら統制群といったように，各調査対象者が所属するグループを無作為に決める方法である。こうした方法では，すべての調査対象者が統制群あるいは実験群に割り当てられる可能性が等しく，結果的に両群に割り当てられた調査対象者の特性がもっとも同質となる確率が高い。

確かに無作為割当は実験計画法において調査対象者のグループ分けには最適な方法であるが，あくまで確率に頼った方法なので，確率は低いが2グループ間の特性が異なる可能性もある。各グループに割り当てられる調査対象者の数が少ない場合や，参加者の特性の個人差が大きい場合には，特にこうしたグループ間の差異が発生する可能性が

高い。

　こうした場合には，ブロッキングといって少なくともあらかじめわかっている特性については分布が等しくなるように，参加者全員をまず特性ごとに分け，その枠から無作為に振り分けるのである。たとえばあらかじめ男性のほうが女性よりも抑うつの程度が高いことがわかっていれば，調査対象者をまず男女に分けておいて，このそれぞれについて無作為割当で実験群と統制群に振り分けるのである。たとえば，男性20人，女性10人，計30人の調査対象者がいる場合，男性の20人を無作為割当で10人ずつ実験群と統制群に割り当て，女性も同じく5ずつ無作為割当を行う。こうすれば，どちらのプログラムも男性10名女性5名のグループとなり，2つのグループが均質となる確率が高まる。

　ただし，ブロッキングの限界は，性別に関しては2グループが均等となるが，たとえば年齢や介入前の抑うつの程度に関しては必ずしも均等となる保証はない。

☐ 実験計画法の内的妥当性と外的妥当性

　総括的評価において重要なことは，収集されたデータを分析し，その結果から妥当な結論を導き出すことである。得られた結論が妥当かどうか判断する際には，内的妥当性と外的妥当性に注意する必要がある。内的妥当性とは，プログラム評価の結果によってあるプログラムの効果（因果関係）が引き起こされたことを，どれくらい自信をもっていえるかの程度を意味する。つまり，プログラム評価によって導き出された因果関係がどれくらい妥当かということを問うものである。先に説明した因果関係の3つの必要条件をすべて満たしていれば，内的妥当性が高いということになる。

　一方，外的妥当性とは導き出された結論をどこまで一般化できるか，つまり他の人たちや状況にもあてはめることが可能かの程度を表すものである。内的妥当性を高めるためにプログラムの期間や内容，また対象者を限定したり，実験の環境を調整する必要があると述べた。こうした状況での調査結果がどれくらい，他の機関，ソーシャルワーカー，利用者にもあてはまるかというのが外的妥当性である。この外的妥当性が低い場合は，あるプログラム評価でプログラムの効果が確認されても，その結果を他の実践場面に応用するには注意が必要となる。

　以下では，①内的妥当性と外的妥当性を脅かす要因について説明し，②その後2種類の妥当性の関係について述べる。

内的妥当性を脅かす要因

　内的妥当性を脅かす要因にはさまざまなものが存在し，総括的評価の実施計画を立てる際には，こうした要因を慎重に検討する必要がある。ここでは，①外的変化，②内的変化，③テスト効果，④道具の変化，⑤統計的回帰，⑥被験者の選抜方法，⑦データの欠落，⑧因果影響の方向の不明確さ，⑨プログラムの流布という9つの要因を紹介する。⁽⁶⁾

①　外的変化

　独立変数以外の出来事によって，結果である従属変数に何らかの影響が与えられてしまう場合である。たとえば，グループワークへの参加の効果を調べるプログラム評価の場合，グループワークに参加している期間に地域に便利で優秀な病院の開院といった出来事が起こると，生活満足度が向上しても，それがグループワークの効果なのか，病院の開院の効果なのかが不明確になり，内的妥当性が脅かされてしまう。

②　内的変化

　先ほどの外的変化が調査対象者のまわりで起こる出来事や要因であったのに対して，内的変化とは評価期間中における対象者自身の変化である。歳をとる，成長する，慣れる，空腹となる，疲れるといった対象者自身に変化が起これば，従属変数の変化は独立変数による影響なのか，それとも対象者自身の変化の影響なのかが曖昧となってしまう。

③　テスト効果

　対象者が同じ**測定具**➡を用いて2回以上独立変数を測定する場合に起こるものである。たとえば，模擬試験や期末試験を2回受けたとしたら，1回目よりも2回目のほうがペース配分，出題形式や解答手段への慣れから，よい成績となる可能性が高いであろう。そうなると，プログラムの効果を正確に確認するのが難しくなってしまう。

④　道具の変化

　プログラム期間中における測定具あるいは測定者の変化である。測定具が変化すると，プログラム前後での従属変数の変化がプログラムによるものなのか，道具の変化によるものなのかが不明確になってしまう。たとえば，老人ホームにおける利用者間の人間関係改善のための余暇活動プログラムの評価を考えてみよう。人間関係の指標として，毎夕食時の利用者間の肯定的なやり取りの回数を測定者（観察者）が数える場合，測定者の慣れや飽きによってプログラムの初期と終期では，肯定的な会話だと判断する基準が無意識に変化してしまう可能性がある。これでは，プログラム前後で人間関係の程度に変化があって

➡**測定具**
社会福祉の調査における測定具とは，たとえば知能テストやストレス尺度のようにいくつかの設問によって構成されている尺度をさす場合もあれば，時間を計るストップウォッチや回数を計るカウンターなどをさす場合もある。

も，それが余暇活動プログラムによるものなのか，測定者の基準の変化によるものなのかが不明確になる可能性がある。

⑤　統計的回帰

統計的回帰の可能性は，対象者が平均から非常に高い，あるいは低い点数であるという基準で選ばれる場合に起こる。つまり，クラスの中でも問題行動の多い生徒だけを対象にグループワークを行ったり，老人ホームの利用者の中でも抑うつの程度が高い人だけを対象に余暇活動プログラムを行ったりするケースである。このように，プログラム前の従属変数が極端な点数であるという基準で選ばれた人たちを対象にしたプログラムの評価を行う場合，プログラム後の2回目の測定の小グループの平均点は，プログラム前の点数よりも集団全体の平均点に近づくという統計的な特性がある。この特性が統計的回帰である。

つまり，老人ホームの利用者全員を対象に抑うつの程度を測定し，その中の点数が非常に高い人だけを選んだ場合，その選ばれた小グループの2回目の抑うつの程度は1回目よりも利用者全体の平均に近づき，1回目ほど極端に高い数値とはならない可能性が高い。これは，人間の気持ちや精神状態というのは，毎日一定ではなく小さい幅ながら変化するからである。つまり，たまたま1回目の測定日の前日に悲しい出来事や落ち込む出来事を経験し抑うつの程度の高くて小グループに選ばれた人は，2回目には1回目ほど極端な点数にならないであろう。したがって，この統計的回帰とは，対象者がプログラム前の測定で極端な点数であったことを元に選ばれた場合に，そのグループのメンバー全員ではないが，グループ全体の平均としては2回目は1回目ほど極端にならない可能性が高い。もしこうした統計的回帰の可能性が否定できない場合には，プログラム前後で従属変数が変化しても，それがプログラムの効果なのか，統計的回帰の影響なのかの判断が難しくなってしまう。

⑥　被験者の選抜方法

プログラムを受けるグループと受けないグループの従属変数を比較することでプログラムの効果を確認する場合，各グループの対象者の選抜方法によって内的妥当性が脅かされる可能性がある。たとえば，老人ホームにおいて余暇活動プログラムに参加するグループと参加しないグループの選抜を，各利用者の参加希望の意思を基準に行うと，たとえプログラム前の抑うつ度の点数が同じであっても，それぞれのグループの特性がすでに異なっている可能性がある。プログラムに参加したいと思っている人は，そうでない人と比べると，いろんなことにチャレンジして生活を豊かにしたい，施設の中の生活を楽しみたい

という意欲にあふれていて，余暇活動プログラム以外にも趣味の仲間を見つけて活動したり，パソコンを始めたりといった努力をする可能性が高い。こうなると，プログラム後の抑うつ度が参加したグループのほうが低くなっても，それがプログラムの効果なのかが不確かになってしまう。

⑦　データの欠落

グループを比較してプログラムの効果を確認する際に，プログラム評価の途中で対象者（グループ参加者）が何らかの理由で参加を中断してしまう（ドロップアウトする）場合に起こる。たとえば，プログラム前に余暇活動プログラムに参加するグループと参加しないグループの抑うつ度の平均点やグループの特性が同じであっても，プログラム開始後にどちらかのグループで1人でも中断者が発生すると，この2つのグループはもはや同じではなくなり，比較の対象としてふさわしいかどうかの判断が困難となる。

⑧　因果影響の方向の不明確さ

「因果関係の確立の必要条件」の1つ目の時間的優先が不確かな場合には，Xが原因でYが結果ではなく，Yが原因でXが結果であるという可能性を否定できず，内的妥当性が脅かされるというものである。たとえば，あるプログラム評価で余暇活動プログラムに参加しつづけた人は，途中でドロップアウトした人たちと比べると抑うつ度が軽減していたことが確認されたとしよう。この場合，余暇活動プログラムへの参加が抑うつ度を軽減させたのか，何らかの理由で抑うつ度が軽減した人たちのみが最後までプログラムに参加できたのかが不明確である。

⑨　プログラムの流布

プログラムの効果をグループの比較で行う実験計画法の場合，一方のグループだけにプログラムを行う予定が，サービス提供者や対象者によって，非意図的にプログラムを受けないグループの対象者にもプログラムの効果が波及してしまうというものである。こうなると，グループの比較によってプログラムの効果を評価することが困難となり，内的妥当性が脅かされる。

☐　外的妥当性を脅かす要因

内的妥当性がプログラム評価における因果関係の確立の程度を表すものであったのに対し，外的妥当性とはプログラム評価の結果を一般化できる程度を表すものである。ここでは，外的妥当性を脅かす代表性と反応性という2つの要因を紹介する。[7]

　外的妥当性に影響を与える主要な要因は，プログラム評価の標本（サンプル），設定状況，および方法の代表性である。たとえば，ある大都市で精神障害者の**コミュニティ・ケア**➡のプログラムを評価する調査があったとしよう。この市では地域の住民のコミュニティ・ケアへの理解や受け入れが積極的で，このプログラムのために十分な予算を準備し，地域で精神障害者が生活するうえで必要なさまざまなサービスや団体が確立されていた。また，市が十分な予算を確保したので，コミュニティ・ケアに携わるソーシャルワーカーにも有能な人材が確保でき，各ソーシャルワーカーの担当ケース数も少なく，各利用者に対して質の高いサービスの提供が可能となった。こうした状況において行われた内的妥当性の高いプログラムの評価で，このコミュニティ・ケアのプログラムの影響で精神障害者の地域生活での**生活の質（QOL）**➡が非常に高まったという結果を得ることができた。しかし，このプログラム評価から得られた結果を基に，このコミュニティ・ケアのプログラムを他の地域でも適用すれば同じように大成功すると結論づけることができるだろうか。たとえば，地方の小規模な郡であれば，精神障害者の地域生活のための地域内のサービスや団体は限られているだろうし，精神障害者の受け入れに対しても住民反対がおこる可能性が高い。また，限界集落であれば精神障害者のコミュニティ・ケアに使える郡の予算は限られていて，同じような質の高いサービスを提供することは難しいであろう。また，郡と大都市では精神障害者の年齢，障害の程度，生活状況，施設入所期間などが大きく異なるかもしれない。したがって，プログラム評価によってあるプログラムの効果が確認されたからといって，そのプログラムがすべての状況や対象者に有効であるとは限らない。各プログラム評価は，その評価がどんな問題，状況，および対象者を代表するかを明記し，その範囲で結論を考察する必要がある。

　外的妥当性に影響を与えるもうひとつの要因は反応性である。たとえば，サービス利用者が自分はプログラム評価に参加しているという認識をもっている場合，こうした認識が従属変数を変化させる場合がある。しかし，こうした働きはプログラム評価以外の状況では起こり得ないので，その結果を他の状況に一般化する際の障害となってしまう。具体的な例として，ドメスティック・バイオレンス（DV）の加害者である夫を対象とした，怒りの感情をコントロールする技法を身につけるプログラムの評価があったとしよう。この場合の従属変数は夫の妻に対する1日当りの暴力の回数であり，毎日夫が自分でその回数を数えて記録する方法を用いて，プログラムの参加前後での暴力の回

数の推移を確認するというものである。目的はあくまで怒りの感情の
コントロール技法習得プログラムの効果測定であるが，夫自身が毎日
自分の行動を客観的に観察するうちに，自分の暴力の回数の多さに気
づいて回数を減らそうと努力したり，回数を数えなければいけないこ
とを意識するために普段と異なって怒りの感情が抑えられるかもしれ
ない。こうした場合，暴力の回数の減少は，プログラム参加によるの
か，夫が自分で記録することによるものなのかが不明確となり，内的
妥当性が脅かされる。と同時に，このことは外的妥当性を脅かす可能
性も秘めている。つまり，もし夫自身が測定することの影響を受ける
のであれば，このプログラム評価によって得られた結果は，妻や第三
者が夫の暴力の回数を測定するといった，夫以外が測定する状況や，
いちいち暴力の回数の測定などしない日常生活場面には一般化できな
いことになってしまうからである。

☐ 内的妥当性と外的妥当性の関係

　ここまで説明してきたように，実験計画法において因果関係を確立
するには内的妥当性が重要であるし，その結果を一般化するには外的
妥当性が重要となってくる。しかし，この2つの妥当性の間には「せ
めぎ合い」の関係が存在する。先に説明したように，グループを比較(8)
する実験計画法で内的妥当性を高めるためには，各グループが同じよ
うな特性をもつ人たちでなければ，従属変数の変化がプログラムによ
るものなのか，もともとの各グループ参加者の特性の違いによるもの
なのかが不明確になってしまう。たとえば，地域の高齢者を対象に社
会福祉協議会が開催する抑うつ解消セミナーに参加したグループと参
加しなかったグループの抑うつの程度を比較して，その効果を測定す
るプログラム評価があったとしよう。もしセミナーへの参加者が70歳
以下の女性ばかりで，反対に不参加者が70歳以上の男性中心であった
ら，グループ間に抑うつの程度に差があったとしても，それがセミナ
ーの効果なのか，性別や年齢によるものなのかが不明確となる。これ
を防ぐために，両グループに所属する高齢者を65歳から70歳までの男
性に限定してしまえば内的妥当性が高い実験が行える。しかし，そう
すると外的妥当性が低くなり，その評価結果は65歳から70歳までの男
性に限定してしか一般化ができなくなってしまうのである。つまり，
内的妥当性を高めようと思うと外的妥当性が脅かされ，反対に外的妥
当性を高めようとする内的妥当性が脅かされるという，「せめぎ合い」
の関係がこの2つの妥当性の間には存在するのである。

　この「せめぎ合い」の関係の基本的な解決策は，1つのプログラム

評価で内的妥当性と外的妥当性の両方を同時に追求しないことである。特に実験計画法の場合，その主目的は因果関係の確立にあるのだから，できる限り内的妥当性の高まる方法をめざすべきである。そして，こうした内的妥当性の高い実験計画法を，さまざまな状況，さまざまな調査対象者に対して繰り返し行うことによって，その結果が一般化できる範囲が広がり，外的妥当性も高まっていくのである。

❏ 実験計画法の種類

　集団を対象とした実験計画法は，大きく3種類に分けることができる。[9] もっとも内的妥当性が高く因果関係の確立に優れるのが，調査対象者の各グループへの割当を無作為に行い集団を比較する純粋な「実験計画法」である。これに対して「擬似実験計画法」は，集団比較あるいは無作為割当を必ずしも用いるわけではないが，可能な範囲で内的妥当性高めようというものである。そして，「プリ実験計画法」といって，擬似実験計画法よりもさらに因果関係の確立が困難なプログラム評価の手法である。以下，実験計画法，擬似実験計画法，プリ実験計画法の順番にそれぞれの具体的なプログラム評価の方法やその種類を紹介する。

❏ 実験計画法

　プログラムの効果を調べるといった因果関係の確立には，内的妥当性を脅かす要因をもっとも統制できる純粋な実験計画法がもっとも有効である。純粋な実験計画法の中で，もっとも典型的なのが古典的実験計画法とも呼ばれるランダム化比較試験である（図8-1）。図の中で「R」と示されているように，プログラム参加者を無作為（Randomization）に統制群と実験群に割り当て，プログラム前後に従属変数を測定して2群を比較するものである。無作為割当を用いることで2群が均質となり，内的妥当性を脅かす多くの要因を取り除くことが可能となる。

　たとえば，両群の参加者は基本的に従属変数（プログラム）以外は同じ経験をするので，外的変化を心配する必要はなくなる。また，両群の参加者は同じ時期に従属変数を測定されるため，内的変化も両群に起こると考えられ，両群の均質が維持できると仮定できる。また，両群の参加者がプリテストとポストテストの両方を受けるので，テスト効果も均質に起こると考えられる。同じように，道具の変化も両群に同じように起こるであろう。

　さらに，統計的回帰も両群に同様に起こると考えられる。データの

図 8-1　ランダム化比較試験（実験計画法）
　　　実験群：R　○　X　○
　　　統制群：R　○　　　○

図 8-2　ソロモン 4 群法（実験計画法）
　　　実験群 1：R　○　X　○
　　　統制群 1：R　○　　　○
　　　実験群 2：R　　　X　○
　　　統制群 2：R　　　　　○

欠落に関しても，一般的に両群の欠落率がほぼ同じだと考えられるので，各群への参加者が少数でない限り心配はない。ただし，受けているプログラム（独立変数）の内容によって実験群の参加者のほうが，統制群の参加者よりもドロップアウト率が高くなる，あるいは低くなるといった場合には，内的妥当性が脅かされる可能性は残る。

　また，無作為割当はあくまで 2 群が均質となる確率が高いということで，必ずしも均等になるとは限らない。そこで，プログラム前に従属変数を測定し 2 群に差があった場合は，プログラム後の測定値をそのまま比較するのは意味がないので，プリテストからポストテストにかけての変化率の違いを比較する必要がある。変化率とは，プリテストからポストテストにかけて，従属変数がどれくらい変化したかということである。

　図 8-2 は実験計画法の中でもより複雑な，ソロモン 4 群法である。このデザインの利点は，プリテストとプログラムを受けることによる交互作用の従属変数への影響を除去できる点である。[10] たとえば，SOGI（性的指向・性自認）に関する正しい知識の獲得のための学習プログラム（独立変数）によって，LGBTQ＋に対する差別意識（従属変数）軽減の効果を調べるプログラム評価の場合，プリテストで実験群 1 と統制群 1 の参加者には差別意識を測定する。そして実験群 1 には，学習プログラムで SOGI に関するパンフレットを読んでもらったり，ビデオを鑑賞してもらう。

　もし，ポストテストで実験群 1 と統制群 1 の差別意識に差があれば，正しい知識の獲得に効果があったと考えられる。しかし，もしかすると実験群 1 の参加者の差別意識が変わった背景には，プリテストで差別意識を測定されたために，実験群 1 の参加者がこの問題について注意深くなり，普段以上にこのプログラムの影響を受けた可能性がある。もし，本当にこうした影響がある場合には，実験群 1 のプログラム前後での変化は，プリテストを受けなかった実験群 2 よりも大きくなるはずである。

▶ SOGI

「性的指向（Sexual Orientation）」と「性自認（Gender Identity）」の頭文字をとった略称（ソジ，ソギと読む）。「LGBT」が特定のマイノリティの性のあり方を指す概念であるのに対して，「SOGI」はすべての人の性のあり方を包括的にとらえる概念として用いられる。「性表現（Gender Expression）」も含めて，「SOGIE」と表現されることもある。

▶ LGBTQ＋

レズビアン（女性同性愛者），ゲイ（男性同性愛者），バイセクシュアル（両性愛者），トランスジェンダー（性別越境者），クエスチョニング（性的アイデンティティが定まってない人），あるいはクィア（固定的アイデンティティを前提としない，より多様な性のあり方を含む言葉）の頭文字をとった，セクシュアルマイノリティ（性的少数者）を総称する語である。

一方，もしこうした交互作用が存在しないなら，実験群1と実験群2の変化は同じぐらいになるはずである。このように，このソロモン4群法は先のプリテスト—ポストテスト統制群法よりも強力で複雑な比較が可能である。しかし，4群を必要とするために経費や時間が余計にかかるため，ソーシャルワークのプログラム評価においてはあまり用いられることはない。

☐ 擬似実験計画法

プログラムを希望する利用者を，その人の意思に反して統制群に割り当てることが倫理的に反することからも明らかなように，ソーシャルワークの現場における評価では，必ずしも純粋な実験計画法を実行できないことが少なくない。そうした場合には，純粋な実験計画法ほどではないが，内的妥当性を脅かす要因をある程度統制できる擬似実験計画法が用いられることがある。

疑似実験計画法では，無作為割当によってではなく，実験群にできる限り等質の既存の比較群を用いた不等価統制群法が有効である（図8-3）。たとえば，知的障害者の**就労継続支援Ｂ型事業所**において作業時間に音楽を流すことが生産量の向上に効果があるか確認したいとしよう。ただし，せまい事業所内で音楽をかけると，建物全体に響き渡り，統制群を作ることは不可能なので，無作為割当を用いる実験計画法の実行は不可能である。

しかし，代わりに非常に環境や設定が似通った別の就労継続支援Ｂ型事業所が存在しており，その事業所もプログラム評価への協力を約束してくれたなら，一方の事業所で音楽を流し，もう一方では流さないで，生産量を比較することが可能となる。この場合，両事業所のスタッフと利用者の人数，利用者の障害の種類と程度，作業環境などがほぼ同じである必要がある。

もちろん，無作為割当を用いていないのでポストテストにおいてこの2つの事業所の間の生産量に差が確認されても，それが独立変数（音楽）によるものかの判断には注意が必要である。しかし，以下で紹介するプリ実験計画法の静態グループ比較法と異って，両事業所でプリテストを行うので事前に両作業所の生産量を確認でき，ポストテストでの差が独立変数（音楽）によるとより自信をもっていえる。

擬似実験計画法で，不等価統制群法とともに一般的によく用いられるのがタイム・シリーズ・デザインである。**図8-4**が示すように，この評価手法は実験群のみを必要とするのでソーシャルワークの現場での活用が容易である。比較群のかわりに，プログラム前とプログラ

図8-3　不等価比較群法（疑似実験計画法）

実験群：　○　X　○

比較群：　○　　　○

図8-4　タイム・シリーズ・デザイン（疑似実験計画法）

実験群：　$○_1$　$○_2$　$○_3$　$○_4$　X　$○_5$　$○_6$　$○_7$　$○_8$

図8-5　単一グループ・プリテスト―ポストテスト法（プリ実験計画法）

実験群：　○　X　○

ム開始後に繰り返し従属変数を測定することで内的妥当性を高めよう
とするのが，この評価手法の特徴である。**図8-4**ではプログラム前
に4回測定し，プログラム開始後にも4回測定している。この測定回
数に決まりはないが，多ければ多いにこしたことはない。

☐ プリ実験計画法

　プリ実験計画法はここまで紹介してきたような純粋の実験計画法や
疑似実験計画法と比較すると明らかな欠点があるので，できるだけ使
用は避けたほうがよい。にもかかわらず，ソーシャルワークの現場に
おけるプログラム評価では純粋な実験計画法の実行が不可能な場合も
あり，プリ実験計画法を使わざるを得ない時もある。そうした際には，
評価の結果を注意深く判断するとともに，質的な調査を併用するとい
った工夫が必要である。

　図8-5はプリ実験計画法のひとつの「単一グループ・プリテスト
―ポストテスト法」を表したものである。たとえば，社会福祉協議会
の呼びかけで参加を希望した地域の20人の高齢者を対象に抑うつ度を
測定し，その後抑うつ解消セミナーに全員で参加してもらった後に再
び抑うつ度を測定するといったように，実験群のみが存在し，その実
験群のプログラム前後での従属変数の値の変化を比較する方法である。
この方法を一見すると，プログラム前後で抑うつ度が軽減していれば，
抑うつ解消セミナーに効果があったと結論付けられるように思えるが，
実際には先に説明した内的妥当性を脅かす多くの要因の統制がなされ
ておらず，因果関係を確立することは難しい。

　たとえば，セミナー参加期間中に地域にゲートボール・グループが
誕生したり，地域の高齢者のリーダーが転居するなどの外的変化が起
これば，セミナー前後での抑うつの程度の差がセミナーによるものな
のかどうかが不明確になる。同じように，もしセミナーが長期にわた
るものであれば，高齢化といった内的変化の統制も困難となる。

　さらに，抑うつの程度をプログラム前後に質問紙で測定するのであ

図 8-6　静態グループ比較法（プリ似実験計画法）

実験群：　X　○
比較群：　　　○

れば，テスト効果の可能性も心配である。また，第三者による測定などを用いれば道具の変化の可能性もある。最後に，もし参加者が抑うつ度の高い高齢者という基準で選ばれたのであれば，統計的回帰の影響を受けるかもしれない。

このように，単一グループ・プリテスト―ポストテスト法ではこうした内的妥当性を脅かす多くの要因の統制が困難であり，たとえプログラム前後に従属変数に大きな変化が独立変数以外の要因である可能性が非常に高い。

これに対して，もうひとつのプリ実験計画法である「静態グループ比較法」は，プログラムを受ける実験群とともに，比較の対象となるプログラムを受けないグループが存在する（**図 8-6**）。しかし，このデザインを注意深くみると無作為割当を表すRが明記されていないし，プログラム開始前のプリテストも実施していない。

このように，プリテストを実施せず，無作為割当も用いないグループ比較の場合には，たとえ従属変数にグループ差が確認されたとしても，それがプログラム（従属変数）によるのか，他の要因によるのか，そもそもプログラム開始前から両群に差があったのかの判断が困難となってしまう。

本章では，質的手法と量的手法によるソーシャルワークにおけるプログラム評価の方法について説明してきた。プログラム評価のなかで形成的評価として質的手法を，総括的評価として量的手法を紹介したが，近年のソーシャルワークの領域におけるアカウンタビリティの重要性や，さらに証拠に基づいた実践の提供の必要性の高まりとともに，より多角的なプログラム評価の方法が求められるようになってきている。

形成的評価に量的手法が用いられたり，総括的評価に質的手法が用いられるのをはじめ，一つのプログラム評価のなかで質的手法と量的手法の両方が同時に用いることによって，より信頼性や妥当性の高い結果を追求するようになってきている。質的手法と量的手法は相補的な関係にあり，どちらの手法もプログラム評価にとって重要で，ソーシャルワーカーには両方の手法を活用することが求められる。

○注───────

(1)　Fischer, J. (1976) *The Effectiveness of Social Casework*, IL : Charles C. Thomas.

(2)　Rossi, P. H., Lipsey, M. W. & Freeman, H. E. (2004) *Evaluation : A Systematic Approach*, Sage. (＝2006, 大島巌・平岡公一・森俊夫・元永拓郎監訳『プログラム評価の理論と方法――システマティックな対人サービス・政策評価の実践ガイド』日本評論社)

(3)　芝祐順・渡部洋・石塚智一編 (1984)『統計用語辞典』新曜社, 9-10.

(4)　Rubin, A. & Babbie, E. (1997) *Research Methods for Social Work* (3rd ed.), Pacific Glove, CA : Brooks/Cole, 275-276.

(5)　Monette, D. R., Sullivan, T. J. & DeJong, C. R. (1998) *Applied Social Research : Tool for the Human Services* (4th ed.), Orlando : Harcourt Brace College, 254-257.

(6)　Campbell, D. & Stanley, J. (1963) *Experimental and Quasi-Experimental Designs for Research*, Chicago : Rand McNally, 171-246.

(7)　(4)と同じ, 303-305.

(8)　(5)と同じ, 278.

(9)　Kidder, L. H. & Judd, C. M. (1986) *Research Methods in Social Relations* (3rd ed.), New York : CBS College Publishing, 102-120.

(10)　(5)と同じ, 266.

■第9章■
実践評価

① 実践評価の必要性

われわれは，物事を進めていくうえで一定の目的や意図をもって，計画を立て，実施し，それを評価し，軌道修正を行って，新たな計画や実施へとつなげていく。さらに，ある事柄が完結したとしても新たに物事を進めていく際に前回の反省を活かして計画や実施へつなげていくであろう。この繰り返しによって，より実情に適した形で効果的に物事を進めていこうとするのである。いわばやりっ放しではなく，実施したことの評価を適切に行ってこそ次につなげていくことができるのである。

ソーシャルワーク実践においても同様である。アセスメント，支援目標や計画の作成，支援の実施，モニタリング，再アセスメントへのフィードバックという循環過程を経て支援の終結に向け，実践全体を評価し，これまでの実践を振り返っていくのである。

実践評価とは，これまで展開されてきた支援を振り返り，利用者の生活上抱える問題がどの程度解決，改善され，ニーズが充足されたのかを確認することと，展開された支援の効果測定という２つの側面を含んでいる。いわば，支援全体を振り返る過程といえよう。

平山尚は，以下の３点から，評価の必要性について説明している[1]。①社会福祉援助が専門行為であり，専門職としての実績と効果が求められ，専門職としての社会的責任が期待されるようになりつつある。②税金や介護保険料といった公金や利用料を主な財源としていることから，提供しているサービスの内容や結果について広く国民や利用者・家族に説明する義務（説明責任）がある。③展開された支援を蓄積し分析することによって，社会福祉援助が専門職として，どのような問題にどのような状況下で，どのような利用者に，どのような支援が適切なのか，といった支援の有効性を実証し，今後の支援に活かしていく資料となる。従来，ソーシャルワークにおいて十分な評価に関する調査が行われていなかったが，昨今の福祉事情から評価は実践において重要視されつつあるといえよう。しかも，評価をより科学的に行うことが必要視されている。

一つひとつの実践の積み重ねによって，より多くの利用者や問題に応用可能なように体系化していく必要がある。さらに，体系化された知識や技術を個人レベルにとどめるのではなく，ソーシャルワーカー

→ **実践評価**

モニタリングの過程がプログラム評価と呼ばれ，実践全体の評価が実践評価（プロセス評価）と呼ばれている。

が組織的かつ体系的に共有でき，後継者に伝承できるようにしなければならない。いわば，実践を通してソーシャルワークの知識や技術が蓄積されていくのである。

　このように，ソーシャルワークは，ソーシャルワーカーの勘や経験，そのときどきの感情によって実践されるのではなく，科学的な視点が求められる。そこで，評価過程に科学的な視点を盛り込んだ調査が重要となってくるのである。ソーシャルワークにおいて実践評価はアセスメント同様重要な過程といわれている。

2 質的方法による実践評価

　評価には評価の対象ごとに実践評価，プログラム評価，政策評価などさまざまな評価があり，評価方法として量的評価と質的評価とに分けることができる。大量に得られたデータをもとに評価する量的評価は，大規模なサンプルから統計を用いて分析し，実践の効果を確認し，それをもとに普遍的な援助・支援に役立てていこうとするものである。それに対して，質的評価では一人あるいは少数の利用者を対象にデータを収集し分析することである。ここでは，質的方法による実践評価について説明することとする。

　質的評価の特徴は利用者の個別性を尊重した援助・支援を重視することにある。一人ひとりの利用者の置かれている状況や抱えている生活上の問題は千差万別であり，一括りにはできない。同じような問題を抱えていても利用者の想いや生活状況，経済状況，家庭環境，家族環境などが全く同じというわけではない。そこで，利用者の個別性に着目した評価が不可欠となる。

　質的な評価手法は，量的な手法では不可能ともいえる利用者の言動の背後にある感情や想いを理解できるとともに，生活状況の変化の過程を理解することができる。たとえば，なぜ利用者がそのような反応示したり行動をとったりするのか，といったことが理解可能となるのである。また，利用者の感情や想い，生活状況がどのように変化しているのか，その過程を理解することができる。量的評価のように援助・支援の実施前と実施後の比較では知りえない援助・支援過程のなかでどのような状況のときにどのような援助・支援が有効であったのかを分析できるのである。

　ソーシャルワーカーは，目の前に存在する利用者の生活援助・支援

を実践しているのである。当該利用者に適した援助・支援とその評価を適切に行うことが重要となる。同じような問題を抱え，同じような状況下にある利用者に対して普遍化された援助・支援を実施して多くの利用者に有効であったとしても，当該利用者に有効とは限らない。当該利用者に適した援助・支援を実施しなければならない。個別性を尊重した援助・支援が不可欠なのである。利用者の個別の想いやニーズを理解することで，より利用者のニーズに沿った援助・支援の提供につながっていくのである。

　そこで，当該利用者のニーズをもとに当該利用者固有の援助・支援の有効性について個別に確認する必要がある。ソーシャルワーカーが提供している援助・支援がどれくらい効果的か，利用者の生活状況がどれほど改善されたか，どの程度利用者が満足しているのかについて確認するのである。この評価を行うことで，ソーシャルワーカーは自身が行っている援助・支援がうまくいっているのかどうかを確認できるとともに，今後も援助・支援を継続していくのか，別の援助・支援に変更すべきかを検討する材料となる。利用者にも提供している援助・支援の有効性について示すことも可能である。さらに，個々の利用者の援助・支援の有効性を蓄積することで援助・支援の普遍化の一助ともなる。

　このように，利用者の個別性に基づいてソーシャルワーカーの実践の効果を評価することを質的方法による実践評価という。

　質的方法による実践評価は，利用者の生の声や実際の生活状況を反映できるという特徴がある。利用者との面談やインタビューを通してソーシャルワーカーと利用者との双方向のやり取りが可能であるからこそ，また利用者の生活状況を直接観察して実態を把握できるからこそ，利用者の真のニーズや求める援助・支援にたどり着けるとも言えよう。そして，きわめて個別的な実践を通して個々の利用者に対する実践の評価が可能となるのである。

　またソーシャルワーカーが，援助・支援過程の時系列を通してどのようなことが起こっているのか，どのような変化を辿ってきたのかを振り返ることが可能となるのである。

　質的方法による実践評価は，個別性を重視しており，評価の結果を普遍化することはできない。当該利用者には有効であったとしても他の利用者に有効であるとは限らないからである。しかし，利用者個々人の生活支援を実践するソーシャルワークでは，ある援助・支援が一定の範囲での普遍性も重要ではあるが，当該利用者にとって有効であるかどうかは極めて重要といえよう。

　以下，本章では，実践評価について主にシングル・システム・デザインから取り上げることとする。

③ シングル・システム・デザインに基づく評価

□ シングル・システム・デザインの特徴

　平山は，「シングル・システム・デザイン」の特徴として次の点を挙げている。①目標（問題または標的）の認知と特定化をする（何を変える援助・支援を行うのか），②目標を操作定義して測定する（目標を具体的な表現に言い換える），③ベースライン期と援助・支援期間がある（**援助・支援**開始前の状態を表したベースラインと援助・支援期間状態を測定する），④測定が繰り返して行われる（援助・支援前，援助・支援期間，援助・支援後の変化の様子を繰り返し測定する），⑤明瞭な実践計画を立てる（使用した実践方法や理論を明確に記述し，どのような状況下でどのような方法がどの利用者に効果があるのかを明確にする），⑥評価計画，データの分析，分析結果による判定（目測と統計に加え，利用者の状況，問題の社会的，臨床的意味の分析を考慮に入れて判断する），である。いわば，ひとりの利用者などターゲットとするシステムの援助・支援前の観察（ベースライン期）と，援助・支援開始後の観察（援助・支援期）という期間を比較するのが特徴である。また，援助・支援の前後で利用者の抱える問題に変化が起こっているかということに加えて，変化が援助・支援によるものかどうかという問いにも答えられなければならない。よって，①問題を正確に測定すること，②適切なデザインを選択すること，③データを適切に分析すること，以上3点が求められる。

> **➡ 援助・支援**
> 平山は「介入」と表現しているが，ここではソーシャルワークで一般的に用いられている「援助・支援」と表現することとする。

□ 問題の明確化

　「シングル・システム・デザイン」では，利用者の抱える生活上の問題を明確化することからはじまる。そして，問題のどの項目を取り上げるのかを選定し，観察可能なように具体的なものに特定化したり操作化したりする。たとえば，「社会性がないので社会性を身につける」といった場合，その利用者にとっての社会性とはいかなるものかを具体的なものに置き換えるのである。「時間を守る」「知人に会ったら挨拶をする」といった形で問題を記述するのである。取り上げた項目を具現化することで，どこにどのように援助・支援すればよいかが

明確になったり，観察可能な形に置き換えたりすることで客観的に測定することができるため援助・支援の効果を評価できるようになるのである。

　一方，目にみえる行動は数値化しやすいが感情や気持ちといったことは具体的行動に置き換えにくいかもしれない。このような問題に対しても，具体的にどのような気持ちや感情を抱くのか，それはどの程度なのかといったスケールを作成することで援助・支援前と援助・支援後の気持ちや感情の度合いや間隔の変化を評価することができる。たとえば，「いつも憂鬱になる」といったことでも具体的にどのような気持ちになるのか，それは，10点満点で何点かをあらかじめ確認し，援助・支援によって何点まで下がったか，といったことで比較可能となる。また，憂鬱になる頻度はどれくらいかをあらかじめ確認し，援助・支援によって頻度がどれくらい減少したかによっても評価可能となる。さらに，ターゲットとする項目の持続する時間の長さも測定することができる。問題の明確化を行うにあたっては，**妥当性**➡を考慮しなければならない。

　また，取り上げた項目が援助・支援によってどの程度の改善をめざしているのかといったゴールを明確にする。ゴールは，「○○ができるようになる」「○○が維持されている」といった到達すべき利用者の生活状況を表すものである。

　「シングル・システム・デザイン」は，援助・支援前の状況に関するデータをベースラインといい，アルファベットのAで表し，援助・支援期をそれぞれの援助・支援に応じて他のアルファベットで表している。ABデザイン，ABAデザイン，ABABデザイン，多層ベースラインデザインが有名である。

☐ ベースライン期と援助・支援期

　援助・支援前のターゲットとなる内容の状況を把握することで，アセスメントに役立てたり効果測定を行うときの基準となったりする。この援助・支援前の状況をベースラインという。ベースラインを測定することで，援助・支援前の状況を把握しておき，そして援助・支援後の変化を理解できるようにするためである。一方で，援助・支援をすぐに開始しなければならずベースラインを確認する時間がない場合は，直近の状況を思い出してこれをベースラインと理解する方法もある。

　ベースラインは，援助・支援前の状況を把握できることと，援助・支援後の効果測定ができる基準となることが重要であり，そのために

➡妥当性
測定したいものをどれくらい測定しているかを表したものをいう。たとえば，「社会性を身につける」といった項目を取り上げるとする。その場合，その利用者にとっての社会性というものを明確にする必要がある。「時間を守る」，「人と挨拶をする」といった項目を取り上げたとする。しかし，この項目が本当にその利用者にとって「社会性を身につける」ことにつながっているかどうかが問われるのである。ある利用者にとっては，「すぐに言い争いをしない」，「暴言を吐かない」といった項目の方が「社会性を身につける」ことの妥当性があるかもしれない。

必要なデータ量を収集することが求められる。短くては正確さを欠く一方で，長くても利用者の生活に悪影響を及ぼすため適度な期間や回数でなければならない。5〜7回くらいのデータがあればベースラインを把握することができる。

　ベースラインは，変動の幅が少なく上向き，下向きの傾向もなく安定していると状況を把握しやすい。ところが，常に一定しているとは限らない。たとえば，取り上げた問題行動が減少していたり，増加していたりすることもある。あるいは望ましい行動が増加していたり，減少していたりすることもある。測定すべき行動が不安定な状況にあったなどがその例として挙げられる。問題行動が増加していたり望ましい行動が減少したりしている場合は，援助・支援によって変化がみられれば効果測定が可能であるため，ベースラインとして成り立つといえよう。しかし，問題行動が減少したり望ましい行動が増加したりしている場合は，援助・支援しなくても望ましい方向に向かっているため援助・支援による効果が測定しにくい。よって，ベースラインの期間をさらに長く設けることも考えられる。

　データ収集は，利用者本人の自己申告によるもの（個人評価スケール），家族や福祉関係者の観察（行動観察）によるものがある。観察されているとわかっただけで利用者がいつもと異なる反応をし，良い方向へと変化することがある。これをリアクティビティという。また，暴言を吐くといった行動を常に観察することは不可能かもしれない。そのようなときは，毎日暴言がみられる時間帯を限定して（たとえば，夕方の6時から晩の8時までの2時間），この間のベースラインを把握する方法が効果的である。

　データの測定にあたっては，どのくらいの頻度でその行動が起こっているか（頻度），その行動がどれくらい続いているか（継続時間），どれくらいの間隔で起こっているか（間隔）をカウントする。正確に測定するために，行動のはじまりと終わりを明確にする。

　取り上げた項目に対してベースラインが把握できたら，次にその項目に対して援助・支援を行う。援助・支援はあらかじめ定められた手続きに基づいて行われる。

　データの収集にあたっては，データの正確性が求められる。何度測定しても誰が測定しても同じような結果が得られることが望ましい。いわば測定したいものを正確に測定する必要がある。これを**信頼性**という。

➡ **信頼性**
(5)
ある質問に対して回答方法を間違えた場合や質問が曖昧であったりする場合は，誤差が生じる。また，同じ利用者でもそのときどきの状況によって回答が異なったり反応が異なったりする。さらに，データの測定基準が測定機器や観察者によって異なっていては正確なデータを得ることができない。これらの誤差を少なくし，より正確なデータを収集しなければならないといえよう。

□ シングル・システム・デザインの形

① AB デザイン

シングル・システム・デザインの基本形である。ベースライン期（A）と援助・支援期（B）に分かれており，ベースライン期で取り上げた項目の状況を把握し，計画された援助・支援を開始しデータを収集し記録してベースライン期と援助・支援期の比較を行う方法である（図9-1）。このデータの傾向によって，援助・支援を継続するか修正を加えるか中止するかの判断とするのである。AB デザインは，援助・支援の過程と結果の双方を確認することができ，援助・支援の経過途中で取り上げた項目の変化をモニターし，援助・支援を継続するのか，新たな援助・支援策を考えたほうがよいのか，あるいは援助・支援を打ち切ったほうがよいのかといった今後の方針を確認することができる。援助・支援の結果から，援助・支援方法の効果を確認することができる(6)。

一方で，AB デザインは，ベースライン期と援助・支援期の2段階しかないため援助・支援期の変化が援助・支援によるものと断言できない。偶然同じ時期に他の要因が加わり変化がみられたのかもしれない。そうであれば援助・支援の効果ではなく，他の要因が影響したことになる。また，複数の援助・支援を同時に行ったとき，改善がみられたとしてもどの援助・支援に効果があったのかを確認することができない。その意味で，AB デザインには限界があるといわれている。そこで，これらの問題に対応する意味で用いられている代表的なデザインを以下に紹介する。

② ABA デザイン

ABA デザインは，援助・支援を中断しベースライン期をもう一度持ち込むデザインである（図9-2）。援助・支援によって問題が改善したのであれば，援助・支援を中断したことで再度問題が悪化するはずである。いわばベースライン期に戻ることになる。問題が悪化すれば，援助・支援によって効果があったことが確認できる。しかし，福祉の現場ではいくら援助・支援の効果を確認するためとはいえ，援助・支援を中断することは倫理上の問題が残る。また，援助・支援によっていったん改善がみられた場合，援助・支援を中断したとしてももとのベースライン期に戻るとは限らない。たとえば，障害者作業所に通っている利用者がよく遅刻をするとしよう。援助・支援によって遅刻は激減したが，いったん身についた習慣が援助・支援の中断とともにもとの状態に戻らず，そのまま改善された状態を維持することも多いのではないだろうか。これを「持ち越し（キャリーオーバー）効

図9-1　AB デザイン

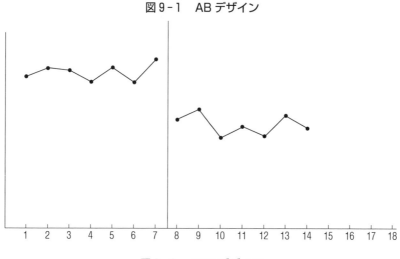

図9-2　ABA デザイン

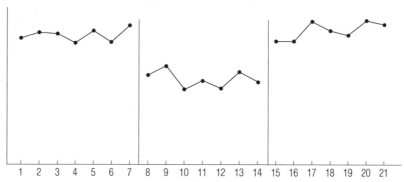

図9-3　ABAB デザイン

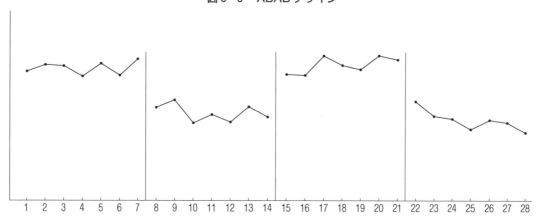

果」という。[7]

③　ABAB デザイン

ABAB デザインは，いったん中断した援助・支援を再度導入する
デザインである（**図9-3**）。これによって，ベースライン期と援助・
支援期が2回繰り返されることとなり，援助・支援の効果を確認する

ことが可能となる。しかし，ベースライン期と援助・支援期を2回繰り返すという時間の長さや「持ち越し（キャリーオーバー）効果」の問題，いったん援助・支援を中断するという倫理上の問題は解決されておらず，実践には不向きなデザインといえる。

④ 多層ベースラインデザイン

これまでのデザインの問題を克服するデザインとして，多層ベースラインデザインが有名である。これは，基本はABデザインであるが，2つ以上の内容，2人以上の利用者，あるいは2種類以上の状況（たとえば異なる場面や人物）において同時にベースライン期を開始し，援助・支援開始時期を少しずつずらすデザインである（図9-4）。援助・支援に効果があるならば，援助・支援が開始された項目だけ改善がみられ，それ以外については変化がみられないというものである。たとえば，ある知的障害者が自立生活訓練に取り組む際，戸締り，食事，部屋の掃除といった項目に取り組むこととなった。各項目ベースラインを確認し，戸締り，食事，部屋の掃除と順に援助・支援を行っていった。その結果，各項目とも援助・支援の開始によって改善がみられた。

多層ベースラインデザインの利点は，倫理上の問題が緩和されることと，ABデザインであることから持ち越し（キャリーオーバー）効果の心配を考慮しなくともよい点である。ただし，複数の取り上げるべき項目，利用者，状況を同時に設定しなければならず，またそれぞれが独立していなければならない。たとえば，人との会話を増やすことを課題として挙げた場合，複数の人物という状況に焦点を当て，学校の先生，母親，父親，もっとも仲の良い友人といった複数の人物との会話に順次取り組んだとしても，一人目の人との会話に成功すると次に援助・支援をはじめなくとも他の人との会話が増えることもある。この場合だとそれぞれの状況（人物）は独立しているといえない。

☐ 効果の有意性

ベースライン期と比較して，援助・支援後有意に差があるかどうかを確認することで援助・支援の効果が確認できる。このとき，実践的有意性，統計的有意性，理論的有意性といった観点から確認する必要がある。

実践的有意性とは，ターゲットとなった問題の改善が実践的にみて意味があるかどうかという観点から判断しようとするものである。たとえば，ある高齢者の他者への暴言の頻度を減らすことがターゲットとなったとする。ベースライン期では夕方6時から8時までの2時間

図9-4 多層ベースラインデザイン

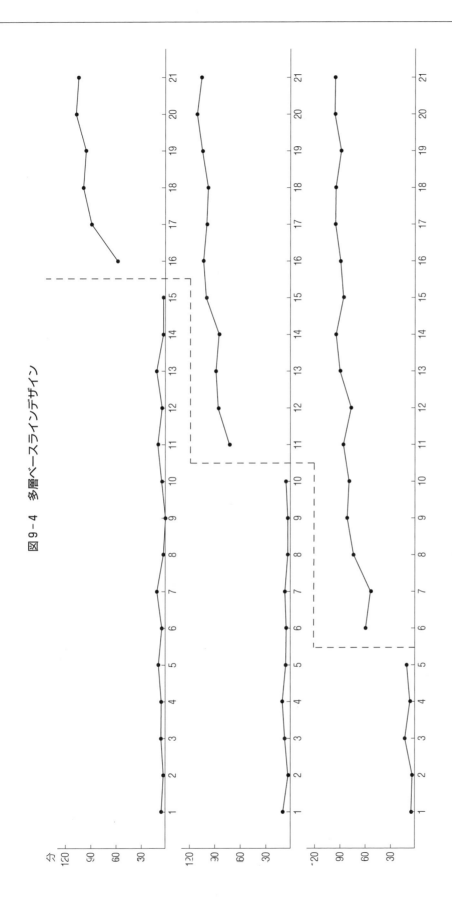

にほぼ同じような頻度で平均4回みられたとする。援助・支援によってこれが平均1回に減ったとする。平均4回から1回に減少したことで利用者本人も周囲もずいぶん落ち着くことができたとするならば，実践的有意性があるといえる。一方で，社会の規範によって大きく左右され，主観的であることも事実である。

　統計的有意性とは，統計的検定を用いて有意であるかどうかを確認する方法である。これは，援助・支援前と援助・支援後の変化が一見しただけではわかりにくい場合などに統計分析によって確認しようとするもので，より正確性を高めることができるといわれている。ただこの方法では，援助・支援前と援助・支援後の変化の有意差を確かめるものであって，援助・支援そのものに効果があったかどうかを確認することはできない。

　理論的有意性は，援助・支援に関する理論を用いることで取り上げた項目がどのように変化するかが予測できるため，予想通りの効果が表れたかどうかで判断する方法である。たとえば，ある問題となっている行動を減少するのに，行動理論の考えに基づいて，利用者がその問題となっている行動を起こしたときワーカーはかかわりを持たないで無視するという援助・支援を行ったとする。一時的にその行動は頻度が増すことが予想される。これを消去爆発という。しかし，やがてその行動は減少することが予想されるため，無視を続けることで問題となっている行動が減少するのである。ただ，現実として援助・支援に関する理論がそれほど熟し切っていない中で理論的有意性を確認することは困難ともいえよう。

　ソーシャルワーク実践においては，実践的有意性があるかどうかがもっとも重要であり，評価の基本的考えといえる。ただ，取り上げた項目の改善が偶然ではないことを確かめるには統計的有意性が必要となり，なぜ改善したのかを確かめるには理論的有意性が重要となる。

❑ 評価方法

　評価は，視覚的に行われたり，統計的な手法やコンピュータを用いて分析されたりする。評価は，ゴールがあらかじめ明確になっている場合は，ゴールに到達しているかいないかで行うことができる。たとえば，障害者作業所でのある利用者の一日の作業量がベースライン期では平均100個であったとする。これを平均120個まで増産したいという目標を立て，120個に到達していれば目標が達成されたと評価できる。しかし，効果測定まで意図するならば単に目標の到達だけで評価するのは危険であり，さまざまな観点での評価が必要となる。そこで，以

下のような分析方法を用いることとする。

①　視覚的な評価方法

　ベースライン期，援助・支援期それぞれ収集したデータをグラフ化し，変化の様子を目測によって評価するものである。現実的には，ベースライン期と援助・支援期のデータに明らかな変化がみられる場合ばかりではないし，各期のデータが安定しているわけでもないので，視覚によって一目瞭然というわけにはいかないかもしれない。しかし，「視覚的にデータを注意深く観察することはデータ分析の第1ステップである」といわれている。[8]

　視覚的分析をわかりやすくするためにいくつかのパターンを想定して説明することとする。

　(1)ベースラインが安定している場合

　援助・支援によって変化がみられ，減少したい項目が減少したり，増加したい項目が増加したりしている場合は効果があったと判断できる。変化がなかったり，減少したい項目が増加したり，増加したい項目が減少したりしている場合は効果がなかったといえる（図9-5①〜⑤）。

　(2)ベースラインが上向きの場合

　援助・支援によって減少したい項目が減少した場合は効果があったと判断できる。減少したい項目がベースライン期に引き続き増加している場合は効果がなかったといえる。増加したい項目が増加している場合その傾きがベースライン以上の増加であれば効果があったといえる。増加したい項目が減少している場合は効果がなかったといえる（図9-6①〜④）。

　(3)ベースラインが下向きの場合

　援助・支援によって減少したい項目が減少した場合，その傾きがベースライン以上であった場合は効果があったと判断できる。減少したい項目が増加している場合は効果がなかったといえる。増加したい項目が増加している場合は効果があったといえる。増加したい項目が減少している場合は効果がなかったといえる（図9-7①〜④）。

　(4)援助・支援後すぐに変化がみられない場合

　取り上げた項目によってはすぐに効果がみられない場合がある。学校の勉強の場合，1週間ですぐに効果がみられる教科ばかりではない。このような場合は援助・支援期を長めに設定し様子をみる必要がある。

　(5)ベースライン期，援助・支援期の状態が不安定であったり曖昧であったりする場合

　他の要因が影響していないか要因を探る，パターンが安定するまで

図9-5　ベースラインが安定している場合

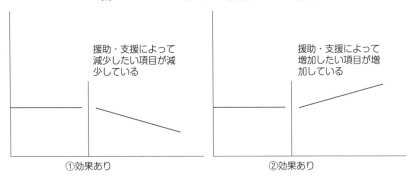

援助・支援によって
減少したい項目が減
少している

①効果あり

援助・支援によって
増加したい項目が増
加している

②効果あり

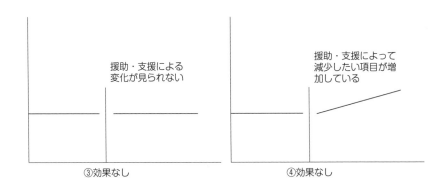

援助・支援による
変化が見られない

③効果なし

援助・支援によって
減少したい項目が増
加している

④効果なし

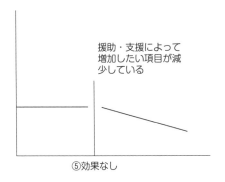

援助・支援によって
増加したい項目が減
少している

⑤効果なし

図9-6　ベースラインが上向きの場合

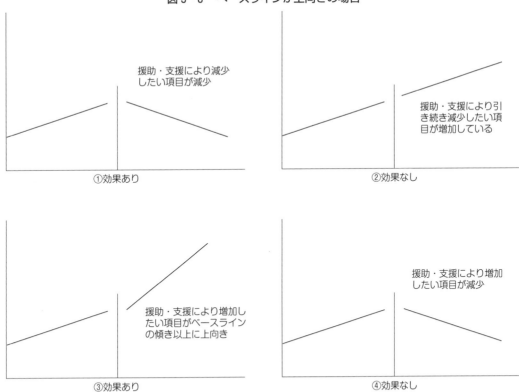

図9-7　ベースラインが下向きの場合

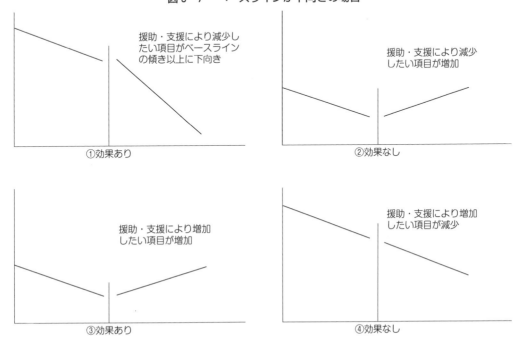

図9-8　グラフの目盛りを再設定した場合

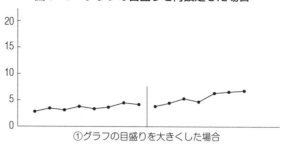

①グラフの目盛りを大きくした場合

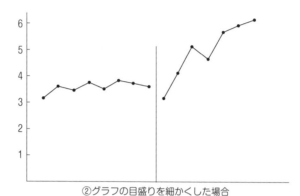

②グラフの目盛りを細かくした場合

様子をみる，援助・支援方法を変更する，実践的有意性の観点から分析する，理論的有意性の観点から分析する，統計的分析を行うなどが挙げられる。

　視覚的分析を行うためには，変化が確認しやすいようなグラフの目盛りを大きく設定することが重要となる（**図9-8**①，②）。

☐ 記述的統計による評価方法

　ベースライン期，援助・支援期の状態が不安定な場合，視覚的な評価方法でわかりにくい場合や視覚的な評価方法で明確な場合でも，より信頼性を高めるために統計的な評価方法を用いるとより効果的である。統計的な評価方法については，第5章の量的調査データの整理と分析を参照していただきたい。本章では，シングル・システム・デザインで用いられる評価方法をごく簡単に紹介する。

①　代表値

　データを代表する数値で，平均値，最頻値，中央値などがあるが，シングル・システム・デザインは中央値と平均値がよく用いられる。

　中央値とは，ベースライン期と援助・支援期のデータの中央値を比較し，差をみる方法である。たとえば，ある利用者の1時間の作業量が，54，45，52，60，44，48，47だったとする。これを作業量の多さ

の順番に並び変えると，44，45，47，48，52，54，60となる。ちょうど中央にくる数値が48であり，48が中央値となる。ある援助・支援を行った結果，1時間当たりの作業量が，55，63，50，55，56，62，46，60，59，61となったとしよう。これを作業量の多さの順番に並び変えると，46，50，55，55，56，59，60，61，62，63となる。今回は偶数なので，ちょうど中央にくる数値が56と59の間となるため57.5であり，57.5が中央値となる。ベースライン期の中央値が48に対し，援助・支援後の中央値が57.5であり，差がみられることがわかる。

　中央値は極端な外れ値に影響を受けにくい。たとえば，ある利用者の他者への罵声を浴びせる回数を調べたデータで10，12，9，11，21，13，11といった結果が得られたとする（順に並び変えると9，10，11，11，12，13，21となる）。21というデータだけが突出しており，外れ値となるが，中央値は，11であり，外れ値に影響を受けることはない。外れ値が含まれている場合は有効な分析方法といえる。

　平均値とは，ベースライン期と援助・支援期のデータの平均を比較し，差をみる方法である。たとえば，先ほどの作業量のベースライン期の平均をみると，$54＋45＋52＋60＋44＋48＋47÷7＝50$となる。援助・支援期の平均は，$55＋63＋50＋55＋56＋62＋46＋60＋59＋61÷10＝56.7$となる。ベースライン期と援助・支援期の平均値に違いがみられることがわかる。平均は，すべてのデータを考慮するため，より多くの情報をもとに表した代表値といえる。

　一方，短所として，外れ値がある場合，それに引っ張られる形となる。先ほどのある利用者の他者への罵声を浴びせる回数を調べたデータの平均は，$10＋12＋9＋11＋21＋13＋11÷7＝12.43$となる。ここから外れ値である21を削除すると，11となる。そこで，データのもっとも大きい数値と小さい数値の一定の割合をあらかじめ削除して平均を求める調整平均という方法が用いられることが多い。たとえば，10％調整平均であれば，データの結果を順番に並べたとき，もっとも大きいほうから10％ともっとも小さいほうから10％を削除したデータ（80％）の平均をみる方法である。これによって外れ値の影響を受けにくくするのである。ただし，データ数が少ない場合は，削除できるデータに限りがある。外れ値がない場合は，総データの平均が望ましい。

②　散布度

　中央値や平均値は，データの典型的な値を表すもので，どの程度データがばらついているかを表すものではない。データが安定している場合は，中央値や平均値でも十分効果が把握できるが，データにばら

つきがある場合は効果測定が困難である。そこで，データのばらつき
を調べる方法として範囲（レンジ）と標準偏差が効果的である。

　範囲とは，ベースラインと援助・支援期のデータの範囲を比較し，
差をみる方法である。先ほどの作業量のベースライン期のデータ44,
45, 47, 48, 52, 54, 60でみると，最大値60と最小値44の差は，16で
ある。援助・支援期のデータ46, 50, 55, 55, 56, 59, 60, 61, 62, 63
でみると，最大値63と最小値46の差は，17である。しかし，外れ値が
生じている場合，外れ値に大きく影響されるため調整を行う必要があ
る。一般的に4分位範囲と呼ばれ，データを大きさの順に並び替えた
場合，上下それぞれ25％の位置にある測定値の差をとるものである。

　標準偏差とは，ベースライン期と援助・支援期のデータの標準偏差
を比較し，差をみる方法である。たとえば，先ほどの作業量のベース
ライン期の標準偏差は，5.26，援助・支援期の標準偏差は，5.18であ
る。ベースライン期は，平均値50であり，1標準偏差は，上が55.26,
下が44.74，援助・支援期は，平均値が56.7であり，1標準偏差は，上
が61.88，下が51.52となり，援助・支援期の方が相対的に多いことが
わかる。

　③　傾　き

　平均値が同じでもまったく傾きの違うデータが得られることがある
（図9-9）。傾きとは，ベースライン期，援助・支援期のデータの傾き
をみるものである。同時期のあるデータと次のデータの差の平均を取
ることであり，傾きに線を引くことができる。しかし，同じ期におい
て一定の傾きを示すとは限らない。そこで，同じ期を分割してより細
かくみていくことで傾きを読み取ろうとする。

　時間軸に沿ってデータがどのような傾きを示しているかを明らかに
したものにセレレーション・ラインがある（図9-10）。たとえば，援
助・支援期を前半と後半に分けそれぞれの平均値を出し，グラフ上に
示し前半と後半の平均値を線で結び傾きをみる方法である。援助・支
援期の前半と後半とに二等分し，さらに前半，後半の中でも二等分し
それぞれ線を引く。前半の平均値を前半の二等分した線上に印をつけ，
後半の平均値を後半の二等分した線上に印をつけ前半の平均値と後半
の平均値を線で結び傾きをみるのである。

　この方法を用いた分析には2種類ある。ひとつめは，ベースライン
期のセレレーション・ラインと，援助・支援期のセレレーション・ラ
インの傾きを比較する方法である。もうひとつは，ベースライン期の
セレレーション・ラインを援助・支援期にまで延長して記入し，ベー
スライン期の傾きと援助・支援期のセレレーション・ラインの傾きを

図9-9 傾き

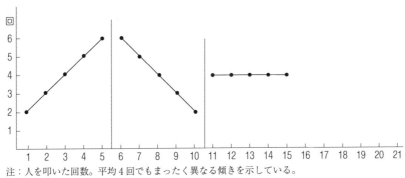

注：人を叩いた回数。平均4回でもまったく異なる傾きを示している。

図9-10 セレレーション・ライン

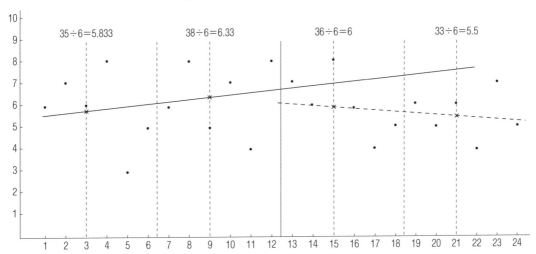

比較する方法である。

　このほか相対頻度法，2標準偏差法，t検定，χ^2検定など統計的手法を用いた分析法があるが，これらについては本書の第5章をあたってほしい。

❏ 生活状況の改善

　質的方法による実践評価では，利用者のニーズがどの程度充足されたのか，すなわち生活状況がどの程度改善したのか，利用者の満足度はいかなるものかを評価することとあわせて援助・支援のプログラム（中身）についても評価を実施することとなる。

　援助・支援によって取り上げた項目に改善がみられたとしても，それで問題が解決した，と即決するわけにはいかない。取り上げた項目に改善がみられたことで利用者の生活状況がどう変化したかもあわせて評価しなければならない。**社会的妥当性**の観点や利用者自身が満足しているのか，ソーシャルワーカーなど専門家の観点から利用者の生

表9-1 利用者の満足度評価のサンプル

今回のサービス提供について該当する項目に○をつけてください。また，その理由もお聞かせください。

①提供されたサービスに対する満足度はどの程度のものですか
　大いに満足　　やや満足　　やや不満　　大いに不満
　その理由

②提供されたサービスによってあなたの生活状況は良くなりましたか，悪くなりましたか
　大いに良くなった　　やや良くなった　　変化なし　　やや悪くなった　　大いに悪くなった
　その理由

③職員の対応はどのようなものでしたか
　大いに満足　　やや満足　　やや不満　　大いに不満
　その理由

➡ 社会的妥当性

これには大きく2種類ある。まず，利用者の抱えている問題を抱えていない同じ特性，たとえば同じ年齢，性別，体格の集団の人々と比較して問題がどの程度改善されたかを比較する方法である。同じような状況にまで改善すれば社会的妥当性があるといえる。2つ目は，利用者の抱えている問題に関する専門家（たとえば，ソーシャルワーカー，ケアワーカー，ケアマネジャーなど）がそれぞれの立場から判断し効果を測定する方法である。どちらの方法も社会的規範に基づいて判断されるが，いずれも主観を排除できない。よって，他の評価方法の補助的手段として用いるべきであるといわれている[9]。

活状況が改善されたといえるのか，といった総合的な評価が不可欠となる。

　利用者の満足度については，利用者自身が語る内容をもとに判断したり，どの程度満足しているかといったアンケートをとったりして数値化する方法がある（表9-1）。

　一方，専門家の観点からの評価としては，取り上げた項目は適切であったか，設定した目標は適切であったか，援助・支援方法は適切であったか，援助・支援は適切に行われたか（適切に行われた要因，適切に行われなかった要因はどのようなものか），援助・支援による到達度はどのようなものか，利用者の生活状況はどの程度改善したのか（ニーズが充足されたのか）といった内容が含まれる。これらについては，関係する専門家がそれぞれの専門的観点に基づいて議論し，総合的に判断されることとなる。生活状況の改善については，①性，年齢層，地域性を考慮し，他の同じような状況にある人々と比較して生活水準を評価する方法（相対評価），②利用者個人をとらえてどの程度生活状況が改善し，生活の質が高まったかを評価する方法（絶対評価）とがある。

○注

(1)　平山尚・武田丈・藤井美和（2002）『ソーシャルワーク実践の評価方法
　　　——シングル・システム・デザインによる理論と技術』中央法規出版，16-20.
(2)　同前書，31-36.
(3)　同前書，163.
(4)　同前書，163.
(5)　同前書，101.
(6)　同前書，175.
(7)　同前書，176.
(8)　同前書，211.
(9)　同前書，194-195.

◯参考文献

武田丈（2021）「第 3 節　ソーシャルワークにおける評価方法」日本ソーシャルワーク教育学校連盟編『社会福祉調査の基礎』中央法規出版，220-229.

アルバート，P. A.・トルートマン，A. C.／佐久間徹・谷晋二監訳（1992）『はじめての応用行動分析』二瓶社.

バーロー，D. H.・ハーセン，M.／高木俊一郎・佐久間徹監訳（1988）『1 事例の実験デザイン』二瓶社.

平山尚・武田丈・藤井美和（2002）『ソーシャルワーク実践の評価方法——シングル・システム・デザインによる理論と技術』中央法規出版.

桑田繁（2003）『福祉・心理臨床場面における治療効果に関する研究』関西学院大学出版会.

武田建・荒川義子編（1986）『臨床ケースワーク——クライエント援助の理論と方法』川島書店.

■終　章■
社会福祉調査の展望

ソーシャルワークの分野における新しい調査手法

❏ ミックス法

　本書では，ソーシャルワーカーにとって必要な調査として，ニーズ調査，プログラム評価，実践評価を取り上げ，それぞれについて質的アプローチと量的アプローチを別々に紹介してきた。もともとソーシャルワークを含む社会科学の分野では，長年量的アプローチが中心に行われてきたが，この30年から40年ぐらいの間に質的アプローチも積極的に活用されるようになり，発展してきた。そして，近年では，こうしたアプローチを別々に調査に用いるのではなく，一つの調査の中で両方のアプローチを用いるミックス法（混合法）が注目を浴びてきている。[(1)]

　１つの調査の中で両方のアプローチを用いることの一番のメリットは，質的あるいは量的のどちらか一つだけのアプローチを用いた調査よりも，より詳細で多角的な情報を収集できる点である。言い換えるならば，ミックス法は，質的・量的アプローチそれぞれの限界を，１つの調査の中で両アプローチを同時に用いることによってカバーしようとするのである。つまり，量的アプローチは調査対象者からの情報の背景や，情報の裏側に潜む感情や経験を理解することには限界があるが，逆に質的アプローチはこうした情報収集に優れている。これに対して，質的アプローチはデータの分析が調査者の主観に大きな影響を受け，データの解釈にバイアスがかかり，特定の少数者を対象とした調査結果を他の人たちに一般化することに限界がある。その一方，量的アプローチの場合にはこうした問題が少ない。したがって，１つの調査に両方の手法を用いることによって，それぞれのこうした限界を補うことが可能となるのである。

　また，両方のアプローチを用いることにより，どちらか一つのアプローチでは解明が困難な「調査のための問い」に対しても，有効な調査が可能となる。たとえば，「住民を対象とした大規模な質問紙調査による地域のニーズ調査（量的アプローチ）と，住民の座談会やフォーカスグループインタビュー（質的アプローチ）などで話される地域のニーズは一致するのか，異なるのか？」といった「調査のための問い」は，必然的にミックス法でなければ調査できない。また，シングル・システム・デザインで確認された実践の効果を，「実践の何に，

いつ，どのように効果があったのか」といったことをインタビューで詳細に調べるという場合にも，当然ミックス法は有効である。また，実験計画法によるプログラム評価を実行する際に，どういった対象者にそのプログラムが有効かを事前に質的アプローチを用いて調査を行うといった場合にも，ミックス法は有効ある。

　さらに，ミックス法では調査者が調査の目的に応じて，質的であろうが，量的であろうが，あらゆる手法を用いることが可能であるという点において，非常に実用的な調査法だといえるであろう。一般的に，私たちが何か物事を理解する際には，量的側面と質的側面の両方から理解しようとする。たとえば，震災の被害の程度を把握する際には，被災者数，倒壊家屋数，震度といったような量的な情報と，地震の瞬間に被災者が感じたこと，避難所での生活状況や困っていることなどの質的情報の両方が必要であろう。また，ソーシャルワーカーが利用者の行動を理解する際にも，その行動の回数などの量的情報とともに，行動を観察することによって得られる質的情報にも注目する。このように考えると，ソーシャルワークの現場で調査を行う際には，量的アプローチで得られた情報だけ，あるは質的アプローチによる情報だけといったどちらか一つだけのアプローチによる調査よりも，両方のアプローチを同時に用いるミックス法はより有効な調査アプローチだといえるであろう。

❏ ICT を活用した調査法

　近年のコンピュータおよびICT（情報通信技術）の急速な発展に伴い，ソーシャルワークにおける調査手法にもさまざまな変化がもたらされてきている。特に，多くの人がコンピュータやスマートフォンを活用するようになったことに加え，エクセルやSPSS といった操作が簡単な調査データの分析ソフトの普及により，量的調査におけるデータの分析は飛躍的に容易になった。また，シングル・システム・デザインによる実践評価の際にも，SingWin[2] といったソフトウェアを用いることによって，担当する利用者のデータをソーシャルワーカーが毎日入力するだけで，クリック一つで簡単にそのデータのグラフ化や統計的分析が可能となってきている。

　また，最近の質的調査やミックス法の関心の高まりに応じて，質的データの分析のためのソフトの開発も盛んになってきている。Word Miner や Text Mining Studio に代表される言語データを数量化して計量的に分析するテキストマイニングという手法のソフトや，質的データのコーディングや体系化に有効な MAXQDA といったソフトも

活用されるようになってきている。

　こうしたICTの発達は，単にデータ分析だけではなく，調査手法そのものにも大きな変化をもたらしている。特にインターネットの普及により，ニーズ調査や実態調査において，従来の郵送法，訪問面接調査，電話調査に加え，インターネットを活用したデータ収集が可能となってきている。こうした，オンライン調査では，調査対象者にメールで回答を依頼したり，Web上で回答を求めることによって得られたデータをそのままコンピュータ上で集計・分析できるので，ほかの調査手法に比較し，ローコストで極めて迅速な調査を行うことが可能となる。スマートフォンやコンピュータの普及により，インターネットへアクセスできる人口が世界的に拡大しており，世界規模の国際比較調査も従来よりもずっと容易に実行できるようになってきている。

　特にLGBTQ+や薬物依存の人たちなどのように，標本枠の入手が困難な人たちを対象としたニーズ調査や実態調査では，調査対象者のリクルート自体をWeb上で行って調査することが可能となってきている。たとえば，「REACH Online 2016」（研究代表者：日高庸晴，http://www.health-issue.jp/reach_online2016_report.pdf）というLGBTQ+当事者に対する意識調査では，LGBTQ+当事者たちが利用するサイトやアプリにバナー広告を掲出したり，SNSを通じて調査参加者を募ってオンライン調査を実施し，海外在住者77人含む15,141人から回答を得ている。この調査では，LGBTQ+の人たちのいじめられた経験の有無，SOGIに関する教育，学校や職場の環境などが明らかにされ，その結果は実践や政策提言に活用されている。

❏ CBPR

　本書でここまで紹介してきた調査方法は，質的であれ，量的であれ，ミックス法であれ，すべてソーシャルワーカーや調査者など，調査する側が主体となって行うものであった。もちろん，その調査結果は，実践へのフィードバック，ソーシャルワークの政策やプログラムの開発や改善など，最終的にはソーシャルワークのサービス利用者や社会にとって役立つ知識を生み出すことに用いられる。しかし，その調査過程で，利用者たちは質問紙に回答したり，プログラムに参加するということで調査に参加することはあっても，当時者自らが調査を計画したり，そのデータ収集や分析に参加することはない。

　これに対して，CBPR（Community-Based Participatory Research ＝地域を基盤とした参加型リサーチ）や参加型アクションリサーチは，調査する側と調査される側が協働して，あるいは調査される側が主体と

なって実施するものである。CBPR は，「コミュニティの人たちのウェルビーイングの向上や問題・状況改善を目的として，リサーチのすべてのプロセスにおけるコミュニティのメンバー（課題や問題に影響を受ける人たち）と研究者の間の対等な協働によって生み出された知識を社会変革のためのアクションや能力向上に活用していくリサーチに対するアプローチ（指向）[3]」と定義される。つまり，問題の診断や分析（事実の発見），結果をもとにしたアクションの計画，その実行，そして評価という一連の作業の循環の過程すべてにおいて，当事者が主体的に参加するのである。たとえば，日本の山間部の小さな村でニーズ調査をする際に，ソーシャルワーカーが主体となって自分が関心のある事柄の情報をインタビューや質問紙で収集して分析し，その地域に必要な支援を行っていくのが従来の調査法である。これに対してCBPR では，その村の住民たちがソーシャルワーカーや調査者と協働して，自分たちの関心あるテーマを，自分たちで計画した方法で収集・分析し，その結果をもとにアクションプランを策定して地域を自ら改善していくというものである。ソーシャルワーカーや調査者は，調査におけるパートナーやファシリテーターとしての役割に徹するのである。

　このCBPR の目的は，単に知識の創造ではなく，教育や意識改革，またすべての参加者の行動の促進である。つまり，理論の構築よりも，コミュニティの社会的あるいは政治的問題に焦点をあて，社会変革のためのアクションを促進する過程がCBPR なのである。そして，その過程を通して，当事者たちが必要な情報へのアクセスと適切な知識を把握する能力を身につけ，状況改善や社会変革のためへのアクションを起こしていくことによって参加者たちのエンパワメントを促進していくのである。

　CBPR の中で用いられる具体的な調査手法としては，グループ・ディスカッション，インタビュー，図の作成，ビデオ，写真，芸術活動，マッピング，質問紙調査，ミックス法，実験計画法，エスノグラフィー，データのコンピュータを用いた分析などを含む，量的・質的のさまざまな調査技法や分析技法などが用いられる。しかし，ソーシャルワークの現場で，さまざまな人たちと協働して実施する場合には，調査や統計に関する高度な専門知識が不要で，誰でも参加しやすい以下のような手法も有効であろう。

　たとえば，国際協力や社会開発の分野で開発され，広く活用されているPLA（Participatory Action & Learning）は，マップや年表づくり，二次資料の活用，フォーカスグループインタビューのように観察や言

▶ PLA

社会開発の分野における参加型調査法。1970年代のRRA（集中型農村開発査定）から，PRA（Participatory Rural Appraisal ＝住民参加型農村開発査定）を経て，1990年代後半のPLA（参加型学習と行動）へと発展するにしたがい，住民自身によるコミュニティ改善の促進が強調されるようになり，専門家の役割はパートナーからファシリテーターや裏方に徹することが強調されるようになった。

葉によるやりとりに重点が置かれる手法によって収集されたデータを
もとに，コミュニティのメンバー自身が自分たちの生活を改善するプ
ランを立て，実行，評価を行いながら，その過程でエンパワメントを
達成していくもので，ソーシャルワークの分野でも非常に有効だと考
えられる。[(4)]

　プログラムや組織の評価では，エンパワメント評価という参加型の
評価手法もソーシャルワークの分野で有効であろう。エンパワメント
評価は組織のエンパワメントの度合いを評価するものではなく，外部
の評価者の助けを受けて組織のメンバーたちが自分たちで組織の自己
評価を行い，参加者，コミュニティ，環境の間の関係の問題を見つけ
改善につなげる民主的な調査活動であり，そのプロセスを通して参加
者がエンパワメントを達成していくものである。[(5)]現状の組織やコミュ
ニティの能力レベルの評価を実施するとともに，能力開発および望む
成果の達成に向けて，改善，コミュニティ主権，参画，民主的参加，
社会正義，コミュニティの知識，証拠に基づく方策，能力開発，組織
的学習，説明責任という10の原則をベースに，組織やプログラムの改
善計画の立案，目標設定，実行，評価という循環を繰り返すことで，
エンパワメント評価の実践モデルを組織に定着させることをめざすの
である。

　こうした当事者が主体となる参加型の調査は，必ずしも新しい調査
手法というわけではなく，特にコミュニティワークの中などで昔から
活用されてきた手法であるが，日本のソーシャルワークの分野におけ
る調査手法としてはまだまだ十分に認識されていない。しかし，社会
変革と当事者のエンパワメントというこのCBPRの目的は，まさにソー
シャルワークの目的と合致しており，今後ますます日本のソーシャ
ルワークの現場で活用されることが期待される。

◻ 多様性に配慮した調査

　社会の中には，年齢や性別はもとより，障害，国籍・民族，宗教，
セクシュアリティなど，多様性が存在する。2014年に発表されたソー
シャルワークのグローバル定義の中で多様性の尊重が明文化されたこ
とにみられるように，ソーシャルワークの分野ではこれまで以上に多
様性の尊重の重要性が認識されるようになってきている。

　これは社会福祉調査においても同様である。質的であれ，量的であ
れ，ミックス法であれ，どのアプローチを用いるのにしろ，ソーシャ
ルワークの領域での調査では，調査者の文化ではなく，調査対象者の
文化に適した調査アプローチを用いることが非常に重要である。たと

えば，エスニック・コミュニティを調査する場合，まずはそのコミュニティのリーダーにコンタクトして信頼を得てからコミュニティに入ったうえで，そのコミュニティの文化に適合した手法でデータ収集することの必要性が指摘されている。⁽⁶⁾

　しかし残念ながら，コミュニティの同意がないまま情報収集を行うケース，先入観に合致する情報だけを収集する調査，「調査してあげる」や「援助してあげる」といった態度でコミュニティに入って調査を行うケース，さらにはコミュニティの資料や住民から借りたまま返却しない略奪調査などが行われていると指摘されている。⁽⁷⁾こうした調査の問題は，研究結果として誤った情報を広めるだけでなく，調査におけるこうした不快な経験が，研究者に対する信頼の喪失や調査に対する懐疑心を助長してしまう。その結果，別の研究者が，その文化に適合し，本当にそのコミュニティのためになる研究を行おうとしても，そのコミュニティに受け入れてもらえないという事態を招きかねない。

　こうした事態を防ぐためには，先に紹介したCBPRのようにコミュニティの人たちと協働する調査や，調査の計画段階できちんと対象者と話し合ってそれぞれの文化に適したアプローチを用いることが大切になってくる。

 ## ソーシャルワークの現場で調査を普及させるために

☐ ソーシャルワーカーの役割

　ソーシャルワーカーが調査を実践で活用するには，調査に関する知識と調査活用への動機づけの向上が不可欠である。調査がいかに実践を促進・改善するかを理解することによって，ソーシャルワーカーの調査活用の動機づけは高まるであろう。また，調査や統計の知識を向上させることにより，ソーシャルワーカーは調査結果を正確に理解できるようになると同時に，自分で自分の実践を評価することが可能となる。

　しかし，ソーシャルワークの現場における調査の普及は，ソーシャルワーカー個人の努力だけでは達成できない。社会福祉機関，研究者，ソーシャルワークの教育機関のそれぞれが努力することによって，はじめて調査はソーシャルワークの実践の中で活用されるようになる。⁽⁸⁾

❏ 社会福祉機関の役割

　ソーシャルワーカーの調査の計画・実行，あるいは実践への実証的知識の積極的な活用には，そのソーシャルワーカーの所属する機関の支援が不可欠である。まず調査のためにソーシャルワーカーが費やせる時間，使用できるコンピュータ，コンピュータ・ソフト，測定具，知識源である学術誌・専門誌，さらにはデータ収集のためのインターネットへのアクセスといった物理的な支援が必要である。特にコンピュータによるケース記録の管理やデータ集計のシステムの導入は，ソーシャルワーカーのニーズ調査やプログラム・実践評価を飛躍的に容易にするだけでなく，機関の運営の効率化にも有効である。また，ソーシャルワーカーが調査結果を学会や研究会で発表する際の財政的支援や，論文発表に対する機関内での認知（人事考課）も，調査活用・実行への動機づけを高めるであろう。さらに各機関がソーシャルワーカーに対して実践の評価を義務づけたり，実践やプログラムの評価，さらには実証的知識の活用の必要性を強調すれば，自然とプログラム・実践評価の普及度も高くなるであろう。

　ただし，社会福祉機関がいくら物理的支援を提供したり，調査の必要性を強調したりしても，ソーシャルワーカーにそれを実行するための知識がなければ，ニーズ調査やプログラム・実践評価は実行されない。したがって，社会福祉機関はソーシャルワーカーがワークショップ，セミナー，研究会，学会などを通して調査や評価に関する知識を身につけられるよう援助していく必要がある。

❏ 研究者の役割

　ソーシャルワーカーやソーシャルワーカーを目指す学生の調査に対する抵抗感の解消，また調査結果に基づく知識の実践への活用には，調査者や研究者の努力も不可欠である。まず，より実践に即した，実践に活用可能な知識を提供する調査の増加が望まれる。特に，特定の問題やサービス利用者に対して効果的な援助方法・技法を探求するための調査や，ソーシャルワークのプログラム，サービス，政策の効果測定や評価が重要である。

　また研究者は，こうした調査結果がソーシャルワーカーの実践で活用されるよう，積極的な普及活動をすべきである。学術誌や学会で発表するのはもちろん，ワークショップやセミナー，社会福祉機関のニュースレター，DVD などによる映像化など，さまざまな手段によって有益な実証的知識の普及が可能である。

　さらに，ソーシャルワーカーの実践評価，また社会福祉機関のプロ

グラム評価を助長するには，測定尺度やデータ収集・解析のためのコンピュータ・ソフトの開発・普及が急務である。北米では，1970年代より手軽に実践へ活用できるさまざまな尺度や，コンピュータ・ソフトの開発が進められている。日本でも，北米で開発されたものを単にそのまま翻訳して用いるのではなく，日本の実践の状況や文化に即した実用性や妥当性の高い尺度の開発が必要であろう。

☐ ソーシャルワークの教育機関

　調査方法やデータ解析の方法は単なる知識として教育されるのではなく，ソーシャルワークの実践の一部として教育されない限り，調査が実践で活用されることは難しいであろう。したがって，単に調査の授業の中だけでなく，ソーシャルワークの教育プログラム全体で，調査は実践に不可欠な要素であると強調することが重要である。[12]たとえば，調査のクラスとソーシャルワーク演習やソーシャルワーク実習指導のクラスとを連携させて実践評価の方法を教育したり，実習先で実際にプログラムや援助の効果測定や調査プロジェクトを体験させることが理想的である。また，援助技術に関連するクラスでは，各援助アプローチを教える際に，その有効性を過去の調査結果に基づいて確認したり，援助アプローチの中で調査が具体的にいかに援助の計画，変更，終結の決定に役立つかを教えることによって，実践と調査の密着性を強調することが可能となる。

　調査のクラスで教育される内容も，現在のソーシャルワーカーの状況に見合ったものにある程度重点を置くべきであろう。現状では，本書が取り上げているニーズ調査，プログラム評価，実践評価，およびこうした調査結果に基づく知識の実践への応用が，ソーシャルワーカーの主な調査活用法であろう。したがって，調査方法やデータ収集・解析法の適切さを客観的に判断できる能力の開発や，ニーズ調査や実践やプログラム評価の方法などの実用性の高い調査方法に重点をおいた教育が必要である。

　また調査の方法や技術に関する知識を教育する前に，なぜソーシャルワークの現場に調査が必要なのか，ソーシャルワークの現場で調査がどんな働きをするのか，ソーシャルワーカーはどのように調査にかかわっていくべきかなどを入念に説明し，学生やソーシャルワーカーの動機づけを高める必要がある。特に，ソーシャルワークの専門家としての援助活動が非専門家と決定的に異なるのは，実践の評価や調査結果に基づいて最善の援助を提供することである，という視点の教育が重要であろう。[13]

さらにソーシャルワークの価値と知識の相違，またその相補性を説明することも，学生やソーシャルワーカーの根拠のない調査に対する嫌悪感の除去に有効かもしれない。つまり，ソーシャルワークの目的やサービスの目標にはヒューマニズムの価値観が反映されるべきだが，専門家としての援助活動は究極的には実証的に確認された知識を基礎とすべきだと説明する必要がある。[14]

○注

⑴　Creswell, J. W. & Plano Clark, V. L. (2007) *Designing and Conducting Mixed Methods Research*, Thousand Oaks, CA : Sage, 1-10.

⑵　Bloom, M., Fischer, J. & Orme, J. G. (2003) *Evaluating Practice : Guidelines for the Accountable Professional (4th ed.)*, USA : Allyn & Bacon.

⑶　武田丈 (2015)『参加型アクションリサーチ (CBPR) の理論と実践——社会変革のための研究方法論』世界思想社, 39.

⑷　武田丈 (2005)「PLA (Participatory Learning & Action) によるマイノリティ研究の可能性——人類の幸福のための社会『調査』から『アクション』へ」『先端社会研究』第3号, 163-207.

⑸　Fetterman, D. M. & Wandersman, A. W. (eds.) (2005) *Empowerment Evaluation Principles in Practice*, Guilford. (＝2014, 笹尾敏明監訳『エンパワーメント評価の原則と実践』風間書房)

⑹　Matsuoka, J. & McCubbin, H. I. (2008) Immigrant and indigenous populations : Special populations in social work. White, B. W. (ed.), *Comprehensive Handbook of Social Work and Social Welfare : The Profession of Social Work*, John Wiley & Sons, Inc.

⑺　宮本常一・安渓遊地 (2008)『調査されるという迷惑』みずのわ出版.

⑻　武田丈 (2000)「社会福祉におけるリサーチ活用の障害と普及法——ソーシャルワーカーの役割と責任」『社会福祉実践理論研究』第9号, 75-88.

⑼　Blythe, B., Tripodi, T. & Briar, S. (1994) *Direct Practice Research in Human Service Agencies*, New York : Columbia Univ.

⑽　Kirk, S. (1979) Understanding Research Utilization in Social Work. *Sourcebook on Research Utilization*, New York : Council of Social Work Education, 12.

⑾　Nurious, P. S. & Hudson, W. W. (1993) *Human Service: Practice, Evaluations, and Computers*. Belmont, CA : Wadsworth.

⑿　Blythe, B., Tripodi, T. & Briar, S. (1994) *Direct Practice Research in Human Service Agencies*, New York : Columbia Univ ; Blythe, B. J. & Rodgers. A. Y. (1993) Evaluating Our Own Practice : Past, Present, and Future trends. *Journal of Social Service Research*, 18(1/2), 101-119.

⒀　Blythe, B., Tripodi, T. & Briar, S. (1994) *Direct Practice Research in Human Service Agencies*, New York : Columbia Univ ; Macarov, D. & Rothman, B. (1977) Confidentiality : A constraint on research? *Social Work Research & Abstracts*, 13(3), 11-16.

⒁　Rosen, A. (1983) Barriers to utilization of research by social work practitioners. *Journal of Social Service Research*, 6(3/4), 1-15.

さくいん

ページ数太字は用語解説で説明されているもの。

◆ あ 行 ◆

アカウンタビリティ **172**
アクションリサーチ 3,146
アフターコード 102
「天下り式」コーディング 150
一次分析 32
一般化 **175**
意図的サンプリング **175**
意味（meaning） 139
因果影響の方向の不明確さ 183
因果関係 29,177
因子分析 130
インストラクション・ガイド **82**
インターネット調査法 79,80
インタビュー・ガイド 87,88
インパーソナル 64
ウエッブ，B. 5
ウエッブ，S.J. 5
影響（インパクト）評価 174
影響評価 178
エスノグラフィー 145
エスノメソドロジー **50**,85
エディティング **100**,101
エラーチェック 106
演繹的コーディング 150
演繹法 28,**150**
援助・支援 **197**
援助・支援期 197
エンパワメント評価 220
横断調査 29,31

◆ か 行 ◆

回帰分析 127
解釈 35
解釈的客観主義 144
外的妥当性 180,183,185,186
回答様式 **63**
概念 54,55
概念（M-GTA） 151
開放性の原則 85
科学的／学術調査 3
確率標本 43
確率比例抽出法 46
仮説 28,57
過程（プロセス）評価 173
カテゴリー（M-GTA） 151
カラム位置 **104**

間隔尺度 **109**,112
関係性 139,140
観察 31
観察者としての参与者 92
観察法 72,**91**,92
間接記入式 →他記式
完全な観察者 92
完全な参与者 92
完全入力エラーチェック 106
関連性 **123**
基幹統計 18,19
聞き取り **72**
聞き取り調査 87,162
疑似実験計画法 188
記述的統計による評価方法 208-
　　210
記述統計学 111,112
基準関連妥当性 58,59
帰納的コーディング 150,151
帰納法 28,**150**
木下栄二 12
帰無仮説 **133**
キャリーオーバー効果 67
共分散 126
偶然誤差 61
区間推定 **131**
グッドマンとクラスカルのγ 125
グラウンデッド・セオリー・アプロ
　　ーチ 51
クラメールのV 124
クリーニング **106**
グレーザー，B.G. 141,151
クロス集計表 120-122
クロンバックのα係数 60
形成的評価 **173**
系統抽出法 44
系統的誤差 61
結果（アウトカム）評価 173
欠測値 **102**,103
現地調査 7
コア・カテゴリー（M-GTA） 151
構成概念妥当性 58,59
構成的技法 34,**72**
構造化インタビュー 176
構造化面接 87
項目抽出妥当性 59
高齢者保健福祉計画 **164**
コーディング **100**-104

コーディングシート 104
コーディングマニュアル 104
コード表 **104**
コーホート調査 **31**,32
国勢調査 2
国民生活基礎調査 33
個人情報の保護に関する法律 14
個別面接調査法 73,74,83,165
コミュニティ・ケア **184**

◆ さ 行 ◆

サービスニーズ **159**
再検査法 60
最頻値 116
作業仮説 28,**57**
参加型アクションリサーチ 218
算術平均 **116**,117
散布図 **122**
散布度 **118**
参与観察 145,146,**162**,163
自記式（自計式，直接記入式） 73
自記式質問 66
自記式質問紙法 72
自記式調査 75,166
自計式 →自記式
市場調査 3
実験計画法 95,178,179,186
　　——の種類 186
実践的有意性 202,204
実践評価 **194**
質的アプローチ 216
質的帰納的方法 35
質的研究 138
質的手法によるプログラム評価
　　175,176
質的調査 28,33-35,50,72,138,160
　　——で行う参与観察 93
　　——におけるニーズ調査 161
質的データ 138
質的評価 195
質的変数の度数分布表 112
質的方法による実践評価 195,196
質問紙 61
質問紙法 34,**72**
四分位レンジ 118
社会階層と社会移動全国調査（SSM
　　調査） 5
社会調査 2,6

――の定義 7
　　――のプロセス 33
　　――の目的 10
社会的妥当性 **211**
社会踏査（social survey） 3
社会福祉施設等調査 33
社会福祉士の倫理綱領 14, 15
社会福祉調査 38
　　――の定義 7
尺度 54, 58, 107-109
重回帰分析 129
自由回答法 65
集合調査法 77-79
修正版グラウンデッド・セオリー・
　　アプローチ（M-GTA） 35,
　　141, 142, 151
重相関係数 129
従属変数 57, **175**
縦断調査 **29**, 31
集団面接 163
集団面接法 **72**, 89
住民基本台帳 **49**
自由面接法 **30**
就労継続支援B型事業所 **188**
主成分分析 130
順序尺度 **108**, 112
象徴的相互作用論 **85**
事例研究 140, 141
ジレンマ 95
シングル・システム・デザイン
　　197, 198
信頼区間 131
信頼性 **59**, 199
信頼度 **41**
推測統計学 111, 130-134
ストラウス, A.L. 141, 151
スピアマン・ブラウンの公式 60
生活の質（QOL） **184**
正規分布 **41**, 132
制限回答法 65
精神保健福祉士の倫理綱領 14, 15
生態学的誤謬 39
静態グループ比較法 190
折半法 60
セレレーション・ライン 210, 211
選挙人名簿 **49**
センサス（census） 2, 16
全数調査 **40**
尖度 119
総括的評価 **173**, 180
層化無作為抽出法 44
相関係数 **125**

相互作用 139, 140
操作的定義 **56**
相対度数 114
相対累積度数 114
ソーシャル・ニーズ 56
属性項目 66
測定 34, 35, 54
測定具 **181**
測定誤差 **61**
ソロモン4群法 187

◆ た 行 ◆

代表性ある標本 **77**
対立仮説 133
対話的構築主義 144, 145
タウンゼント, P. 5
他記式（他計式，間接記入式） 73
他記式質問紙 66, 77
他記式質問紙法 72
託送調査法 79
他計式 →他記式
多重共線性 129
多層ベースラインデザイン 202,
　　203
「たたき上げ式」コーディング 150
多段階無作為抽出法 45
妥当性 **58**, 198
ダブルバーレル 63
多変量解析 128, 129
多様性 220
単一グループ・プリテストーポスト
　　テスト法 189, 190
単純無作為抽出法 43
中央値 **116**, 117
抽出台帳 48
調査 28
調査依頼文 76, 82
調査対象者のプライバシー 12
調査単位 **38**
調査のための問い 24, 216
調査母集団 39
直接記入式 →自記式
データのクリーニング 100
データの欠落 183
データベース 100
テキストマイニング 217
テスト効果 181
デルファイ法 **89**
点推定 131
電話調査法 77, 166
等確率抽出法 46, 47
統計的回帰 182

統計的検定 133
統計的推定 131, 132
統計的有意性 204
統計法 16-19
特性 54
独立変数 57, **175**
度数分布表 112
留置調査法 **67**, 75, 76, 166
トランスクリプト **144**, 148
トレンド調査 **31**

◆ な 行 ◆

内的整合性 60
内的妥当性 29, 180, 183, 185, 186
内容的妥当性 59
ナラティヴ 142
ナラティヴアプローチ 142, 143
ニーズ **54**, 56, 159
ニーズ調査 158, 159
　　――における調査主体 160
　　――の対象 160
ニーズ評価 173
二次分析 32
日本社会調査協会倫理規程 12, 13
日本社会福祉学会研究倫理規程にも
　　とづく研究ガイドライン 96
『日本の下層社会』 5
入力エラー 106
ノミナルグループ・プロセス **89**

◆ は 行 ◆

パーソナル 64
バイアス **40**
外れ値 111
パネル調査 **31**, 32
半構造化インタビュー 176
半構造化面接 **87**, 151
ピアソンの積率相関係数 127
非構成的技法 34, **72**
非構造化インタビュー 176
非構造化面接 87
非参与と参与 **92**
非標本誤差 **40**
被保護者調査 33
標準偏差 119
費用対効果評価 174
標本誤差 **40**
標本調査 **40**, 42
標本に代表性がある 43
表面的妥当性 59
比例尺度 **109**, 112
フィールドノート **93**, 148

ブース，C. 3, 4
フォーカス・グループ・インタビュー法 89, 90, 176
フォローアップ調査 83
福祉行政報告例 33
福祉ニーズ **158**
福祉ニーズ調査 158
複数回答 103
不等価統制群法 188
プリコード 102
プリ実験計画法 189
プリテスト 63, 68
ブレーンストーミング **25**
プログラムの流布 183
プログラム評価 172
　――の目的 172
ブロッキング 180
文献レビュー 34
分散 119
分析 35
分析単位 38
平均値 116
平行検査法 60
併存的妥当性 58
ベースライン 198, 199
　――が安定 205, 206
　――が上向き 205, 207
　――が下向き 205, 207
ベースライン期 197
偏回帰係数 129
便宜的抽出法 48
偏差値 **109**
変数 **56**
母集団 34, **39**

◆ ま 行 ◆

ミックス法（混合法） 216, 217
無回答 103
無作為抽出（法） **43**, 47, 51
無作為標本 43
無作為割当（ランダム・アサイメント） 178, 179
名義尺度 **108**, 112
面接調査 **40**
目標母集団 39

◆ や 行 ◆

有意抽出法 **47**
郵送調査法 **67**, 76, 77, 84, 166
雪だるま（スノーボール）法 48
ヨーク調査 3
横山源之助 5
予測的妥当性 58
世論調査 3

◆ ら 行 ◆

ライフストーリー（法） 144, 148
ライフヒストリー（法） **85**, 144
ラウントリー，B. S. 3, 4
ランダム化比較試験 186
量的アプローチ 216
量的手法によるプログラム評価 177-190
量的調査 28, 33, 34, 38, 72, 100, 160, 165
　――で行う参与観察 93
　――におけるニーズ調査 164
量的変数の度数分布表 113

理論仮説 28
理論サンプリング **51**
理論的有意性 204
累積度数 114
レヴィン，K. 146
レンジ 118
ロンドン調査 3
論理エラー 106

◆ わ 行 ◆

ワーディング 63
歪度 119
割当抽出法 48
ワンストップ支援センター **172**

◆ 欧 文 ◆

ABAB デザイン 201
ABA デザイン 200, 201
AB デザイン 200, 201
CBPR（地域を基盤とした参加型リサーチ） 218, 219
ICT を活用した調査法 217
KJ 法 35
LGBTQ + **187**
MAXQDA 217
M-GTA →修正版グラウンテッド・セオリー・アプローチ
PLA **219**
SingWin 217
SOGI **187**
SPSS 217
WAM NET 47

監修者 （50音順）

岩崎　晋也 （法政大学現代福祉学部教授）
_{いわさき} _{しんや}

白澤　政和 （国際医療福祉大学大学院教授）
_{しらさわ} _{まさかず}

和気　純子 （東京都立大学人文社会学部教授）
_{わけ} _{じゅんこ}

執筆者紹介 （所属：分担，執筆順，＊印は編著者）

＊潮谷　有二 （編著者紹介参照：序章）
_{しおたに} _{ゆうじ}

　原田奈津子 （社会福祉法人恩賜財団済生会済生会保健・医療・福祉総合研究所上席研究
_{はらだ} _{なつこ}
　　　　　　　員：第1章第1節）

＊杉澤　秀博 （編著者紹介参照：第1章第2〜4節，第2〜5章）
_{すぎさわ} _{ひでひろ}

　安田美予子 （関西学院大学人間福祉学部教授：第6章）
_{やすだ} _{みよこ}

　澤田有希子 （関西学院大学人間福祉学部准教授：第7章）
_{さわだ} _{ゆきこ}

＊武田　　丈 （編著者紹介参照：第8章，終章）
_{たけだ} _{じょう}

　津田　耕一 （関西福祉科学大学社会福祉学部教授：第9章）
_{つだ} _{こういち}

編著者紹介（50音順）

潮谷　有二（しおたに・ゆうじ）
1993年　日本社会事業大学大学院社会福祉学研究科修士課程修了，社会福祉士。
現　在　社会福祉法人慈愛園　慈愛園老人ホーム・ケアハウス施設長。
主　著　『新版　社会福祉〔改訂版〕』〔共編著〕（2005）チャイルド本社。
　　　　『認知症高齢者が安心できるケア環境づくり』〔共編著〕（2009）彰国社。

杉澤　秀博（すぎさわ・ひでひろ）
1987年　東京大学大学院医学系研究科保健学博士課程修了。博士（保健学）。
現　在　桜美林大学大学院国際学術研究科・老年学学位プログラム・教授。
主　著　『老年学を学ぶ』〔共編著〕（2021）桜美林大学出版会。
　　　　『透析医療とターミナルケア』〔共編著〕（2008）日本評論社。

武田　丈（たけだ・じょう）
1996年　米国テネシー大学大学院修了。Ph. D.。
現　在　関西学院大学人間福祉学部社会起業学科教授。
主　著　『ソーシャルワーカーのためのリサーチ・ワークブック』（2004）ミネルヴァ書房。
　　　　『参加型アクションリサーチ（CBPR）の理論と実践』（2015）世界思想社。

新・MINERVA社会福祉士養成テキストブック⑦
社会福祉調査の基礎

2022年3月30日　初版第1刷発行　　　　　〈検印省略〉

定価はカバーに
表示しています

監　修　者	岩白和潮	崎澤気谷	晋政純有	也和子二
編　著　者	杉武	澤田	秀	博丈
発　行　者	杉	田	啓	三
印　刷　者	田	中	雅	博

発行所　株式会社　ミネルヴァ書房
607-8494　京都市山科区日ノ岡堤谷町1
電話代表　（075）581-5191
振替口座　01020-0-8076

ISBN978-4-623-09377-9
Printed in Japan

岩崎晋也・白澤政和・和気純子 監修

新・MINERVA 社会福祉士養成テキストブック

全18巻
Ｂ５判・各巻220〜280頁
順次刊行予定

① 社会福祉の原理と政策
岩崎晋也・金子光一・木原活信 編著

② 権利擁護を支える法制度
秋元美世・西田和弘・平野隆之 編著

③ 社会保障
木下武徳・嵯峨嘉子・所道彦 編著

④ ソーシャルワークの基盤と専門職
空閑浩人・白澤政和・和気純子 編著

⑤ ソーシャルワークの理論と方法Ⅰ
空閑浩人・白澤政和・和気純子 編著

⑥ ソーシャルワークの理論と方法Ⅱ
空閑浩人・白澤政和・和気純子 編著

⑦ 社会福祉調査の基礎
潮谷有二・杉澤秀博・武田丈 編著

⑧ 福祉サービスの組織と経営
千葉正展・早瀬昇 編著

⑨ 地域福祉と包括的支援体制
川島ゆり子・小松理佐子・原田正樹・藤井博志 編著

⑩ 高齢者福祉
大和三重・岡田進一・斉藤雅茂 編著

⑪ 障害者福祉
岩崎香・小澤温・奥那嶺司 編著

⑫ 児童・家庭福祉
林浩康・山本真実・湯澤直美 編著

⑬ 貧困に対する支援
岩永理恵・後藤広史・山田壮志郎 編著

⑭ 保健医療と福祉
小原眞知子・今野広紀・竹本与志人 編著

⑮ 刑事司法と福祉
蛯原正敏・清水義惠・羽間京子 編著

⑯ 医学概論
黒田研二・鶴岡浩樹 編著

⑰ 心理学と心理的支援
加藤伸司・松田修 編著

⑱ 社会学と社会システム
高野和良・武川正吾・田渕六郎 編著

＊編著者名50音順

━━━ミネルヴァ書房━━━
https://www.minervashobo.co.jp/